ビジネスに魔法をかける

A Comprehensive Guide for Implementing Generative AI
Make Miracles Happen in Your Business

生成AI
導入大全

上田雄登
株式会社GenerativeX取締役CSO

KADOKAWA

JN241073

はじめに

　「生成AI」——この言葉が、ビジネスの世界に旋風を巻き起こしてから、まだ日は浅いですが、その衝撃は想像をはるかに超えるものでした。まるで魔法のように、私たちの目の前で、文章が生まれ、画像が描かれ、コードが紡ぎ出されていく。数年前まで想像もできなかった世界が、今、現実のものとなっているのです。ChatGPTの登場は、生成AIの可能性を世界に知らしめ、多くの企業がその導入に熱い視線を注いでいます。

　本書を手に取ったあなたは、きっと、この革新的な技術を自社のビジネスに活用し、新たな未来を切り拓きたいと考えているのではないでしょうか。そして、生成AIがもたらす具体的なメリットに興味を持っているはずです。

　生成AIを企業に導入することで、飛躍的な業務の効率化、創造性の向上、そして意思決定の質の改善が期待できます。例えば、マーケティング部門では、個々の顧客に合わせてパーソナライズされたコンテンツを瞬時に生成し、顧客エンゲージメントを高めることができます。人事部門では、膨大な応募書類から最適な候補者を効率的に選別し、採用プロセスを大幅に迅速化できるでしょう。また、研究開発部門では、生成AIを活用することで、新製品のアイデア創出や問題解決のスピードが劇的に向上します。さらに、カスタマーサポートの24時間365日対応や、複雑な財務分析の自動化、法務文書の迅速な作成と検証など、あらゆる部門で革新的な変化をもたらすことが可能になります。生成AIは、人間の創造性を増幅し、単純作業から解放することで、より高度で戦略的な業務に集中できる環境を創出するのです。

　しかし、従来のシステム導入と同じように考えていては、生成AIの真価を引き出すことはできません。適切な導入戦略と、運用方法の策定が不可欠です。

　私は、コンサルティングファームや大学でのAI研究を経て起業しており、ビジネスと技術の両方の知見を深めてきました。そして現在は、

主に大手企業を対象として、生成AIによる業務効率化の支援を行っています。生成AIプロジェクトの最前線で、日々、その可能性と課題に向き合ってきた中で、数々の成功と失敗から、生成AIを真にビジネスに活かすための方法論を確立してきました。本書は、その経験とノウハウを凝縮した、実践的なガイドブックです。

　本書では、生成AIの基礎知識から、具体的な導入ステップ、リスク管理、チーム構築、業界別の活用事例まで、網羅的に解説しています。本書を読み進めることで、あなたは生成AI導入の全体像を把握し、具体的なアクションプランを策定できるようになるでしょう。そして、生成AIを自社の競争力の源泉とし、新たなビジネスチャンスを掴むことができるはずです。

　さあ、本書を道しるべに、生成AIという「魔法の杖」を手に、新たなビジネスの未来へと旅立ちましょう。あなたの企業を、効率性、創造性、そして革新性において、業界のリーダーへと導く旅が、今始まるのです。

２０２４年８月　上田雄登

CONTENTS

めのノウハウ／なんでもできるチャットボットの幻想

ノウハウを共有する難しさ／価値のある情報が暗黙知化されている／暗黙知を形式知化するプロセス／形式知を業務適用するプロセス／暗黙知の形式知化における生成AIの活用法／形式知の業務活用／ノウハウの継承と改善のサイクル／具体的な業務品質向上の例

業務のスケーラブル化／業務の高頻度化／時間的な高頻度化とロングテール化の相乗効果

DXが進まない理由／中長期的な視点を持つ／業務プロセスの再設計／競合との差別化

Chapter 3　AI導入の実践的ステップ
小規模から始めて大規模へ

アジャイルの考え方で柔軟に進める／スモールスタートの重要性／小規模プロジェクトの進め方／スモールスタートから大規模導入へ

これまでのAIプロジェクトの課題／アイデアを素早くプロトタイプにする／開発サイクルを実現するためのツールと手法／本格的な開発へのスムーズな移行

Chapter 5 効果的なチーム構築と管理

本文・カバーデザイン　　喜來詩織（エントツ）
DTP・図版作成　　リンクアップ
校正　　群企画

Chapter 1

生成AIとは

ChatGPTの衝撃と
生成AIの台頭

ChatGPTの登場と社会的インパクト

2022年11月に登場したChatGPT（**図表1-1-1**）は、自然な対話を通じて、質問に答えたり、文章を生成したりすることができる画期的なAIシステムとして、世界中に大きな衝撃を与えています。その高度な能力と使いやすさによって、一般ユーザーから専門家まで、幅広い層に受け入れられ、瞬く間に広まりました。

ChatGPTの登場は、AIの可能性を大きく広げるものでした。従来のAIシステムは、特定の分野に特化していたり、使い方が複雑だったりしましたが、ChatGPTは誰でも簡単に利用できる汎用性の高いシステムです。この汎用性の高さが、生成AIの大きな特徴の一つともいえるでしょう。

興味深いのは、ChatGPTの開発者たち自身も、ChatGPTがこれほどまでに多様な用途で使われることを予想していなかったということです。プログラミングの補助や、小説の執筆、療養の提案など、ユーザーたちは次々とChatGPTの新しい使い方を発見してきました。これは、インターネットやスマートフォンが登場した際に、誰もが想像しなかった革新的なサービスが次々と生まれたことと似ています。

一方で、ChatGPTに対する批判も少なくありませんでした。プライバシーの問題や、偏見を助長する可能性など、倫理的な懸念が指摘される他、学生がレポートをChatGPTに書かせるなど、教育現

場での弊害も懸念されました。しかし、これもインターネットの登場時に、有害情報の氾濫や著作権侵害といった、さまざまな問題が指摘されたことと似ています。新しい技術が社会に浸透する際には、常に光と影の部分が存在するのです。

　重要なのは、ChatGPTに代表される生成AIは、もはや逆戻りできない技術だということです。私たちは、生成AIがもたらす恩恵を最大限に活用しつつ、負の側面をいかに最小化するかを真剣に考えなければなりません。ChatGPT登場の衝撃は、AIが私たちの社会を根本的に変えつつあることを示す、重要な出来事だったのです。

[図表1-1-1] ChatGPTの使用例

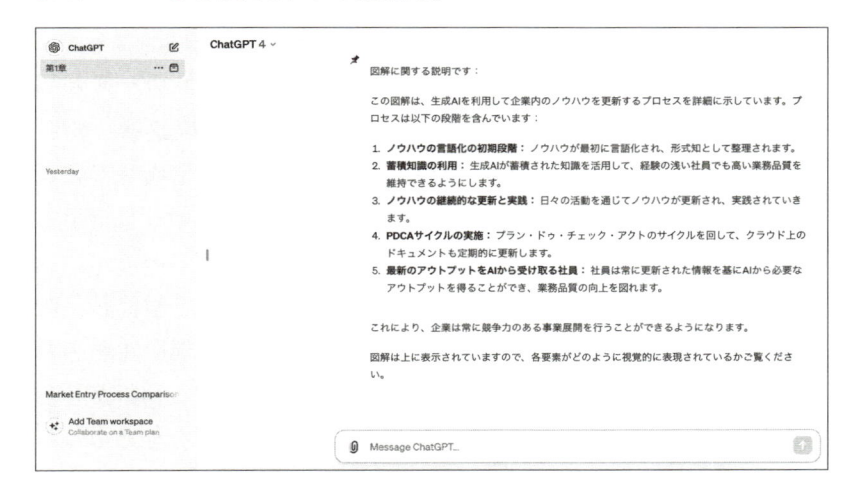

今あらためて問う「生成AIとは何か」

　生成AI(Generative AI) は、AIの一分野で、新しいコンテンツを生成することを目的としたシステムの総称です。テキスト、画像、音声、動画など、さまざまなタイプのコンテンツを生成できます。

従来のAIは、主に与えられたデータを分析し、パターンを見つけ出すことに用いられてきました。例えば、画像認識AIは大量の画像データから特徴を学習し、新しい画像を正しく分類することができます。

　一方、生成AIは事前に大量のデータを学習することで、データの背後にある複雑なパターンを捉えます。そして、そのパターンを基に、全く新しいコンテンツを生成できるのです。例えば、言語モデルと呼ばれる生成モデルは、大量のテキストデータを学習することで、文章の文法構造や文脈を理解します。そして、その理解を基に、与えられたプロンプト（指示）に応じて、自然な文章を生成することができます。これがChatGPTの基本的な仕組みです。

　画像生成AIもおおむね同様の原理です。大量の画像データとその画像に関する説明文を学習することで、画像の構成要素（物体、テクスチャ、色など）の関係性を理解し、新しい画像を生成しています。ユーザーが「青空の下で犬が走っている画像」といった指示を与えると、その指示に沿った全く新しい画像を生成するのです。

　音声や動画の生成AIも、同じように大量のデータを学習し、新しいコンテンツを生成します。これらの生成AIは、創造性を必要とする分野のみならず、人間にしかできなかった曖昧な判断が必要とされる領域、すなわちビジネス領域にも大きな影響を与えつつあります。

　生成AIの大きな特徴は、その汎用性にあります。モデル自体は変えずに同じ生成モデルを使って、指示（プロンプト）を変更するだけで、要約・翻訳・推論・判断など、全く異なるタイプのタスクを実行することができます（**図表1-1-2**）。これは従来のAIとは全く異なる特徴であり、生成AIの最大の特徴です。

[図表1-1-2] プロンプトによって異なるChatGPTの回答

テーマは同じ：「生成AI」が今後のビジネスにもたらす影響

依頼プロンプト：まとめの生成を依頼

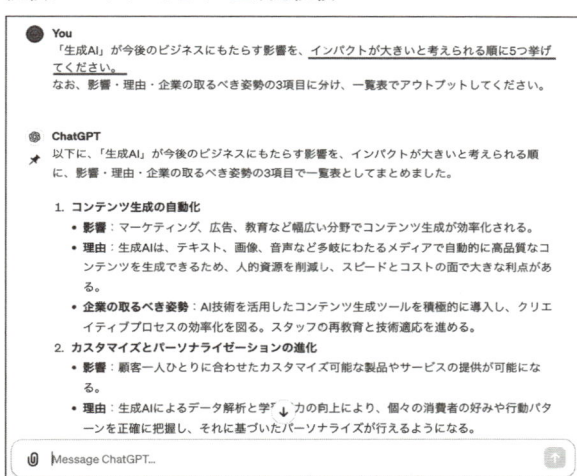

依頼プロンプト：議論プロンプトの生成を依頼（コーディングを含む）

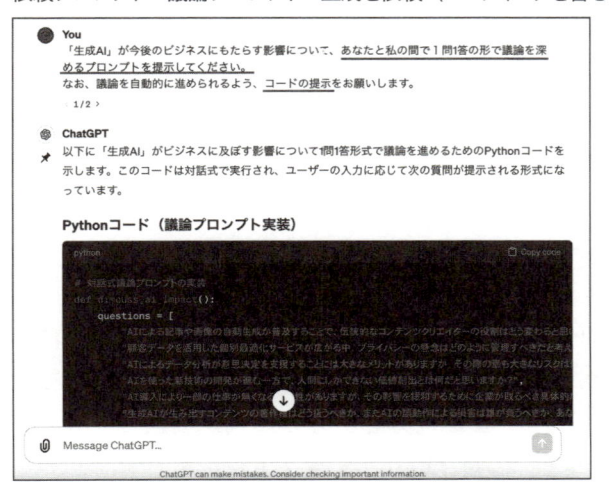

生成AIの特徴と従来のAIとの違い

　生成AIは、従来のAIとは多くの点で異なる特徴を持っています。前にも述べた通り、その最大の特徴は汎用性の高さです。

　従来のAIは、特定のタスクを実行するために設計され、学習が行われてきました。例えば、画像認識AIは画像を分類することに特化し、機械翻訳AIは言語間の翻訳に特化しています。これらのAIを別のタスクに適用することは困難です。

　一方、生成AIは、特に大規模言語モデル（LLM）に代表されるように非常に汎用性が高く、大量のテキストデータを学習することで、言語の構造や文脈を深く理解しています。この理解を基に、質問応答、テキスト生成、要約、翻訳、感情分析など、さまざまな言語に関するタスクを一つのモデルで実行できます。つまり、LLMは言語に関する汎用的な知識を獲得しているのです。

　この汎用性は、画像生成AIにも見られます。従来の画像生成モデル、例えばGAN（敵対的生成ネットワーク）は、特定のタイプの画像（例えば人の顔）を生成するために、そのタイプの画像を大量に学習する必要がありました。しかし、最新のDiffusionモデルでは、多様なタイプの画像を学習することで、汎用的な画像生成能力を獲得しています。ユーザーが与えるプロンプト（テキストの指示）を変更するだけで、望みの画像を生成することができるのです。

　また、従来のAIは、入力と出力の形式が固定されていました。例えば、画像認識AIは画像を入力として受け取り、カテゴリを出力します。しかし、生成AIは入力と出力の形式が柔軟です。LLMは、テキストを入力として受け取り、テキストを出力しますが、そ

のテキストの内容は質問への回答であったり、翻訳であったり、要約であったりと、指示したタスクに応じて変化します。

　さらに、生成AIは少量のデータ、あるいは一つの例示から学習し、新しいコンテンツを生成することができます。これは、Few-Shot Learning（少量データ学習）やOne-Shot Learning（一発学習）と呼ばれる能力です。従来のAIは、大量のデータを必要としましたが、生成AIはより効率的に学習ができるのです（**図表1-1-3**）。

［図表1-1-3］少量のデータによる学習

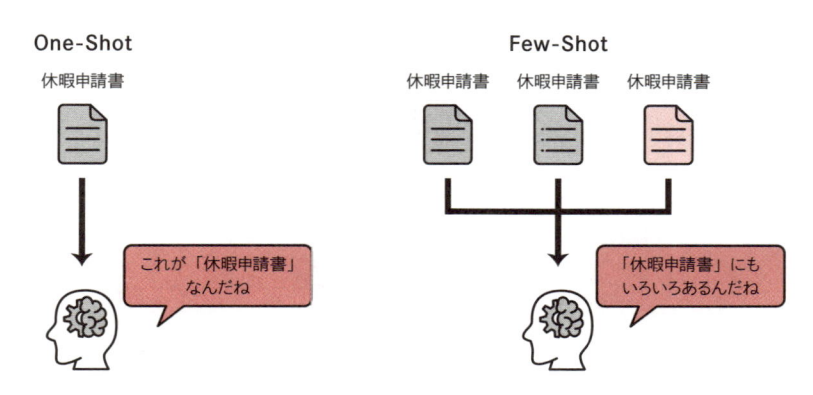

　最後に、生成AIは説明可能性の面でも従来のAIとは異なります。従来のAIは、しばしばブラックボックスと呼ばれ、その判断の根拠が不透明でした。しかし、対話型の生成AIは判断の根拠を示すことができるのです。方法はいたって単純で、「なぜそのように考えたのか？」を生成AIに尋ねてみればよいのです。このような論

理的な推論を事前に出力させることで、生成AIの性能を高めるテクニックは、Chain-of-Thought（思考の連鎖）と呼ばれています（**図表1-1-4**）。生成AIに「口に出しながら考えさせる」ことで、短絡的な思考に陥ることを防ぎながら正しい推論を行わせることが可能になりました。

［図表1-1-4］生成AIの性能を高めるテクニック

AI生成は、「深掘り」ができる

> ○○という課題があるんだけど、解決方法を2つ示して。

> 方法としては以下が考えられます。
> ①……
> ②……
> ③……

> なるほど。それぞれ、理由や根拠を示してもらえますか?

> 理由については、
> ………………………
> 例えば、
> ………………

さまざまな生成AI

　生成AIは、扱うデータの種類（モダリティ）によって分類することができます。主なモダリティとしては、テキスト、画像、音声、動画などがあります。それぞれのモダリティに特化した生成AIが開発されており、それぞれが独自の方法で汎用性を実現しています。

①テキスト生成AI

　テキスト生成AIは、大規模な言語モデル（LLM）を用いて、自然言語の理解と生成を行います。代表的な例としては、GPTシリーズ（GPT-3、GPT-4）やChatGPTなどがあります。これらのモデルは、大量のテキストデータを用いて事前学習を行い、次の単語や文章を予測する方法（Next Token Prediction）で汎用性を獲得しています。つまり、与えられたテキストの文脈から、次に来るべき単語や文章を予測することで、文章生成や質問応答など、幅広いタスクに対応できるようになっているのです。

　テキスト生成AIの汎用性は、言語という抽象的なシステムを扱えることに由来します。言語は、現実世界のあらゆる事象を表現できる強力なツールです。テキスト生成AIは、この言語の汎用性を利用して、さまざまな知的タスクを処理することができるのです。本書では特に、このテキスト生成AIの活用に焦点を当てて見ていくことにします。

②画像生成AI

　画像生成AIは、説明テキストから画像を生成したり、既存の画像を編集したりすることができます。代表的な例としては、DALL-EやStable Diffusion、Midjourney、Firefly、Kandinskyなどがあ

ります。これらのモデルは、拡散モデル（Diffusion Model）と呼ばれる手法を用いて、ノイズから徐々に画像を生成していきます。

　画像生成AIの汎用性は、視覚世界の多様性を扱えることに由来します。私たちが目にする世界は非常に多様で複雑ですが、画像生成AIはこの視覚世界のさまざまな側面を生成することができます。写実的な画像から抽象的な画像まで、幅広いスタイルの画像を生成できるのです。

③音声生成AI

　音声生成AIは、テキストから自然な音声を生成したり、音声を編集したりすることができます。

　音声生成AIの汎用性は、音声という時間的に連続したデータを扱えることに由来します。音声は、言語だけでなく感情や話者の特徴など、豊かな情報を含んでいます。音声生成AIは、これらの情報に関する指示も入力として受け付けることができ、自然な音声を生成することができるのです。

④動画生成AI

　動画生成AIは、説明テキストから動画を生成したり、既存の動画を編集したりすることができます。動画の生成とは、時間的に連続した画像（動画）を生成するということです。

　動画生成AIの汎用性は、時間と空間を同時に扱えることに由来します。動画は、時間軸に沿って変化する視覚情報を含んでいます。動画生成AIは、この時間的・空間的な情報を捉えて、動的なシーンを生成することができるのです。

　このように、生成AIはモダリティごとに特化した形で発展してきました。それぞれのモダリティが持つ汎用性を活かして、テキス

ト、画像、音声、動画など、さまざまな種類のデータを生成することができます。

さらに近年では、複数のモダリティを扱うマルチモーダルAIの研究も進んでいます。例えば、テキストと画像を同時に扱うモデルや、音声と動画を同時に扱うモデルなどです。これらのマルチモーダルAIは、異なるモダリティ間の関係性を学習することで、より高度な汎用性を実現しようとしています。

まとめ

- ChatGPTの登場は、生成AIの可能性を大きく広げ、さまざまな用途での活用が進んでいる。倫理的な懸念や教育現場での弊害など、負の側面も指摘されているが、これは新しい技術が社会に浸透する際に常に付きまとう課題であり、生成AIの発展を止めることはできない。
- 生成AIは、事前に大量のデータを学習しているので、一度学習してしまえば汎用性が高く、推論（使用）時には少量のデータからでもカスタマイズが可能。説明可能性の面でも優れており、判断の根拠を示すことができる。
- 生成AIは、入力と出力の形式が柔軟で、指示したタスクに応じて変化する。Few-Shot LearningやOne-Shot Learningなどの例示により、1を見て10を知ることができる。

AIの進化の歴史〜基盤モデル／LLM・生成AIへ至る道筋〜

　AIの進化の歴史は、人間の知的能力を機械で再現しようとする果てしない挑戦の歴史でもあります。その歴史は、1950年代にさかのぼります。

これまでの「従来型AI」の進化の歴史

　初期のAIは、人間の知能を記号的に表現し、論理的な推論を行うことを目指していました。しかし、現実世界の複雑さを前に、このアプローチは限界を見せました。世界を記号化し、ルールを定義することは、想像以上に困難だったのです。

　1980年代になると、特定の分野に特化した知識を持つエキスパートシステムが登場しました。これは、AIに新しい風を吹き込みました。エキスパートシステムは、その分野の専門家の知識を吸収し、その知識を基に推論を行うことができました。しかし、知識の獲得と維持という大きな壁に直面してしまいました。専門家の知識を抽出し、システムに組み込むことは、膨大な時間と労力を要する作業だったのです。

　1990年代に入ると、機械学習という新しいアプローチが登場しました。機械学習では、データからパターンを学習し、そのパターンを基に予測や意思決定を行うことができます。AIは自ら学習する能力を獲得したのです。この革新的なアプローチは、AIの可能性を大きく広げました。しかし、機械学習も万能ではありませんでした。大量の質の高いデータが必要であること、特徴量設計に専門知識が

必要であることなど、克服すべき課題が多く残りました。

2010年代、AIの進化は新たなステージに突入しました。ディープラーニングの登場です。ディープラーニングは、機械学習の一種ですが、より深い層を持つニューラルネットワークを使用します。これにより、AIは特徴を自ら学習することができるようになりました。ディープラーニングは、画像認識や音声認識の分野で人間を上回る性能を示し、AIの可能性をさらに大きく広げました。

そして現在、生成モデルが登場したことで、AIの汎用性は人間にまで迫っています。「ChatGPTを効率的に使うためにはプロンプト（タスクの内容や指示内容）が重要」このような話を聞いたことがある方もいるかもしれません。

なぜ、プロンプトが重要なのでしょうか。あらためて問うてみると自明ではないように感じます。その答えは生成AIの発展過程のなかに見つかります。

2021年にPengfei Liuらによって発表された論文「Pre-train, Prompt, and Predict: A Systematic Survey of Prompting Methods in Natural Language Processing」（https://arxiv.org/abs/2107.13586）によると、生成AIは次の4段階の進化を遂げてきました（**図表1-2-1**）。

① 教師あり学習（ディープラーニング以前）モデル
「事前に定められた」「単純な」タスクを実行可能
② 教師あり学習（ディープラーニング）モデル
「事前に定められた」「複雑な」タスクを実行可能
③ モデル②をファインチューニング（転移学習）したモデル
モデル②をカスタマイズして使うことができる
「複雑な」タスクを「事後的に」「大量のデータを用いて」カスタマイズして実行可能
（カスタマイズ：追加でのデータを用いた学習）

④基盤モデル（膨大なデータを用いて事前学習を行うことで汎用化）

プロンプト（指示）を変えるだけでカスタマイズが可能

「複雑な」タスクを「事後的に」「少量のデータのみで」カスタマイズして実行可能

[図表1-2-1] AIの分類

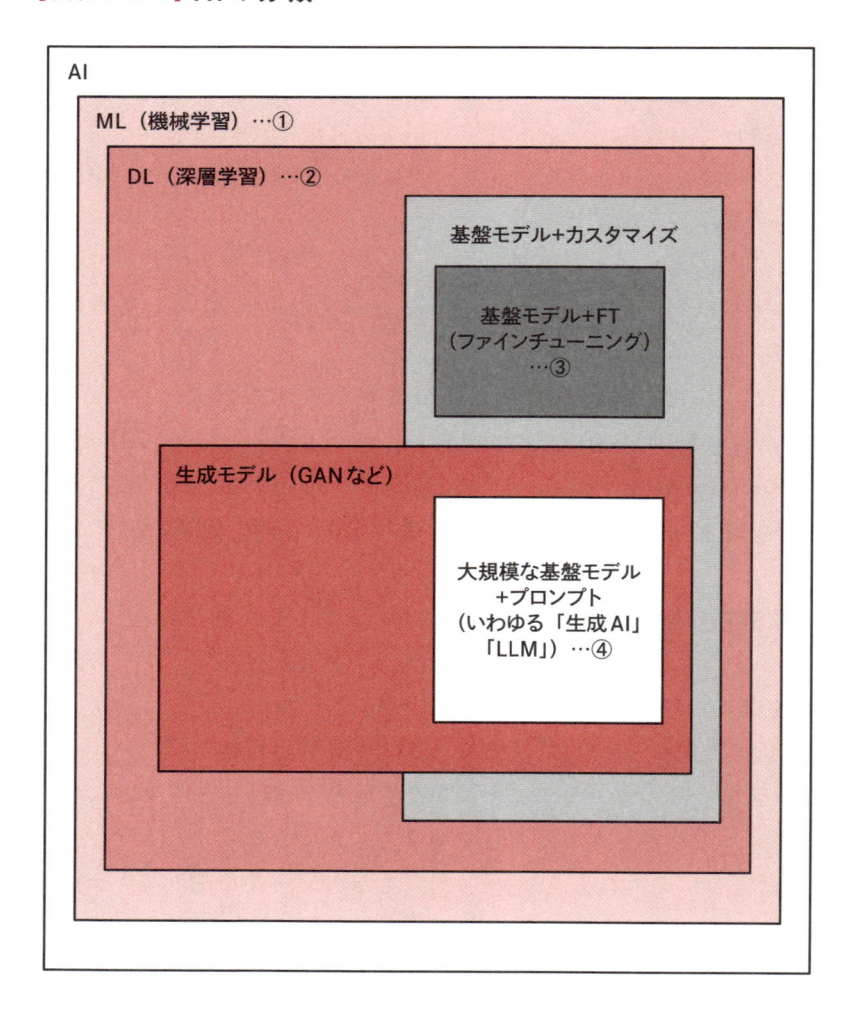

モデル①は深層学習以前の技術です。特徴を人間が定義し、「その定義を基に分類するモデル」を学習させるものです。

例：犬や猫の判定のために、特徴量として、

1.耳のたれ具合
2.尾の長さ
3.目の丸さ

などを定義し、

・**耳が垂れていて、尾が長い　→　　　イヌ**
・**耳がとがっていて、目が丸い　→　　ネコ**
・**耳がとがっていて、尾が長い　→　　オオカミ**

といったような分類をするように学習させます。

このような、データ（教師データ）を人間が作り、学習（教師あり学習）させていました。当然、イヌは「耳が垂れていて、尾が長い」ばかりではありません。人間が考えている限りこのような例外が生じてしまいました。

モデル②は、いわゆる深層学習（Deep Learning）です。データとラベルのセットを大量に与えることで、特徴量自体も学習によって獲得するので、人間が設定する必要がなくなりました。

例えば、大量の犬の画像と正解ラベルをセットで学習させ、それが「イヌ」だと認識させます。すると、たくさんの画像から耳の形、毛の色、体つきなどといった「イヌ」の特徴を指示しなくても捉えるようになり、新しいイヌの画像を見せた際も、それが「イヌ」だと認識できるようになりました。

しかしながら、毎回個別のタスクに応じてゼロから学習をしないといけないというリスクや、成果が出るか分からないなかでも大きな投資をしなければいけないというリスクなどがあり、企業にとって導入に踏み切るには（あるいは導入を検討するだけでも）大きな負担となるものでした。そのため、導入が進んだ領域はあくまでも限定的でした。

　そこでモデル③では、モデル②のように毎回新しいモデルを作るのではなく、さまざまなタスクの基礎となるようなモデル（基盤モデル）を事前に訓練（事前学習）し、さまざまな個別タスク（翻訳する、感情を分類する、質問応答など）を実行できるようにする、という「ファインチューニング（転移学習）」の考え方が生まれました。

　例えば、自然言語処理の分野では、大量のテキストデータを用いて言語モデルを事前学習することで「言語に関する特徴をうまく捉える能力」を獲得しています。その後、特定のタスク（感情分析、文章要約、質問応答など）に応じて追加の学習（ファインチューニング）を行うことで、高い精度を実現しました。

　これにより、モデル②と比べて、少ない学習データとコストで高い精度を実現できるようになりました。

　しかし、モデル③でも、ファインチューニングのために追加の学習データが必要だったため、誰でもカスタマイズすることが可能なものではありませんでした。

　そこで登場したのが、モデル④の大規模な基盤モデルです。今日では、「生成AI」と呼ばれています。

　この基盤モデルは、モデル③よりもさらに大規模なデータを用いて事前学習を行うことで、汎用的な知識を獲得しています。

　そして、このモデルにプロンプト（指示）を与えるだけで、さま

ざまなタスクに適応できるようになっています。例えば、ChatGPT
やGPT-4などの大規模言語モデルは、膨大なテキストデータを用
いて事前学習されており、モデルを追加で学習することなく、適切
なプロンプトを与えるだけで、文章生成、要約、質問応答、翻訳な
どといった、さまざまなタスクを実行できます。

　大規模な基盤モデルは、事前学習によって汎用的な知識を獲得し、
プロンプトによってタスクに適応できるため、ファインチューニン
グなしでさまざまなタスクを実行できるようになりました。

　我々は、もはやディープラーニングの時代に作られた識別モデル
のような、決められた動作をする機械的なAIを「知能」だとは思
えず、「道具」だと捉えるようになってしまいました。生成AIの汎
用性の高さは「知能としての最低限の要件を満たした」と言っても
過言ではないでしょう。

AIと生物の知能との対比

　生物の進化に例えるなら、初期のAIは決められた通りに動く単
細胞生物のようなものでした。限られた環境でのみ生存可能で、そ
の能力も非常に限定的です。その後、機械学習の発展によって、AI
は多細胞生物のように、より複雑な環境に適応できるようになりま
した。そして、ディープラーニングの登場は、AIに脊椎動物のよう
な高度な情報処理能力をもたらしました。

　そして今、生成AIの登場は、AIに人間のような高度な汎用性を
もたらそうとしています。生成AIは、言語の理解と生成、画像の
生成、音声の生成など、これまで人間の領域とされてきた多様な知
的タスクを処理することができます。これは、AIが人間に近い知性
を獲得しつつあることを示しています（**図表1-2-2**）。

[図表1-2-2] 生物とAIの進化

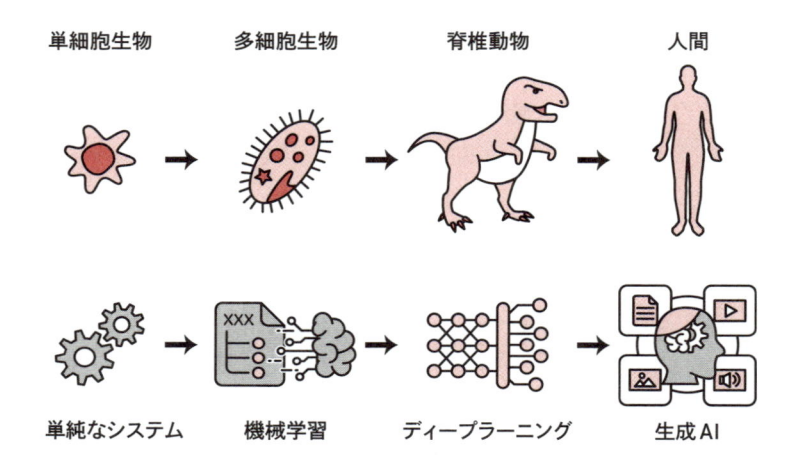

単細胞生物　　　多細胞生物　　　脊椎動物　　　人間

単純なシステム　　機械学習　　ディープラーニング　　生成AI

　生成AIの登場は、AIが人間の知性に近づいていることを示す重要な出来事です。これにより、私たちは人間の知性を相対的に見られるようになったといえるでしょう。

　人間の知性は、長い進化の過程で獲得されたものです。言語を使ってコミュニケーションを取り、抽象的な概念を理解し、創造的な活動を行う能力は、他の動物にはない人間独自の特徴です。これまでこのような人間の知的能力は、AIにとって到達すべき目標であり、同時に超えることが難しい壁でもありました。

　しかし、生成AIの登場によって、この壁は徐々に崩れつつあります。生成AIは、人間のような言語理解と生成能力を示し、時には人間を超える性能を発揮することもあります。これは、人間の知性がAIにとって手の届かない絶対的なものではなく、相対的なものになってきていることを示しているのかもしれません。

もちろん、現時点の生成AIは、人間の知性のすべてを再現できているわけではありません。声色や表情と言葉を組み合わせたマルチモーダルな感情の理解や、文化的な背景を含めた常識的な判断、長期間にわたって蓄積された関係性に基づく判断などは、まだ人間の方が優れています。しかし、生成AIの登場は、これらの領域でもAIが人間に近づく可能性を示しています。

　生成AIの進化は、私たちに人間の知性とは何かをあらためて考えさせます。人間の知性は、単に情報処理能力の高さだけでは説明できない、複雑で多面的なものです。生成AIとの比較を通じて、私たちは人間の知性の本質により深く迫ることができるかもしれません。

　同時に、生成AIの進化は、AIと人間の関係についても新たな問いを投げかけています。AIと人間の役割分担はどうあるべきなのでしょうか。AIにできることは人間がやるべきではないのでしょうか。AIと人間が協調する時、どのような可能性が開けるのでしょうか。

　生成AIの登場は、AIの進化の新しいステージを告げるものです。それは同時に、人間の知性とは何か、AIと人間の関係はどうあるべきかを問い直す契機でもあります。生成AIの進化を通じて、私たちは人間とAIの新しい関係を模索していく必要があるでしょう。

- AIの進化の歴史は、人間の知的能力を機械で再現しようとする挑戦の歴史。初期のAIは記号的表現と論理的推論を目指していたが限界があり、その後、エキスパートシステム、機械学習、ディープラーニングと進化した。現在は生成モデルの登場で汎用性が飛躍的に向上。

- 直近のAIの進化は、教師あり学習モデル（①事前に定められた単純なタスク、②事前に定められた複雑なタスク）、ファインチューニングモデル（③追加データでカスタマイズ可能）を経て、大規模な基盤モデル（④プロンプトを変えるだけでカスタマイズ可能）へと至った。大規模な基盤モデルは、膨大なデータを用いた事前学習により汎用的な知識を獲得し、プロンプトによって多様なタスクに適応できる。

- 生成AIの登場は、AIが人間の知性に近づいていることを示す重要な出来事。言語理解・生成、画像生成、音声生成などの、人間の領域とされてきた知的タスクを処理できるようになり、人間の知性の相対性が明らかになった。生成AIの進化は、人間の知性の本質や、AIと人間の新しい関係性を模索する契機となる。

Chapter 1-3 | 生成AIが ビジネスに与える影響

　生成AIはビジネスのあり方そのものを根本的に変える可能性を秘めています。生成AIがビジネスに与える影響について、技術革新の歴史を踏まえつつ見ていきます。

技術革新の歴史

　生成AIがビジネスに与える影響を理解するために、まず技術革新の歴史を振り返ってみましょう。産業革命以降、技術進歩は常に人間の能力を拡張し、ビジネスのあり方を変えてきました（**図表1-3-1**）。

　18世紀の産業革命では、機械の力が人間の物理的な能力を拡張しました。蒸気機関の発明によって、大量の物資を動かせるようになった人間は、工場で大量生産を行うことが可能になったのです。この変化は、手工業から工場制機械工業への移行をもたらし、ビジネスの規模と効率を大幅に向上させました。また、単に生産性の向上だけにとどまらず、ビジネスのあり方そのものにも大きな影響がありました。商材の限界費用が低減したことで、従来の小規模な工房では不可能だった大量の生産が可能になり、その結果企業が巨大化。経営の方式にも影響を与えたのです。

　20世紀に入ると、コンピュータが登場しました。大量のデータを高速に処理し、複雑な計算を瞬時に行うことができるコンピュータは、科学計算や在庫管理、会計処理など、ビジネスのさまざま

な場面で活用されました。単純作業の限界費用が0に近づき、従来は人間が実施する他なかった多くの単純業務（機械に代替されることで、それが「単純業務」と呼ばれるようになるのかもしれません）が、コンピュータによって自動化されるようになったのです。

　そして21世紀。インターネットの普及は人間の情報処理能力とコミュニケーション能力を飛躍的に高めました。情報の移動コストが0になったことで世界中の情報に瞬時にアクセスできるようになり、地理的な制約を超えたコミュニケーションが可能になりました。この変化は、eコマースやソーシャルメディアなど、新しいビジネスモデルを生み出しました。

　ディープラーニングに代表されるAI技術の進歩は、人間の認知能力を拡張しました。AIは画像や音声を認識し、自然言語を理解して、複雑なパターンを発見することができます。この能力は、認知にかかる限界費用を0に近づけ、医療診断や不正検知、顧客サービスなどといった、さまざまなビジネスシーンで活用されています。

　このように、技術革新は常に人間の能力を拡張し、ビジネスのあり方を変えてきました。そして今、生成AIの登場は、新たな変革の波をもたらそうとしています。

[図表1-3-1] 技術革新の歴史

各種革命	下がった限界費用
言語革命	同族との意思疎通と情報の蓄積
農業革命	生きるための食糧の確保
産業革命	製品の生産
情報革命［IT］	情報伝達と情報加工
知能革命［生成AI］	創造性と意思決定

生成AIが革新するのは知能の限界費用

では、生成AIはどのようにビジネスを変えるのでしょうか。

従来のAIは主に認識の領域で人間の能力を拡張してきました。しかし、生成AIは、人間の合理的な推論能力をも拡張しようとしています。生成AIは、与えられた指示やコンテキストに基づいて、自然言語テキストや画像、音声などの新しいコンテンツを生成することができます。これは、これまで人間の領域とされてきた創造的な能力が、実は一定のルールに基づいた合理的な推論能力の積み上げに過ぎないということを暴くと同時に、人間しか行うことができないとされてきた「知的な業務」の限界費用が0に近づくことを意味します。10年後には今我々が「知的な業務」と思っているものが「単純作業」に変わっているかもしれません。

生成AIは人間が担ってきた知的な業務を、より効率的かつ大規模に行うことができます。生成AIは一度学習したことを忘れることなく、24時間365日休みなく働くことができ、同じ品質のアウトプットを大量に生成することが可能です。この特性は、ビジネスの生産性と効率性を大きく向上させる可能性を秘めています。

例えば、カスタマーサポートの業務では、生成AIを活用することで、一人一人の顧客に対して個別の対応を行いつつ、全体としての対応品質を一定に保つことができます。また、コンテンツ制作の業務では、生成AIを活用することで、大量のコンテンツを短時間で生成し、コンテンツマーケティングを効率化することができるでしょう。

ビジネスに与える影響は、さらにChapter2やChapter7で詳しく解説します。

- 生成AIは、人間の知的な能力が合理的な推論能力の積み重ねであることを明らかにし、「知的業務の限界費用」を0に近づけている。10年後には、今「知的な業務」と思われているものが「単純作業」に変わっているかもしれない。
- 一度システムを作れば24時間365日休みなく同じ品質のアウトプットを大量に生成できる生成AIは、知的業務の自動化や効率性の向上を実現し、ビジネスのあり方を根本的に変える可能性がある。

Chapter 1-4 生成AIを導入するために持っておくべき心構え

　この節では、生成AIを成功裏に導入し、その可能性を最大限に活用するための重要なポイントを紹介します。

インターネットやスマートフォンの登場に学ぶ

　生成AIの台頭は、私たちのビジネス環境における一つの重要な転換点を示しています。これを理解するために、歴史を振り返ることから始めましょう。

　インターネットとスマートフォンの登場は、ビジネスと社会に大きな革命を起こしました。これらの技術がもたらした非連続な進化は、企業の運営方法や消費者行動に深い変化をもたらし、導入した企業とそうでない企業の間に大きな差が生まれました。

　今、私たちは同様の局面に立っています。生成AIは、ビジネスプロセスや製品開発、顧客サービスといった多岐にわたる領域で革新をもたらし、導入する企業とそうでない企業の間で、明確な分岐点となることでしょう。この技術は、データ分析、意思決定支援、さまざまな業務の自動化など、企業の競争力を大幅に高める可能性を秘めています。

　この新しい波に乗り遅れないためには、過去の教訓を活かして、なるべく早期に生成AIを採用し、実験を開始することが重要です。急速な普及と深い影響は、早期に導入する企業にとって大きなアドバンテージになります。生成AIの導入は、単に新しいツールを使

用すること以上の意味を持ち、企業文化の変革、業務プロセスの再設計、従業員のスキルアップといった組織全体にわたる深い変化をもたらします。

　企業がこの技術革新を受け入れ、柔軟に適応することは、将来のビジネスの成功に直結しています。インターネットやスマートフォンの普及から学ぶことのできる重要な教訓は、「技術革新の波に乗り遅れないこと」の重要性です。生成AIはビジネスにおける次の大きな変革をもたらす技術であり、その進化と普及は不可逆的です。この変化を受け入れ、適応することで、あなたの企業は長期的な競争優位を獲得し、持続可能な成長を実現することができることでしょう。

知能の民主化への理解

　生成AIの導入による最大の変化の一つは、人間が従来行ってきたあらゆるレベルの知的労働の機械化です。

　これまで、私たちはデータ分析や意思決定、創造的な業務だけでなく、文章の作成や社内の問い合わせ対応などの細かな日々の知的作業も特定の個人や社内の専門家に頼っていました。しかし、生成AIの登場により、これらの業務が大きく変わりつつあります。

　例えば、報告書の作成、データの整理、顧客からの問い合わせへの対応など、従来は人間が時間をかけて行っていた煩雑な作業も、今や生成AIによって効率的に処理できるようになります。これにより、従業員はこれまで時間を取られていた繰り返しの業務から解放され、より創造的で戦略的な作業に集中できるようになります（**図表1-4-1**）。

[図表1-4-1] 従来型のAIと生成AIの比較

項目	従来型のAI	生成AI
概要	・事前に定められた特定のタスクを実行するために設計・開発される ・学習データと目的が限定的で、汎用性に欠ける ・新しいタスクに適用するには、モデルの再構築や追加学習が必要 ・人間が特徴量を設定したり、大量の教師データを用意したりする必要がある	・大規模なデータを用いて事前学習することで、汎用的な能力を獲得している ・プロンプト（指示）を与えるだけで、さまざまなタスクに適応できる ・ファインチューニングなしで多様なタスクを実行可能 ・文章生成、要約、質問応答、翻訳など幅広い用途に活用できる ・人間のフィードバックを取り入れ、意図に沿った出力が可能（アラインメント）
メリット	・特定のタスクに特化しているため、そのタスクについては高い精度が期待でき、推論コストも安く済むことが多い ・学習データが限定的なため、必要なデータ量が比較的少なくて済む	・汎用性が高く、さまざまなタスクを高い精度で実行可能 ・追加の学習が不要で、指示（プロンプト）の変更のみで、さまざまなタスクを実現できる ・実行過程を説明させることができるので、解釈性が高い
デメリット	・汎用性に欠けるため、新しいタスクへの適用が難しい ・モデルの再構築や追加学習に時間とコストがかかる ・人間が特徴量を設定したり、大量の教師データを用意する必要があり、手間がかかる ・解釈が難しい場合がある（ブラックボックス問題）	・大規模なデータを用いた事前学習が必要なため、計算コストが高い ・学習データに偏りがある場合、出力結果にバイアスが生じる可能性がある

汎用的な生成AIは柔軟性と速度に優れていますが、コストが高くなる傾向があります。
一方、特化している従来型AIはコストが低く、特定のタスクに高い精度を発揮します。
そのため、用途や予算に応じて、これらのAIを適切に使い分けることが重要です。

　さらに、この変化は、単に特定の業務を自動化するだけでなく、ビジネスプロセスそのものの再構築も意味します。生成AIを活用

することで、従業員は日々のルーチンワークを超え、新しいアイデアやソリューションを生み出す時間とリソースを得られるようになるのです。

　ビジネスにおいて、この新しいテクノロジーをどのように取り入れるかが鍵となります。組織は生成AIの導入によって、従業員が新しいスキルを学び、業務をより効率的かつ創造的に遂行するための環境を提供する必要があります。また、組織全体が変革に対してオープンであることが重要であり、従業員が変化を受け入れ、新しい方法で業務に取り組むための支援と育成が必要です。

　知能の民主化は、細かい日々の業務から高度な分析、創造的な作業に至るまで、あらゆるレベルでの知的労働を変革する機会を提供します。この機会を最大限に活用することで、あなたの企業を新しい時代の先頭に立たせることができるのです。

柔軟な技術利用

　生成AIの導入は、従来のビジネスモデルや業務プロセスに革新をもたらし、新たな方法での業務遂行を可能にする変革です。しかし、この変革を実現するためには、従来の枠組みに囚われず、柔軟な思考で技術を活用する姿勢が欠かせません。

　従来の方法に固執することは、生成AIのポテンシャルを制限し、ビジネスの成長の機会を逃す原因となります。例えば、顧客サービス、市場分析、製品開発などのビジネス領域においてAIを活用することで、従来では考えられなかった新しいアプローチやサービスモデルを探求することが可能です。AIによって生成されたデータや洞察は、意思決定をより迅速かつ正確で拡張可能なものにし、ビジネス戦略を強化することができます。

また、生成AIを通じて新しいビジネスチャンスを発見し、未開拓の市場に進出することも可能です。

企業では、このようにして生成AIを活用し、ビジネスの革新を目指すことができます。重要なのは、開放的なマインドセットを持ち、新しい技術の可能性を最大限に引き出すことです。従業員がこの新しい技術を柔軟に活用し、さまざまな業務プロセスに統合することで、ビジネスの成長と進化を促進することができるでしょう。柔軟な技術利用は、生成AIが提供する無限の可能性を探索し、ビジネスに新しい価値をもたらす鍵となります。この変革を積極的に受け入れ、新しい時代のビジネスをリードする準備をしましょう。

従来のIT・AIプロジェクトと異なる点

生成AIの導入には、従来のITやAIプロジェクトとは異なるアプローチが必要です。これまでのAIプロジェクトは、大量のデータ収集と複雑なアルゴリズム開発が中心でしたが、生成AIはより実務に即した、柔軟かつ効率的な方法を可能にします。

生成AIは少量のデータからでも学習し、迅速に適用できる特性を持っています。これにより、企業は大量のデータ収集や長期的な開発計画に頼ることなく、より小規模で柔軟なプロジェクトを迅速に立ち上げることができます。また、生成AIは継続的な学習と進化が可能であり、実際のビジネス環境に即した適応ができます。

このような特性は、企業にとって新しい機会を提供します。小さなチームで始めて、成功を重ねながら段階的にプロジェクトを拡大していくことができます。これにより、リスクを抑えつつ、ビジネスへの具体的な成果を早期に見出すことが可能です。また、従業員のフィードバックや市場の動向を迅速に取り入れ、プロジェクトの

方向性を柔軟に調整することも容易になります。

　重要なのは、生成AIを導入する際には、従来のIT／AIプロジェクトのアプローチから脱却し、新しい技術の特性を理解して、活用することです。これには、組織内での意識の変革、従業員の教育、そして新しい技術への適応が必要です。企業は、生成AIの特性をきちんと理解し、柔軟かつ効率的なプロジェクト運営を目指すべきです。

　生成AIの導入は、ビジネスの可能性を大きく広げます。この新しい波に乗り遅れることなく、早期の採用と積極的な実験を通じて、新しい時代の先駆者となることを目指しましょう。

まとめ

- 生成AIの導入は、ただ新しい技術を取り入れる以上の意味を持つ。これは、ビジネスのあり方、働き方、そして思考の方法を根本から変える機会。
- 生成AIの導入は、企業にとって新しい時代への門を開くもの。この技術を理解し、適切に活用することで、ビジネスはより効率的で革新的なものに変わり、新しい成長の機会を掴むことができる。

社内への
生成AI導入で
狙うべき領域

業務のコスト削減（Cost）

なかなか進まない業務のコスト削減

　企業にとってのコスト削減は、避けることができず、変わることのない経営課題です。コストと一言でいっても、人材コスト、製品・サービス開発コスト、資材調達コスト、広告費などのマーケティングコスト、研究開発コスト、ICT環境などへの設備投資コスト、賃貸料・通信費などの管理コスト、保険や監査対応費などのリスク管理コスト、SDGs促進に伴う環境対応コストなど、さまざまなコストが存在しています。

　これらのコストのなかでも、特に業務に関するコストは、意識はされつつも、手つかずになっている分野ではないでしょうか。「こういうところがもっとシステム化されて効率化できたらみんな助かるのに…」そんなふうに思ったり、そんな声を聞いたりしたことは、一度や二度ではないと思います。

　では、なぜそれほどまでにほとんどの社員が考え、最も身近で、日々行われ、かつその多くが「単純な業務」であるにも関わらず、システム化による業務コスト削減が進んでこなかったのでしょうか？　それには二つの理由があります。

　一つ目の理由として、単純ではあるけれど、人間の判断を伴う部分があり、かつその判断基準が曖昧であることが挙げられます。例えば、社内社外に関わらずメールの返信などで、「これはどう返し

たらよいのだろう？」と考えて、返信するまでに10〜20分という時間がかかったといった経験はないでしょうか？ また、営業報告書を作成するのに、前月の結果の総括やそれを踏まえた今後の打ち手などについて、何をどう書けばよいだろうと考えを巡らせ、でき上がるまでに2〜3日かかってしまったということはないでしょうか？ これらの業務も、判断をする際、人の介在が必要で、その時の判断基準もはっきりとしていないといえます。しかし生成AIを活用すれば、抽象的な指示をするだけで合理的な判断をし、適切なアウトプットをしてくれるため、もやもやと悩む必要もなくなり、仕事が捗るようになります。

　二つ目の理由としては、細かな業務が多く、一つの業務をシステム化するだけでも、要件定義・開発・検証などに時間がかかり、人が対応する以上にコストがかかってしまうことが挙げられます。一度、先に挙げたような単純な業務を数え上げ、それにどれくらいの時間が費やされているかを計算してみてください。一人一人の社員がかけていた時間を総計すると、企業全体としては相当な時間になることは容易に想像がつきます。もしそれらの時間と稼動を生成AIに代替させ、生まれた時間をもっと生産性のある業務に振り向けることができるとしたらどうでしょうか？

業務の代替における生成AIの強み

　それでは、生成AIによる業務の代替例を見る前に、単純な業務であるにも関わらずシステム化されてこなかったという課題を、なぜ生成AIで解決できるのかを考えておきましょう。
　それは、生成AIが人間の指示を理解し、適切な判断を下して、

文章を生成することができるからです。曖昧な判断基準しかない業務であっても、大量のデータから学習した生成AIは、その業務の文脈を与えられれば、文脈を理解し、適切な判断を下すことができます。また、開発コストの問題も生成AIが解決します。生成AIは非常に汎用的であるため、個別の業務ごとにシステムを開発する必要がなくなり、大幅にそのコストを削減することができるのです。

生成AIは、特に以下のような特徴を持った業務に適しています。

① 定型的な業務
同じような作業が繰り返される業務

② 判断基準が曖昧な業務
明確なルールがなく、人間の経験やノウハウに基づく判断が必要な業務

③ テキストベースの業務
メールの返信、レポートの作成など、主にテキストを扱う業務

これらの特徴を持った業務は、多くの企業に存在しており、生成AIの活用によって大きな効果が期待できます。

次からは、生成AIの活用によって代替可能な業務のうち、代表的なものである「文書作成」と「問い合わせ対応」について見てみたいと思います。

文書作成業務の代替

「ホモ・ロクエンス（Homo loquens）：言葉を使うヒト」という言葉があります。これは文章を書く・言葉を使うという行為は知性（Intelligence）に密接に紐づくもので、人間ならではのものである

という意味を示します。しかし、生成AIの登場により、その常識は一気に打ち破られることとなりました。それは、AI（Artificial Intelligence）の名の通り、AIが知性を獲得し、言葉を扱えるようになったばかりでなく、その知性に紐づく情報量が、一人の人間の持つ情報量と比べ桁違いに多くなったからです。

そんななか、「文書作成」への生成AIの活用は、今や当たり前のこととなっています。企業における日々の業務で最も多いのは、「文書作成」であるといわれています。例えば、以下のようなシーン及びそれに付随するドキュメントがあります（**図表2-1-1**）。

・**対内的業務**
　└**申請／稟議、報告、育成／研修、総務／経理関連**
・**対外的業務**
　└**情報公開／広報、求人、契約、営業／顧客応対関連**

[図表2-1-1] 社内外の文書の例

	カテゴリ	代表的なドキュメント
社内	申請・稟議	休暇申請書、経費精算書、イベント参加申請書、稟議書
	報告	活動報告書、進捗報告書、事故報告書
	人材育成	研修計画書、能力開発プログラム、評価シート
	総務	社内規定集、健康診断の案内、安全管理マニュアル
	経理	月次財務報告書、予算申請書、経理手順書

	カテゴリ	代表的なドキュメント
社外	情報公開	年次報告書、CSR報告書、環境報告書
	広報	プレスリリース、ニュースレター、会社パンフレット
	求人	求人広告、採用サイト情報、求人案内
	契約	販売契約書、業務委託契約書、秘密保持契約書
	営業	提案書、見積書、営業報告書
	顧客応対	サービス利用規約、顧客満足度調査、クレーム対応記録

ある調査では、営業パーソンの1日の業務における時間の50%以上は「資料作成」に費やされているという報告もあります（**図表2-1-2**）。企画部門や法務部門などでは、それ以上になるかもしれません。

[図表2-1-2] 営業パーソンが資料作成にかけている時間の割合

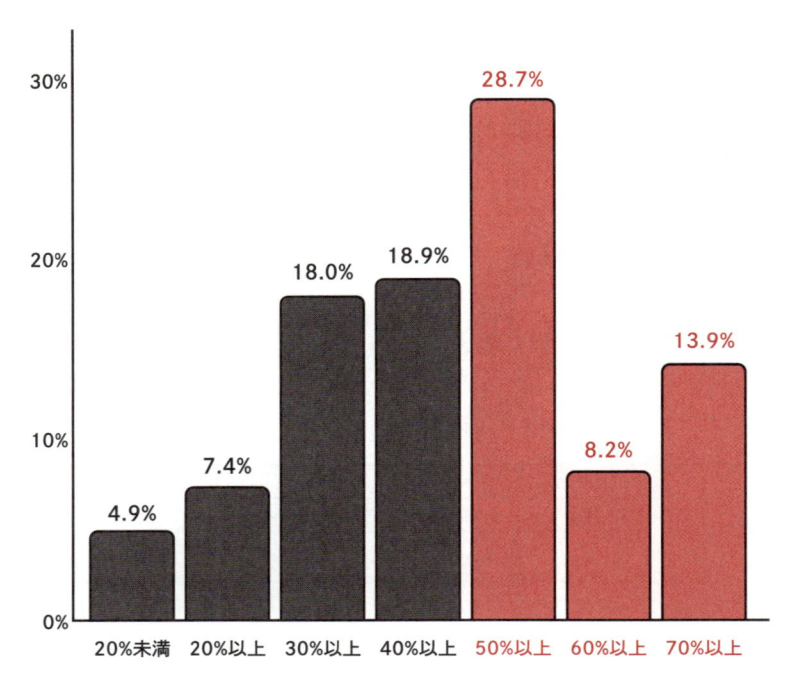

【出典】PR Times
https://prtimes.jp/main/html/rd/p/000000004.000052185.html
（株式会社ワッツユアリッチ調べ）

　なお、この営業資料作成の稼働は、営業パーソン一人あたり年間で619時間、人件費に換算すると約167万円のコストがかかっている試算です。時給換算2,700円として、1,000人の営業パーソンがいた場合16.7億円分になるとのことです。仮にその20%を生成AIを

用いることで削減できるとすれば、3.3億円のコスト削減になります。

　このように、多くの社員が日常的に費やしている「文書作成」業務を見直すだけでも、経営に大きなインパクトを与えることになるのではないでしょうか。文書作成の代替は、生成AI活用の成果が最も分かりやすい分野であるといえます。なぜなら、導入の入口としてのハードルも低く、それに反比例してその価値はかなり大きいからです。

　それでは、文書作成に関わる具体的なシーンと、生成AIの活用方法について見てみましょう。

1.メールの送信・返信

　先ほど例に挙げたシーンです。この業務にどうして時間がかかってしまうのか？　それは、さまざまなシチュエーションを想定する必要があるからです。生成AIは、ビジネスに関する情報も既に膨大な量で学習しているため、個別の情報を少し与えるだけで、適切なメール文を作成することができてしまうのです。

　例として、お客様から少し要求度の高いメールが来たと想定し、その返信メールを作成する手順を見てみましょう。

① 受領したメールの、企業情報や個人情報以外の本文を、Chat GPTなどの言語系AIに貼り付け、お客様の要求のポイントと想定される懸念点を抽出してもらいます。

② それを受け、お客様との関係性や現在の状況、会社として対応に苦慮しそうな点、返信先の相手の方の気質的な特徴などの情報を与えるとともに、生成AIに返信メール案の作成を依頼します。

　返信するメールによって、相手の方がこんなふうになってほしい、などの情報を添えるのも有効です。何度かの対話は必要か

もしれませんが、自分のなかだけで考えて苦慮するより、ずっと効率的に的確な返信文ができるでしょう。

③　上長に確認をとり、問題がなければ返信します。

　上記ではお客様からのメールという想定ですが、社外・社内に関わらず、「このメール、どう返せばよいのだろう？」といった時はぜひ活用してみるとよいでしょう。

2. 営業報告書の作成

　どの企業の営業パーソンも必ず作成しているドキュメントに、「提案書」と「営業報告書」があります。ここでは、「営業報告書」の作成に生成AIを活用するシーンを想定してみましょう。

準備

①　報告に含める項目を明確にした上で、それらのデータを収集・分析します。例えば、実績・市場・競合などのデータ分析・成功事例・問題点、それらを踏まえた打ち手などです。ここでの分析は、BIツールなどの分析ツールを用い、その結果を取得します。

生成AIの活用

②　分析したデータと結論を生成AIに渡し、実績の概要・分析のキーポイント・結論などの要約や解説文を生成させます。

③　①で設定した報告書に含めるべき事項それぞれについて、記載する内容を生成させます。

④　③でアウトプットされた内容を、「営業報告書」のフォーマットに落とし込みます。

3.申請書の作成

　社内での申請や稟議に必要なドキュメントの作成も、頻度の高い業務といえます。ここでは、社外セミナーへの参加申請を想定し、その手順を示します。

① AIへの"指針"として、「申請書」の項目ごとに「何を」・「どのように」記載するべきかを整理して、生成AIに入力するテンプレートに登録（記載）します。

・「何を」：AIに記載（生成）してほしい「項目」を示す
　申請案件名・申請者情報・目的・セミナー概要（セミナー名、主催者、日時、場所、参加費用）・期待される効果・申請日・承認欄（上長署名）内容ではなく、「項目」だけでよい
・「どのように」：AIへの参考情報を示す
・語調（ですます調）
・説明文は箇条書き＋説明の形が好まれる
・承認者は費用対効果を重視
・セミナー参加後の社内展開方法、セミナー参加時の業務の代替や対応方法を盛り込むと申請が通りやすい

　※上記例のように、この段階で書類作成のノウハウ（例えば、どういう書き方でどういう内容を書くと通りやすいかなど）を詰め込むことが大事です。

② AIに与える具体的な情報（申請するにあたって必要な「内容」）を用意・記載します。
　※この時、特に決められた形式に従う必要はなく、例えばたくさんのPDFやパワーポイントなどのドキュメントでもかまいません。

申請者情報
　申請者氏名（山田太郎）
　所属（デジタルトランスフォーメーション推進部）
　役職（主任）
参加目的
「生成AI活用」の全社展開をする上でのポイントを把握し、取り
組みに活かす
参考情報
　セミナーパンフレット（PDF）
　セミナーに関するWebの情報（TXT）（URL）
　過去に承認の下りた優秀な申請書（パワーポイント）

③　①②をプロンプトに乗せて、生成AIに入力します。

> **プロンプト例**
> 　以下の情報を基に、申請が通りやすい「申請書」を作成し
> てください。
> 　※①②の情報を記載・参考情報の資料を添付

　すべてを一気に生成させようとすると、AIが全体を見てアウト
プットしようとするため、文章の内容が薄くなったり、短くなった
りする場合があります。情報が多い場合は、項目ごとに生成させる
などの工夫をするのが望ましいです。何度かアウトプットさせて、
その粒度や内容を見つつ、追加情報を与えると、よいものができ上
がっていきます**（図表2-1-3、図表2-1-4）**。
　このことは「申請書」作成の場合だけでなく、生成AIにアウト
プットさせる時に共通するコツです。

［図表2-1-3］ 申請書作成のプロセス例

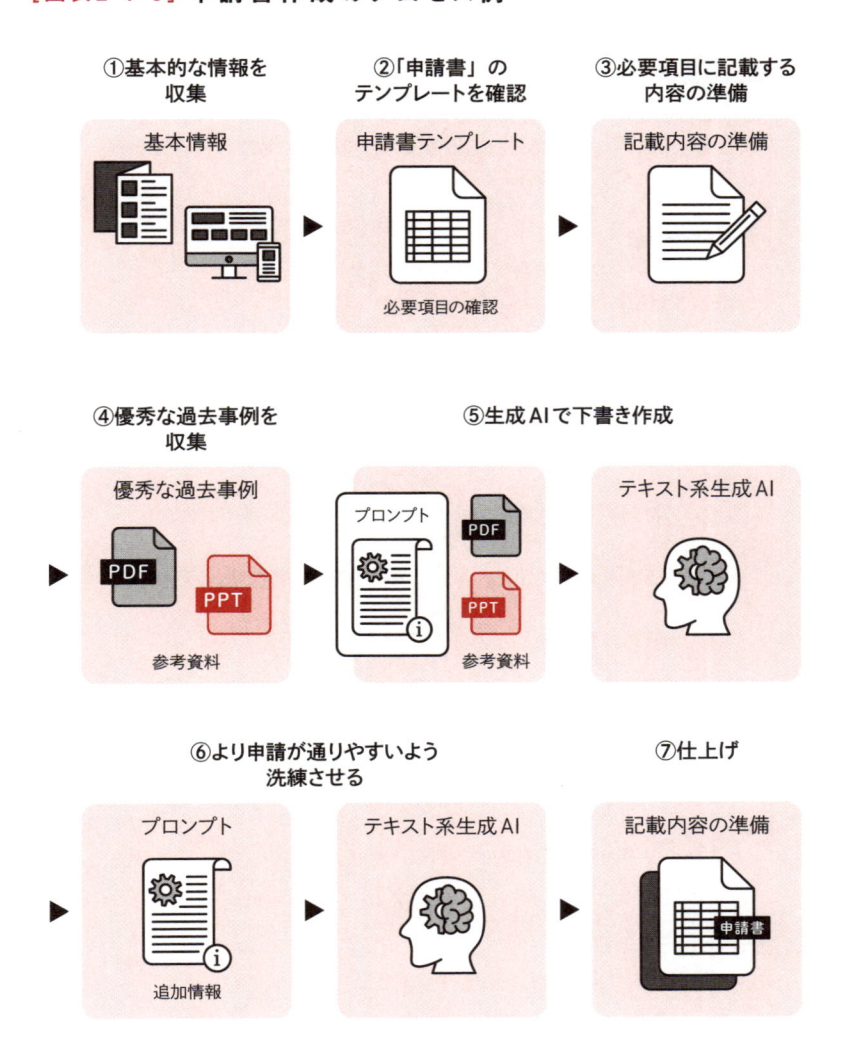

①基本的な情報を収集 → ②「申請書」のテンプレートを確認 → ③必要項目に記載する内容の準備 → ④優秀な過去事例を収集 → ⑤生成AIで下書き作成 → ⑥より申請が通りやすいよう洗練させる → ⑦仕上げ

［図表2-1-4］「ChatGPT」GPT-3.5でのプロンプトと出力例

プロンプト

以下の情報を使って、「社外セミナーへの参加」申請書の下書きを作成してください。その差異、過去の優秀な申請書（PDF）の特徴を参考に、説得力のある内容になるよう心がけてください。

セミナー情報:
- セミナー名:「DXを加速する生成AI活用セミナー」
- 主催者: 一般社団法人日本ディープラーニング協会
- 日時: 2023年7月10日（月）13:00〜17:00
- 場所: 東京都港区赤坂1-12-32 アーク森ビル3階会議室A
- 参加費用: 会員 25,000円 / 一般 30,000円
- 申込期限: 2023年6月30日（金）

参加目的:
- 生成AIの最新動向と活用事例から、生成AIの導入・活用方法のヒントを得る
- 他社の生成AI活用事例から、業務効率化や新規事業創出のアイデアを得る
- 生成AI分野の専門家などとの交流を通じて、人脈を広げる

期待される効果:
- 生成AIの基本概念と活用領域を理解し、自社での活用可能性を検討できる
- 他社事例から学び、自社の業務効率化や新サービス開発に繋げられる
- セミナーで得た知見を社内で共有し、生成AIプロジェクト推進の機運を高められる

申請書のフォーマット:
1. 申請者情報（所属部署、役職、氏名）
2. セミナー情報（セミナー名、主催者、日時、場所、参加費用）
3. 参加目的
4. 期待される効果
5. セミナー内容の社内展開方法
6. 申請日、承認欄（上長署名）

「社外セミナーへの参加」申請書

1. 申請者情報

- 所属部署: 情報システム部
- 役職: 課長
- 氏名: 山田 太郎

2. セミナー情報

- セミナー名: 「DXを加速する生成AI活用セミナー」
- 主催者: 一般社団法人日本ディープラーニング協会
- 日時: 2023年7月10日（月）13:00～17:00
- 場所: 東京都港区赤坂1-12-32 アーク森ビル3階会議室A
- 参加費用: 会員 25,000円 / 一般 30,000円

3. 参加目的

- 生成AIの最新動向と活用事例から、生成AIの導入・活用方法のヒントを得るため
- 他社の生成AI活用事例から、業務効率化や新規事業創出のアイデアを得るため
- 生成AI分野の専門家などとの交流を通じて、人脈を広げるため

4. 期待される効果

- 生成AIの基本概念と活用領域を理解し、自社での活用可能性を検討できるようになる
- 他社事例から学び、自社の業務効率化や新サービス開発に繋げられる
- セミナーで得た知見を社内で共有し、生成AIプロジェクト推進の機運を高められる

5. セミナー内容の社内展開方法

- セミナー参加後、社内勉強会を開催し、学んだ内容や得た知見を共有する
- 生成AIの導入可能性に関するレポートを作成し、経営層に提案する
- 他部署と連携し、具体的な生成AIプロジェクトの立ち上げを検討する

6. 申請日、承認欄

- 申請日: 2023年6月20日
- 承認者:
    - 上長署名: _____
    - 承認日: _____

さらに申請を通しやすくするため、今作成してもらった「申請書」の下書きに、以下の情報を考慮した内容を加え、再度、作成してもらえますか？

・承認者は「費用対効果」を重視します
・セミナー参加による、私の不在による影響に対する配慮について

出力

社外セミナーへの参加 申請書

1. 申請者情報
所属部署: 技術開発部門
役職: 技術開発課長
氏名: 山田太郎

2. セミナー情報
セミナー名: 「DXを加速する生成AI活用セミナー」
主催者: 一般社団法人日本ディープラーニング協会
日時: 2023年7月10日(月) 13:00〜17:00
場所: 東京都港区赤坂1-12-32 アーク森ビル3階会議室A
参加費: 会員 25,000円 / 一般 30,000円
申込期限: 2023年6月30日(金)

3. 参加目的

- 生成AIの最新動向と活用事例から、導入・活用方法のヒントを得る。
- 他社の生成AI活用事例を通じて、業務効率化や新規事業創出のアイデアを得る。
- 生成AI分野の専門家との交流を通じて、人脈を広げる。

4. 期待される効果

- 生成AIの基本概念と活用領域を理解し、自社での活用可能性を検討する。
- 他社事例を学び、業務効率化や新サービス開発につなげる。
- セミナーで得た知見を社内で共有し、生成AIプロジェクト推進の機運を高める。

5. セミナー内容の社内展開方法
参加後、取得した情報を社内報告会を開催して共有し、関連部門とのヒアリングを通じて具体的な活用プランを策定する。

6. 申請の理由
セミナー参加による費用対効果が高いことを考慮し、生成AIの導入が我が社に与える可能性について、深く理解を深める必要があると考えています。また、不在による業務への影響を最小限に抑えるため、参加後の情報共有と活用計画策定に努めます。

> **7. 承認者へのメッセージ**
> 費用対効果の観点からも、このセミナー参加が我が社の成長に寄与すると確信しております。ご検討
> の程、よろしくお願い申し上げます。
>
> **8. 申請日、承認欄**
> 申請日: 2023年6月15日
> 承認欄: [上長の署名]

　「文書作成」への生成AI活用は、企業だけでなく、自治体においても進んでおり、以下の資料は「文書作成」の参考になるでしょう。

【参考】東京都デジタルサービス局「文章生成AI利活用ガイドライン・活用事例集」
https://www.digitalservice.metro.tokyo.lg.jp/business/ict/ai-guideline-

社内問い合わせ業務の代替

　企業の業務においては、さまざまな「問い合わせ」に関係する稼動も非常に多くかかっています。「問い合わせ」には、問い合わせる側・問い合わせを受ける側の双方に稼動がかかっていることを忘れてはいけません。適切な回答をすぐに得られず、問い合わせる側の社員の業務が停滞するということもよくあることです。

　それでは、「社内問い合わせ」対応を代替してくれる生成AIを用いた簡単な仕組みを構築するプロセスを見てみましょう **（図表2-1-5）**。

① 情報の収集・ドキュメント化
　社内の各部署から関連するQA集、操作マニュアル、ポリシー文書などを集め、PDFなどへのドキュメント化を行います。

② セキュアなクラウドストレージ環境へのドキュメントの格納
　Microsoft Azureなどのセキュアなクラウドストレージにドキュ

メントを格納します。

③生成AIとのAPI接続

生成AIと②のクラウドストレージをAPIで接続します。

[図表2-1-5] 社内問い合わせのプロセス例

①情報の収集・ドキュメント化　②セキュアなクラウドストレージ環境への
ドキュメントの格納

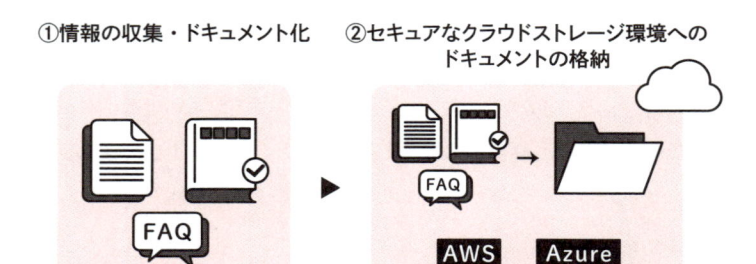

③生成AIとのAPI接続

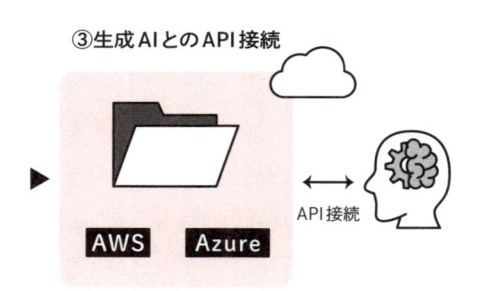

④社内で普段使用している
コミュニケーションツールとのAPI接続

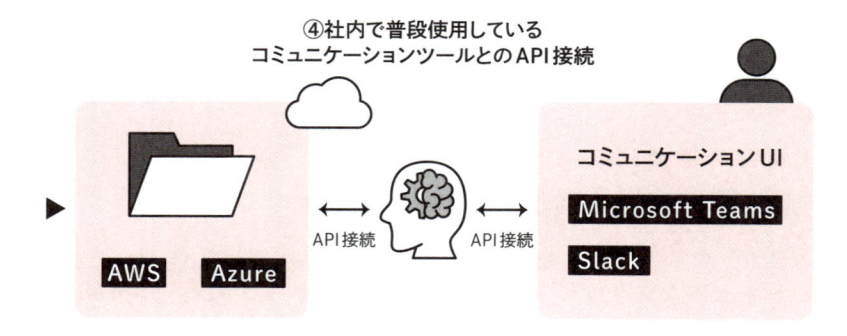

④ 社内で普段使用しているコミュニケーションツールとのAPI接続

社員が問い合わせをする際のユーザーインターフェースとして、普段利用されている Slack・Teams などのコミュニケーションツールと生成 AI を API で接続します。

これで基本的な仕組みはでき上がりです。実際に社員が問い合わせに利用する際は、事前に問い合わせのしかた（聞き方）について、簡単なレクチャーをしておくとよいでしょう。例えば「＊＊＊が＊＊＊な時の＊＊＊について教えてください」など、「何について、どういったことを知りたいのか？」を明示した聞き方をするといった内容の周知です。

これは、他の場面で生成 AI にプロンプトを投げる時と同じ考え方になります。コミュニケーションツール側の画面に、同様のメッセージを固定で表示しておくのも効果的です。

業務の代替を行うためのノウハウ

生成 AI を活用して業務を代替する際には、まず、これまでシステム化できなかった理由を明らかにすることが重要です。本節の冒頭でその二つの理由についてお伝えしましたが、単純な業務であっても人間が行っている理由がもう一つあります。その理由を探ることで、生成 AI を効果的に活用するためのポイントが見えてきます。業務タスクの側面から①入力、②処理、③出力の三つの場面に分けてその理由を探ってみましょう。

まず、①入力の場面では、入力されてくる情報の多くは、システムに定められた定型的な形ではなく、自由に入力された情報である

ということが挙げられます。従来の問い合わせシステムは、あらかじめ用意された選択肢のなかから適切な回答を選ぶルールベースのものが主流でした。そのため、問い合わせ内容に対して、理由も含めて説明しながら返信するといったことは、これまでのAIやシステムでは対応が難しいとされてきました。

しかし、例えばお客様からのメールは、システムに設定された定型的な形で書かれているといったことはほぼ100%なく、自由に記述された内容を受ける側で理解し、対応する必要があります。つまり、入力する側にシステムに合わせた入力をさせることが不可能なシーンが多く、人が対応せざるを得なかったということが、システム化できなかった理由の一つといえます。

次に、②処理の場面では、入力された曖昧な情報を基にその判断を人間が行う必要があったということも、システム化を阻む理由にありました。例えば、セミナー参加申請書に「業務効率化に寄与すると思われるポイントを記載する」など特別な情報が記載されていた際、従来型のシステムでは何をもって「業務効率化に寄与するのか」の判断基準を持たないため判断ができません。

しかし、生成AIの場合であれば、過去の申請事例や自社の業務内容やセミナーの内容をユースケースとして与えておけば、それを基にある程度の判断をしてくれるようになります。生成AIでは、判断基準が明確に定められていなくても、適切な判断を下すことができるようになるのです。

最後に、③出力の場面では、柔軟な出力が求められるケースがあり、このこともシステム化が難しかった理由にあります。例えば、問い合わせ内容に対して、理由も含めて説明しながら返信するといったことは、これまでのAIやシステムでは対応が難しく、FAQなどの情報提供を行うことが関の山でした。システムの場合、決められたルールに従った出力しかできないからです。

しかし生成AIには、このような柔軟な出力をすることが可能です。問い合わせする人（入力者）が、「結果だけではなく、理由も併せて教えて」と入力してくれば、生成AIは、その意図を汲んで、理由を添えてアウトプットしてくれるのです。また、出力形式を日本語で指定し、理由の説明の深さや分かりやすさ（未経験者でも分かるようになど）も自然言語で指示することができます。

なんでもできるチャットボットの幻想

　生成AIを活用する際に、「なんでも対応できるチャットボット」を目指すのは現実的ではありません。

　社内データを参照しながら、あらゆる質問に回答できるチャットボットを作るというサービスを見聞きしたことがある方もいるでしょう。しかし、現実の業務であらゆる質問に対して的確に答えられる人間というのは残念ながら存在していません。あなたの周りでもきっと同じでしょう。それを生成AIに求めるのは、あまりにも非現実的です。

　私自身、これまで多くの企業から相談を受けてきましたが、汎用的なチャットボットを構築しようとして失敗したという事例を多数見聞きしました。この失敗の原因の一つに、生成AIの検索性能の限界があります。生成AIは膨大な情報を保持していても、適切な情報を検索することが非常に難しいのです。結局のところ、あらゆる質問に対応できるチャットボットを作ることは非常に難しく、多くの場合は期待された効果を得られないまま終わってしまうのです。

　生成AIを効果的に活用するためには、インプットする問い合わせの範囲を限定し、生成AIが的確な情報から回答をできるようにすることが重要です。例え単純な業務であっても、その会社や部署

特有の「やり方」が存在しているはずです。この「やり方」こそが、生成AIに教えるべき重要な情報なのです。

　例えば、経費精算業務では、申請書の記入方法や承認のルールが会社ごとに異なります。この「やり方」を生成AIに学習させることで、適切な判断を下すことができるようになります。また、顧客対応業務では、よくある質問や回答の例を生成AIに提供することが有効です。ただし、その際も、自社の業務に特化した内容である必要があります。汎用的な「やり方」や知識を生成AIに提供しても、実際の業務で役立つことは少ないでしょう。生成AIに求めるのは、あくまでも自社の業務に特化した知識と判断基準なのです。

まとめ

- 生成AIを活用することで、これまでシステム化できず、人手で行っていた単純作業や判断を伴う業務を、システム化しなくても効率化できるようになった。特にさまざまな定型的業務に導入することで大幅な業務効率化とコスト削減が可能になり、長らく手つかずだった経営課題の打破につながる。
- 社内業務への生成AI活用においては「文書作成」や「問い合わせ対応」などの効果が見えやすく、多くの社員がその恩恵を受けられるところから始めると効果を最大化できる。
- 生成AIの少量の情報を与えるだけで適切なアウトプットをしてくれるようになるという特徴を活かし、自社の業務に沿った情報や材料を提供することで、「何でもできそう」なAIではなく、自社向けの生成AIとして活躍してくれる。

ノウハウを共有する難しさ

　業務品質の向上は、コスト削減のように直接的な効果が見えにくいものの、企業にとっては、長期的な競争力の源泉となる重要な取り組みです。もちろん、業務のノウハウや知識を共有し、組織全体の業務品質を向上させることは、従来から経営課題として認識されていました。しかし、ノウハウの共有や標準化が進まなかったのには理由があります。

　まずは、そもそも暗黙知の言語化が難しく、ノウハウが属人的になっていたという点が挙げられます。優秀なベテランの経験に基づく業務は、明確な基準として言語化されておらず、その人のなかだけに存在してしまっているケースが非常に多いです。彼らが作った具体的な「良い」アウトプットは存在しているものの、「それがなぜ良いのか」＝「良さ」について明確な基準を言語化できているケースは稀ではないでしょうか。例えば「あなたが実施している業務においての『良さ』や『品質』とは何ですか？」と問いかけられて、即答できる方がどのくらいいるでしょうか。

　次に、これまでノウハウの共有を阻んでいた最大の要因が、業務のノウハウをマニュアル化しても、実際には役に立たないことがほとんどであるという点です。業務改善の名の下に多大な労力をかけて作られた虎の巻やマニュアルが、実際の業務では全く使われていないという光景を目にしたことがある人も多いのではないでしょう

か。ノウハウが大量に詰まった虎の巻を、日々行う業務のなかで常に参照し続けることができず、内在化（参照しなくてもできるようになること）の過程を経なければ効果を発揮することはありませんでした。

　それでは、これらの課題をどのように克服し、その過程で生成AIがどのような役割を果たすかについて見ていきましょう。

価値のある情報が暗黙知化されている

　最初に考えておきたいことがあります。そもそも業務品質を向上させるには、組織としてどういったことが必要になるでしょうか？

①ナレッジと業務プロセスの標準化・最適化
　標準化されたナレッジとプロセスを確立することで、誰がやっても同じようにできるようになるため、効率的かつ効果的に業務を遂行できます。

②継続的な教育とスキルアップ
　社員のスキルと知識は、業務品質向上を実務の上で支える屋台骨であり、ナレッジの更新のためにも継続的な取り組みは必須となります。

③コミュニケーションとフィードバックの強化
　チーム間や異なる部門間でのコミュニケーションを促進し、知識やアイデアの共有ができる環境があると、修正や更新のスピードと精度が上がります。

　このように「業務品質向上」の土台となるのが、ナレッジやプロセスの標準化です。ここまでは、「確かにそうだな」と納得される

かと思います。

　ところが、ここで大きな問題があります。それは、優秀な成果を出している人や組織のノウハウやナレッジほど、標準化できていない、それどころか、その人や組織のなかに埋もれてしまっているということです。つまり、有用な情報ほど暗黙知化しているのです。

　「あの人の営業成績が常によいのはなぜだろう？」「あのPMとSEが開発に関わったシステムはリリースした後のバグが少ないのはどうしてだろう？」「あのオペレータが対応したハードクレームがその後炎上しないのはなぜだろう？」そんなふうに思われたことはないでしょうか？

　誰もが考えつき、インターネットで調べれば出てくるような情報であれば、形式知化し、標準化するのは簡単です。なぜなら既に言語化された状態で情報が存在しているからです。ところが、言語化されていないスキルやノウハウは、形式知にはできません。最もお手本にしたいことに限って「謎＝暗黙知」のまま眠ってしまっているのは、本当によくあることです。お手本にしたいくらい優れている、というのは、それだけ大きな他社優位性や差別化材料になるということです。

　例えば、営業成績がよいということは、他社に抜きん出たから受注できたということに他なりません。そんな彼ら・彼女らの暗黙知を言語化し、形式知化できたとしたら、業務品質を向上させられるだけでなく、競合優位に立てるということを意味します。ここに暗黙知を形式知化する価値があるのです。

暗黙知を形式知化するプロセス

それでは、暗黙知を形式知化するプロセスの全体像を見てみましょう（**図表2-2-1**）。

① 暗黙知の見当をつける

暗黙知を持つベテラン社員や優秀な成果を挙げている社員を特定し、彼ら・彼女らのもつどんな知識やノウハウまたは経験が業務品質向上に貢献するかの見当をつけます。この段階では、はっきりとこれだ、と特定できなくても構いません。

② 言語化

見当をつけた暗黙知を対象者から効果的に引き出すためにインタビューを行います。業務フローやプロセス、難易度の高い業務の解決方法など、できるだけ具体的かつ網羅的な質問を用意することが重要です。対象者の経験や知識を深く掘り下げるような質問を心がけ、実際のアウトプットを共有してもらうことも有効です。

③ 情報の整理と分類

インタビューで得られた情報を整理・分類します。各テーマやカテゴリにラベルを付け、関連する情報をそれぞれに割り当てることで、活用の工程で参照しやすくすることが重要です。情報が重複している場合は統合し、不要な情報は削除しましょう。

[図表2-2-1] 暗黙知を形式知化するプロセス

①暗黙知の見当をつける

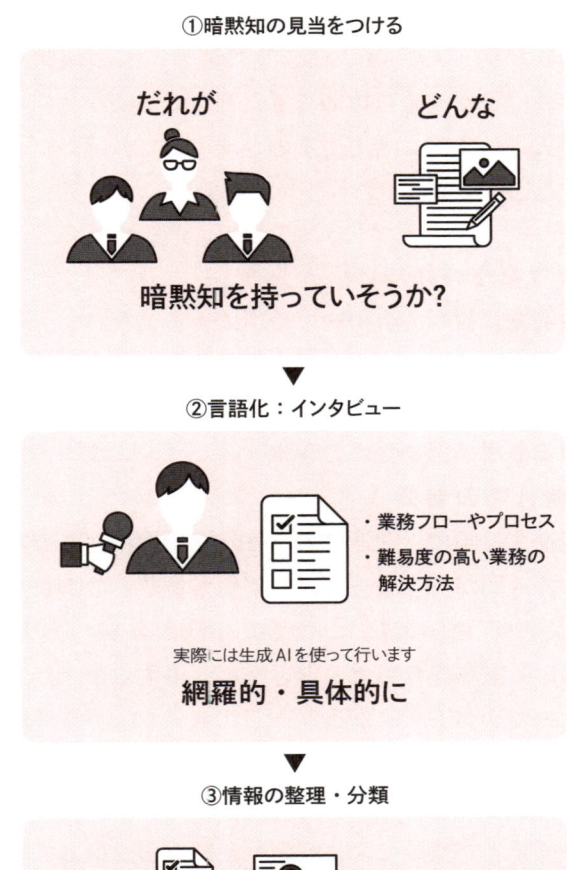

▼

②言語化：インタビュー

・業務フローやプロセス
・難易度の高い業務の解決方法

実際には生成AIを使って行います
網羅的・具体的に

▼

③情報の整理・分類

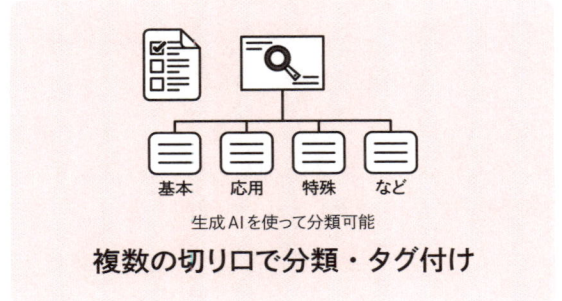

基本　応用　特殊　など

生成AIを使って分類可能
複数の切り口で分類・タグ付け

形式知を業務適用するプロセス

　続いて形式知化（ドキュメント化）した、かつては暗黙知だったベテラン社員や優秀な成果を納めてきた社員の知識やノウハウ、コツなどをどのように業務に活用するのかについて、そのプロセスの全体像を見てみましょう。

① 業務とノウハウの紐づけ

　あらゆる業務に対して汎用的に使用できるノウハウというものは稀です。どの業務でどのノウハウを用いるべきか、ということを整理することが大切です。業務とノウハウの関連性を明確にすることで、形式知の活用場面が見えてきます。

② 業務の遂行時の参照

　業務を推進する際に、関連するノウハウを取得して参照しながら実施します。人間が行う場合には、何度も参照しながら業務を遂行することで、内在化（参照しなくても実施可能になること）していきます。形式知は、業務遂行のガイドとして活用することで、その真価を発揮するのです。

③ 継続的な更新

　ノウハウは膠着的なものであってはいけません。常にアップデートをしていくことが重要です。実施した結果を受けてアップデートすることで、ノウハウは進化し続けるのです。

　では、上記のようなノウハウ活用を行うにあたって、なぜ、生成AIが重要な役割を果たすのかについて説明します。

暗黙知の形式知化における生成AIの活用法

　暗黙知の形式知化は、企業の革新と効率を高めるために不可欠です。生成AIを活用することで、個人の経験と知識を組織全体で共有し、活用可能にします。このプロセスは、企業が競争力を維持し続けるための鍵となります。

① 言語化の補助

　暗黙知の言語化は、形式知化のプロセスにおいて最も重要かつ難易度の高い作業の一つです。ベテラン社員が長年の経験で身につけた知識やノウハウは、本人にとっては当たり前のことでも、他者にとっては理解が難しいことが少なくありません。

　しかし、ここで生成AIの力を借りることで、言語化のプロセスを大幅に効率化することができます。具体的には、以下のような手順で生成AIを活用することができるでしょう **（図表2-2-2）**。

❶優れた事例と問題のある事例を比較し、良い点と改善点を抽出する

　まず、対象とする業務について、優れたアウトプットや成功事例と、問題のあるアウトプットや失敗事例をインプットして、生成AIに業務の良し悪しを抽出させることで、具体例から抽象的・汎用的なノウハウを取得します。

　明示的にどこが良い悪いということが言語化できていなくても構いません。生成AIにその差分を考えさせることで、手間のかかる工程を省略することができます。

❷インタビューの実施

　生成AIが作成したドラフトを用いて、ベテラン社員へのインタビューを実施します。具体的なドラフトが用意されているため、従

来よりもスムーズかつ効果的にインタビューを進めることができます。

　生成AIは具体から抽象化をすることができるため、ノウハウとして抽象化する部分を圧倒的に効率化できるというポイントが重要です。

[図表2-2-2] 言語化の補助

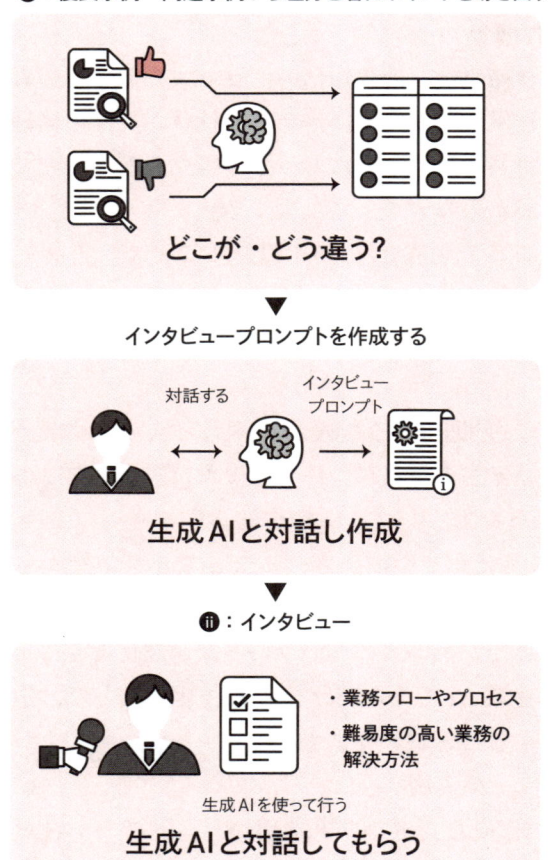

❶：優良事例・問題事例から差分と着目ポイントを導き出す

どこが・どう違う?

▼

インタビュープロンプトを作成する

対話する　　インタビュープロンプト

生成AIと対話し作成

▼

❷：インタビュー

・業務フローやプロセス
・難易度の高い業務の解決方法

生成AIを使って行う

生成AIと対話してもらう

② 整理の補助

　暗黙知を言語化することができたら、次のステップとして、得られた情報を整理し、活用しやすい形に分類する必要があります。しかし、言語化された知識やノウハウは、断片的で大量であることが多く、それらを人手で整理・分類するのは非常に手間のかかる作業です。ここでも、生成AIの力を借りることで、整理のプロセスを大幅に効率化することができます。

　生成AIを活用した整理の補助は、以下のようなステップで行うことができます。

❶ 知識の分類軸の設定

　まず、言語化された知識やノウハウをどのような軸で分類するのかを決める必要があります。例えば、業務のプロセス別、対象顧客別、問題の種類別など、整理の目的に応じて最適な分類軸を設定します。この分類軸を生成AIに指示することで、以降の整理作業を自動化することができます。

❷ キーワードの抽出と知識の分類

　設定した分類軸に基づいて、生成AIに知識の分類を行わせます。言語化はされたものの分散している知識からキーワードを抽出し、それらを分類軸に沿って自動的に振り分ける指示を出します**（図表2-2-3）**。

❸ 知識の構造化とドキュメント化

　整理された知識を、活用しやすい形に構造化するのも生成AIの得意分野です。生成AIは分類された知識を基に、階層構造などを自動的に生成し、知識同士の関係性を明確にしてくれます。また、これらの構造化された知識をドキュメント化することで、誰もが参照しやすい形で知識を蓄積することができます。

このように、生成AIは暗黙知の整理を強力に補助してくれるツールです。論理能力を活用することで、人手では困難だった大量の知識の整理を短時間で行うことができます。

[図表2-2-3] 形式知を構造化してまとめるためのプロンプトの例

あなた
・役割
- 商談のノウハウを抽出することがあなたの役割です。

・指示
- 参考情報に含まれているノウハウを抽出してください。
- 目次やタイトルページのみと推定されるページではノウハウの抽出は不要です。空のリスト([])を出力してください。
- 参考情報は研修資料のPDFのうちの1ページです。署名なども含まれていますが、ノウハウの抽出には不要です。

・注意
- 記載されている情報をまとめるだけではなく、情報を解釈し、その背後にある基本原則や仕組みを洞察してください。
- ノウハウは断片化してはいけません。単体として意味が通って利用可能なものである必要があります。
- 表面的な内容だけでなく、それがどのような戦略的意義を持つかを考慮して分析することが求められます。
- ノウハウに記載する内容は具体的な数値や固有名詞を含められるようにしてください。

形式知の業務活用

形式知の業務活用は、生成AIを通じて企業活動の効率を大幅に向上させる重要な手段です。蓄積されたノウハウを瞬時に活用し、日常業務を自動化することが可能となります。結果として、企業は市場での競争力を維持し、持続的な成長を達成することができます。

①ノウハウの直接活用
生成AIの最大の強みは、膨大なノウハウを瞬時に処理し、必要

な情報を取り出せることです。人間のように、膨大なドキュメントを一つ一つ読み込む必要がありません。AIは、蓄積されたノウハウを隈なく参照した上で、業務を実行することができるのです。

　例えば、営業担当者がお客様からの問い合わせに対応する際、AIがこれまでの対応事例を分析し、最適な回答を提示してくれます。営業担当者は、AIが提示した回答を参考にしながら、お客様とのコミュニケーションを進めていくことができます。

　また、優れた過去の事例を生成AIに直接参照させることで、高品質なアウトプットを効率的に生成することもできます。例えば、過去の優秀な企画書や設計書を学習したAIが、新たな企画書や設計書を自動的に作成してくれるようになります。

②ノウハウの継続的な更新

　形式知化されたノウハウは、一度作成したら終わりではありません。ビジネス環境は常に変化しているため、ノウハウも常に更新し続ける必要があります。

　ここでも、生成AIの力が発揮されます。AIが業務で使用したノウハウで出力した結果に対して、ベテラン社員が違和感を覚えたり、改善点を見つけたりした場合、それをAIにフィードバックすることができます（**図表2-2-4**）。

　例えば、AIが提案した営業トークに対して、ベテラン営業マンが「このタイプのお客様が気にするポイントは売上ではなくて利益率ですよ」とアドバイスをします。このアドバイスをAIが学習することで、次回からは、特に利益率にフォーカスして営業トークを提案してくれるようになります。また、AIが作成した企画書に対して、経験豊富なマネージャーが「この部分は企画会議に上げると○○という指摘を受けるよ」とコメントをします。このコメントを受けて、AIは企画書の該当部分を自動的に修正し、より深みのある内容に

仕上げることができます。

　このように、人間の知見をAIにフィードバックすることで、形式知化されたノウハウが常にアップデートされていくのです。これにより、ノウハウを常に最新の状態に保ち、業務の品質を継続的に向上させることができます。

［図表2-2-4］継続的なノウハウの更新により、精度が向上

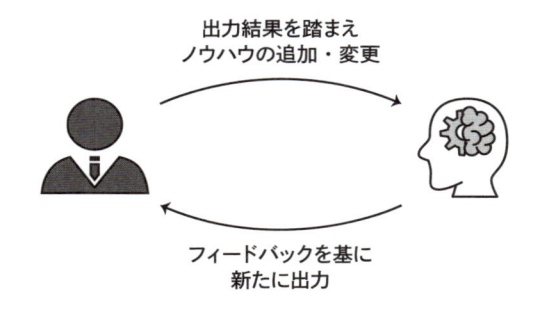

出力結果を踏まえ
ノウハウの追加・変更

フィードバックを基に
新たに出力

ノウハウの継承と改善のサイクル

　一度言語化されたノウハウは、生成AIを活用して継承し、実践していくことが重要です。蓄積された知識を活用することで、経験の浅い社員でも高い業務品質を維持することができます。

　しかし、情報やノウハウは日々の実践のなかで更新され、新たなものも生まれてきます。したがって、一度仕組み化したら終わりではなく、PDCAのサイクルを回し、クラウドに上げたドキュメントも定期的に更新していく必要があります（**図表2-2-5**）。そうすることで、社員は常に最新の情報を基に生成AIから必要なアウトプットを得ることができ、業務品質の向上という目的を継続的に追求することが可能になります。これにより、より競争力のある事業展開

ができるようになるでしょう。

［図表2-2-5］生成AIを使ったノウハウのアップデートサイクル

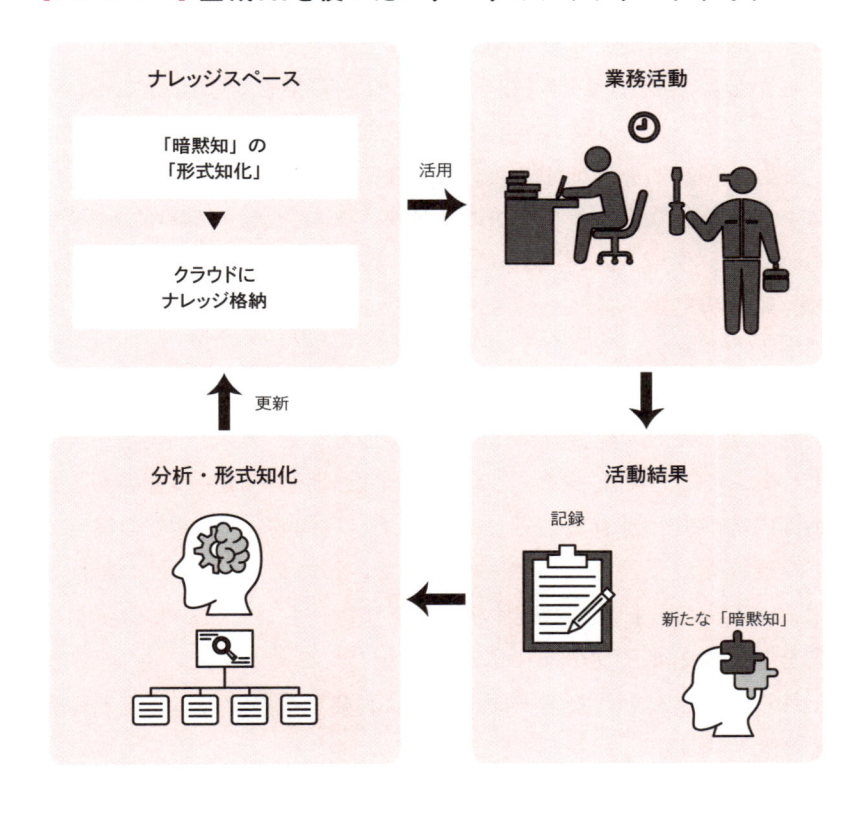

ナレッジスペース

「暗黙知」の「形式知化」

▼

クラウドにナレッジ格納

活用

業務活動

更新

分析・形式知化

記録

活動結果

新たな「暗黙知」

具体的な業務品質向上の例

　これまで見てきたように、優れた事例や効果的な手法を組織全体で共有・活用することができ、業務品質を向上できます。すぐに思いつくメリットとしては、ベストプラクティスに基づいた業務遂行が可能となることでしょう。これまではベストプラクティスの横展

開は非常に手間のかかるプロセスでした。組織内で優れた事例やノウハウを発表する機会があるという方もいるのではないかと思いますが、他部署の事例をそのまま自分たちの業務に適用することは難しく、通常業務が忙しいなかであればなおさらのことです。

　しかし、生成AIが形式知を参照しながら業務を手伝ってくれる場合はどうでしょうか。参照する形式知のリストのなかに他部署で生まれた形式知を追加するだけで、AIアシスタントは即座に新しいノウハウを取り入れることができます。また、業務上の判断基準を明確にし、生成AIに与えることは、組織内判断のばらつきを減らし、意思決定に一貫性と最適性をもたらし、品質管理やチェックも効率化できます。

　例えば、社内の稟議資料に含まれていないといけない観点を言語化しておくことによって、これまでは人によってばらつきのあった指摘内容が統一されることになります。具体的には、「この案件の市場規模や成長性について触れられていない」「競合他社の動向の記載が不十分」「リスク要因の分析が甘い」といった、稟議資料の質を左右するポイントを予め形式知化しておくことで、生成AIがそれらの観点をもれなくチェックし、必要な指摘を行ってくれるようになります。

　もちろん、最終的には人間が内容を精査することは重要ですが、AIによって資料の最低限の品質は担保されるということは大きなメリットです。つまり、生成AIが稟議資料の完成度を80点まで持っていき、貴重な人間の判断リソースは、80点を100点に持っていくために集中して使えるようになるのです。

　さらに時間軸で見ても、形式知化されたノウハウはメリットをもたらします。組織のなかで人事異動やベテランの退職はつきもの

ですが、生成AIが業務遂行やその補助を行っていることによって、他の社員や後の世代に継承でき、業務の平準化を図ることができます。

例えば、営業活動においては、お客様ごとの特性や営業活動における注意点を形式知化することで、生成AIが営業担当者に的確なアドバイスを提供できるようになります。具体的には、「このお客様は値引き交渉に厳しいので、あらかじめ十分な利益率を確保しておくこと」「この業界のお客様は決算月に予算が余りやすいので、3月の営業活動を強化すべき」といった、ベテラン営業マンしか知らないようなノウハウをAIに蓄積しておくことで、営業担当者が代わっても、常に高いレベルの営業活動が継続できるようになります。

つまり、優秀な営業マンの異動や退職に伴うノウハウの消失リスクを回避し、異動も退職もしないAIアシスタントができ上がるというわけです。

まとめ

- 生成AIを活用した暗黙知の形式知化は、業務品質の向上と組織の競争力強化に直結する重要な取り組みである。
- ナレッジの共有と継承、業務プロセスの効率化と品質管理の自動化を通じて、企業は市場環境の変化に柔軟に適応することができる。
- その成功には適切なリスク管理、継続的な改善、全社的な理解と協力が不可欠であり、生成AIを活用しながらPDCAサイクルを回していくことが求められる。

Chapter 2-3 | 業務のスケーラブル化／業務の高頻度化（Delivery）

　生成AIの導入においては、コスト削減や業務品質の向上といった直接的な効果が注目されがちです。しかし、生成AIが企業にもたらすメリットはそれだけではありません。「業務のスケーラブル化」と「高頻度化」という、別の側面の価値をもたらしてくれるのです。これらの視点で生成AIを理解している人は僅かなので、競合企業に対する差別化要因になる可能性が高いと考えられます。

　「業務のスケーラブル化」とは、事業の成長や市場の需要に柔軟に対応できる能力を指します。従来は、大きく、目立ったマーケットに対しビジネスを仕掛けてゆくのが定石でしたが、生成AIの活用によって、ニッチな顧客ニーズに対応したカスタマイズサービスの提供が可能になりました。また、これまでの組織の拡大には人材の採用がつきものでした。しかし、生成AIを用いて業務を代替させることによって、突発的な需要増加時の迅速な拡張や、不要な業務が発生した場合の急激な縮小が可能になります。これにより、企業は安定した成長基盤を築くとともに、競争優位性を高めることができます。

　一方、「業務の高頻度化」とは、業務をより短いサイクルで実行できるようになり、同じ時間のなかで数多くのタスクを（頻繁に）実行できることを指します。決して、忙しくなるということではありません。例えば、日単位で行われていた分析作業が、時間単位やさらには分単位で行えるようになると、業務の効率化が図れるとと

もに、リアルタイムに近いスパンで状況把握と迅速な意思決定が可能になります。つまり、ビジネスの機動性を飛躍的に高め、市場や顧客の変化に素早く対応できる体質へと企業を導いてくれるのです。

　スケーラブル化と高頻度化は、まさに現在の「超高速社会」に企業が対応していくための不可欠な力であり、マーケットで勝ち抜いていけるチャンスをもたらしてくれる、非常に重要な要素であるといえるでしょう。

　それでは、この生成AIのもたらす新たな二つの要素について、もう少し詳しく見ていきましょう。

[図表2-3-1] 事業の成長や市場の需要に柔軟に対応するスケーラブル化

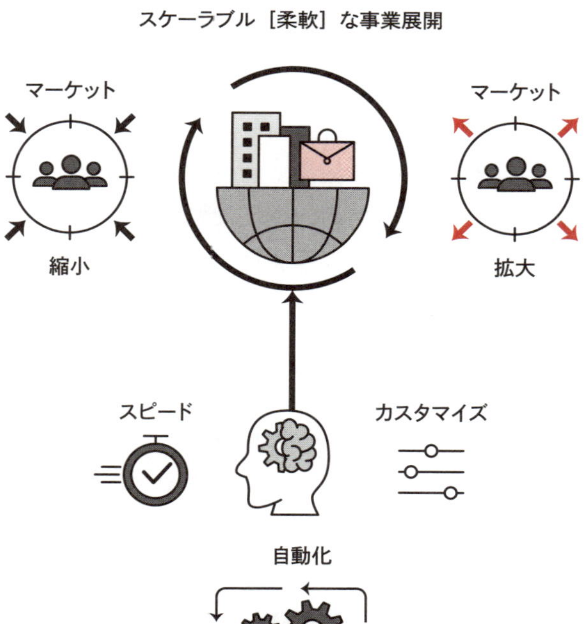

スケーラブル［柔軟］な事業展開

マーケット　　　　　　　　　　　　マーケット

縮小　　　　　　　　　　　　　　　拡大

スピード　　　　　　　　　　カスタマイズ

自動化

業務のスケーラブル化

　まず、なぜ生成AIがスケーラブル化という柔軟性をもたらしてくれるのでしょうか？

　ここでも生成AIが既に膨大な量の情報から学習しているため、非常に高い柔軟性と汎用性を持っているという背景が重要です。そのことにより、少量のデータを与え、プロンプトを変えるだけで、さまざまなタスクや場面に瞬時に対応してくれます**（図表2-3-1）**。例えば、複数の顧客から同時多発的に異なる問い合わせが寄せられ、迅速な対応が求められた場合、顧客からの少量の問い合わせ内容を基に、個別のニーズに合わせた対応策（「製品の使い方案内」「返品・交換プロセスの説明」など）を即座に生成し、顧客満足度の向上を図るなどの例が考えられます。

　また、人間が細かく手順を定義したり、需要の変動に合わせてシステムを変更したりしなくても、適切な処理やアウトプットをしてくれるため、人間の介入を最小限に抑えることができます。それによって生まれた稼働や人的リソースを、より戦略的な業務に集中させることが可能になります。例えば、ソフトウェア開発では、コーディングの効率化や品質向上が常に求められるといったことがよくあります。生成AIを用いて、開発者が簡単な指示や要件を入力するだけで、目的に応じたコードスニペットやプログラムを自動生成させます。これによって、開発者は複雑なロジックの構築やバグ修正に集中でき、全体の開発速度と品質を向上させることができます。

　さらに、生成AIは、個別のニーズや特定の条件に合わせて出力を最適化してくれるため、顧客一人一人の要望に合わせたサービスや製品を提供できるようになり、個別化戦略を強化できます。例え

ば、顧客の財務データ、投資目標、リスク許容度などを分析し、生成AIが個別に最適化された投資戦略や貯蓄計画を提案してくれるなど、ファイナンシャル・アドバイザーのような役割を生成AIが行ってくれる例などが考えられるでしょう。

このように、生成AIはその適応能力、自動化能力、カスタマイズ能力によって、ビジネスプロセスのスケーラブル化と柔軟性の向上を実現させてくれるのです。

業務の高頻度化

現代の企業においては、想定からの検証や、それに基づく意思決定、事業サイクルの迅速さ・的確さが成功の鍵を握ります。そのためには、情報をタイムリーに収集・分析し、適切に活用することが不可欠です。それを生成AIが大きく後押ししてくれます。

業務の高頻度化は、主に二つの方向で活かされます。

①時間的な高頻度化

生成AIによる業務処理速度の格段な向上により、同じタスクを短い時間単位で処理できるようになると、状況の変化にも短いスパンで対応できるようになります **(図表2-3-2)**。

例えば、消費者の購買行動のリアルタイム分析を通じて、在庫管理やプロモーションの最適化を図る、SNS上のトレンドを即座にキャッチし、マーケティング戦略に反映させるといった、俊敏な対応や意思決定、攻めが可能になります。

また、生成AIは休みなく稼働できるため、人手では対応が難しかった時間帯や休日の業務にも自動対応が可能です。いわゆる、24

時間365日業務対応ができてしまいます。

［図表2-3-2］時間的な高頻度化

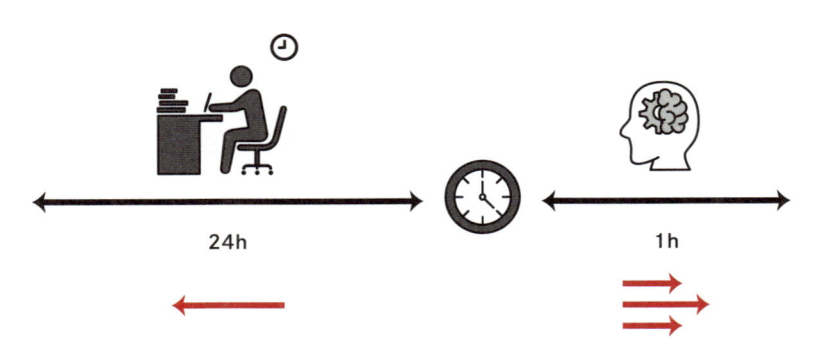

同じ業務を短いスパンで実行できる

24h　　　　　1h

複数の業務を並行して実行できる

②ビジネスにおける対象領域のロングテール化

　生成AIの能力を活用すれば、これまでアプローチしづらかった希少かつ貴重な存在であるコアな顧客やニッチな分野のロングテールへのアプローチがしやすくなります**（図表2-3-3）**。ニッチな商品やマイナーなコンテンツまで扱うAmazonやNetflixにおける一部ユーザーのようなロングテール層の顧客は、リピート率・定着率が高く、競合が少ないことも魅力です。また、収益源を多様化できリスク分散にもつながります。

　ただロングテール層へのアプローチにはカスタマイズ性が不可欠で、これまでは、小さいマーケットに対しわざわざカスタマイズをかけるといったことは、ROIの観点からも積極的になりづらかったところがあります。しかし、生成AIの言語理解力による少数事例からの顧客ニーズ把握や、生成AIのパターン・傾向抽出力によ

る購買・行動・関心把握ができるようになったことで、低コストか
つ効率的にカスタマイズをかけることが可能になりました。逆に、
生成AIは大量の事例を同時に、かつ効率的に処理できることから、
ロングテール全体をカバーすることも可能です。

[図表2-3-3] ロングテールへのアプローチ

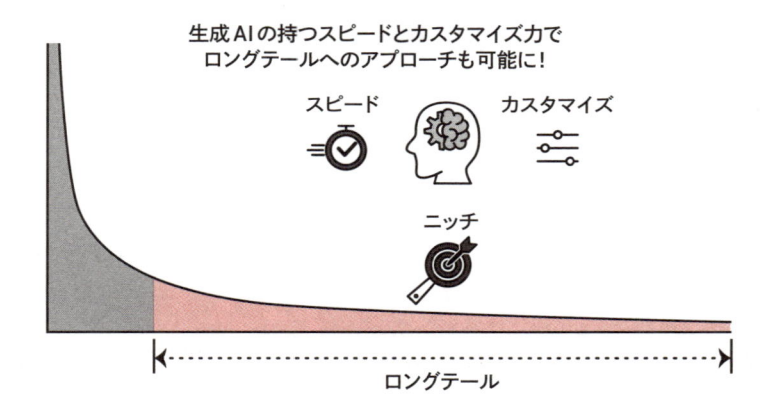

時間的な高頻度化とロングテール化の 相乗効果

　時間的な高頻度化により収集された膨大なデータは、ロングテー
ルの事例に対する対応力を高めるために活用できます。これにより、
生成AIモデルの性能は継続的に向上し、企業はより精度高く、幅
広いニーズに応えることが可能になります。

- 生成AI活用によるスケーラブル化・高頻度化は、需要の変動に迅速かつ柔軟に対応し、ビジネスにおける機動力と、市場での競争力を高めてくれる。
- 時間的な高頻度化により素早い意思決定が可能となり、「超高速社会」における新たな事業機会や事業領域をもたらしてくれる。
- これまで敬遠されてきたロングテールマーケットへのアプローチが可能となり、ローコストで新規市場の開発にチャレンジできるようになった。

Chapter 2-4 生成AIを前提にしたビジネスへの転換（Transformation）

DXが進まない理由

　企業の間でDX（デジタルトランスフォーメーション）が語られるようになって、かれこれ十数年が経とうとしています。その間にクラウドコンピューティング、ビッグデータ、AI（機械学習）などさまざまな技術が出現し、企業のなかに入り込んできました。そして、マーケットにはスマートフォンをはじめとするスマートデバイス、そしてメディアとしてのSNSが現れ、ほんの数年という単位で浸透してきました。このような急速な技術の進化と市場の変化は、企業に対し、それまでのビジネスモデルや組織構造を根本から見直す必要性を突きつけています。

　企業は、さまざまなデジタルツールを導入して業務効率化を図ろうとしたり、コンサルティングを入れてアドバイスを受けたりと、その変化にそれなりに追いつこうとしてきました。ところがほとんどの企業は業務のデジタル化やデジタルデータの活用すらも、充分にはできずに足踏みをしているように見えます。

　例えばこんなことはないでしょうか？　四半期ごとに何かのツールが新しく入ってきてマニュアルを渡されるが、使い慣れていないため、大半の社員が従来のやり方で業務を行っている。これは、社員に新たなツールの導入目的や利用することによるベネフィット、自社にもたらす影響を伝えきれておらず、また使い方のポイント

のレクチャーなど社員の立場に立ったケアができていない例です。DX担当部署などが、ミッションをこなしていることを何か眼に見える形で残すことが目的となっている時に起こりがちです。

「オフィス系ツールが更新されて、業務稼働分析が自動でされるようになったらしく、毎週メールで先週のアプリケーション利用履歴がレポートで届くようになったが、だれもその活用方法を知らず、組織として活用している形跡もない。」これは、ツールの持つポテンシャルを活かせていない例です。本来ならチーム単位などで、メンバーが何に稼働をかけているか、かかっているかを把握し、チームとしての効率的な稼働配分などを検討する材料にできるはずです。ツールを導入した担当から現場リーダーへの「価値」の落とし込みができていない時によく起こります。

コンタクトセンターに音声認識ツールが導入されて応対記録を残す稼動は軽減されたが、その応対記録が分析されておらず宝の持ち腐れになっている。最も重要な「データ活用」に焦点があたっておらず、業務全体の価値を上げられていない例です。現場の責任者が企業全体での自組織の価値を見失っているもしくは見ていない時に起こりがちです。

これらはすべて、その業務の持つ本来の目的が置き去りにされていたり、業務フローがそのゴールまでを見渡した設計になっていないことに起因しています。そして、これらのことは、伝統的に受け継がれてきた企業文化・組織文化という枠組みのなかで起こっているといえるでしょう。

生成AIの登場により大きく世のなかが変わろうとしている今、旧来の業務改革の考え方・業務設計などを組織として刷新し、生成AI時代にふさわしいビジネス展開ができるように変革する必要があります。単なるコスト削減や業務効率化にとどまらない生成AI

活用の真の価値を引き出すためにも、「生成AIを前提とした」ビジネス・業務プロセスへの転換が不可欠です。

　従来のビジネスモデルや組織構造は、「知能」が必要な業務はすべて人間しか行えないという大前提のもと構築されてきたものでした。したがって生成AIの力を十分に活用することは難しいですし、変化しない企業は柔軟な思考を持って組織全体を変革する企業に遅れをとることになるでしょう。

中長期的な視点を持つ

　ツールとしてAIを使用するだけでは、結局のところ人間が律速（ボトルネック）になってしまうので注意が必要です。AIが生成した情報を人間が確認し、意思決定を行う必要があるため、全体としてのスピードや対応力に限界が生じるからです。

　生成AIの性能や機能は日々向上しており、将来的にはさらに多くの業務をAIが自律的に処理できるようになると予想されています。その能力もどんどん向上していくことでしょう。そんななか、人間の介在を前提とした業務プロセスでは、生成AIの能力を制限してしまい最大限に引き出すことはできません。

　生成AIの能力が今後向上していくことはほぼ間違いないため、生成AIの導入度合いが低い企業は出遅れ続けることになります。中長期的な視点に立ち、生成AIの活用を前提とした業務設計や、組織への移行が不可欠です。これは、ビジネス運営の根幹を変える大きな転換になり、競争力の源泉になるでしょう。

　では、ツールとして生成AIを使用すること自体が悪いことなのかというと、そうではありません。価値あることで今できることを

やらない理由はありません。生成AIを社内導入していくことは既に効果をもたらすのですから、どんどん導入するべきです。また、生成AIの導入のためには、経営陣や推進チームが生成AIの特性を理解するためにも、段階的なアプローチが必要なことも多く、まずはツールとしての活用から始めることが現実的でもあります。

業務プロセスの再設計

では、どのような業務プロセスへと変化させていくべきなのでしょうか？

まず、「文書生成を全体的に30%効率化する」といった、全体を効率化しようという試みは失敗することが多いといえます。責任者不在であることもさることながら、業務プロセスを変化させなければ途中に挟まった人間が少し楽になるだけで、会社にとってのインパクトが薄いためです。

そこで、まず「人間がやらなくする業務」を決めるところから始めるべきです **（図表2-4-1）**。「人間が関与しなくても良い」といえる程度まで業務を分解し、どれだけ細かい業務であっても、「やらない」ということを決めないと、実際に業務が減ることはありません。

では、どのように「人間がやらない」業務を決めるかというと、「100%の精度が求められないもの」「実施する人間によってアウトプットが変わるもの」などが主な判断基準になりますが、具体的には会社のポリシーによって異なります。

例えば、GPT-4の登場により、文章生成や要約、翻訳などの精度が大幅に向上し、画像生成までできるようになったことで、コンテンツ制作や顧客対応など、業務の多くを生成AIが代替できるよう

になっています。任せられるところはどんどん任せていく（生成AIへの業務引継ぎだと考えると気が楽になると思います）ことで生成AIの業務範囲は拡大し、業務プロセス自体を生成AI前提に変えていくことができます。

これにより、業務の精度や一貫性が高まり、ミスも減少することが期待できるため、業務品質の向上にもつながります。企業は定期的に業務プロセスを見直し、生成AIの活用割合を増やしていくことで効率を向上させ、生成AIに任せられる業務を増やすことで、人間はより高度な業務に専念できるようになり、生産性も向上します。

[図表2-4-1] 業務プロセス再設計

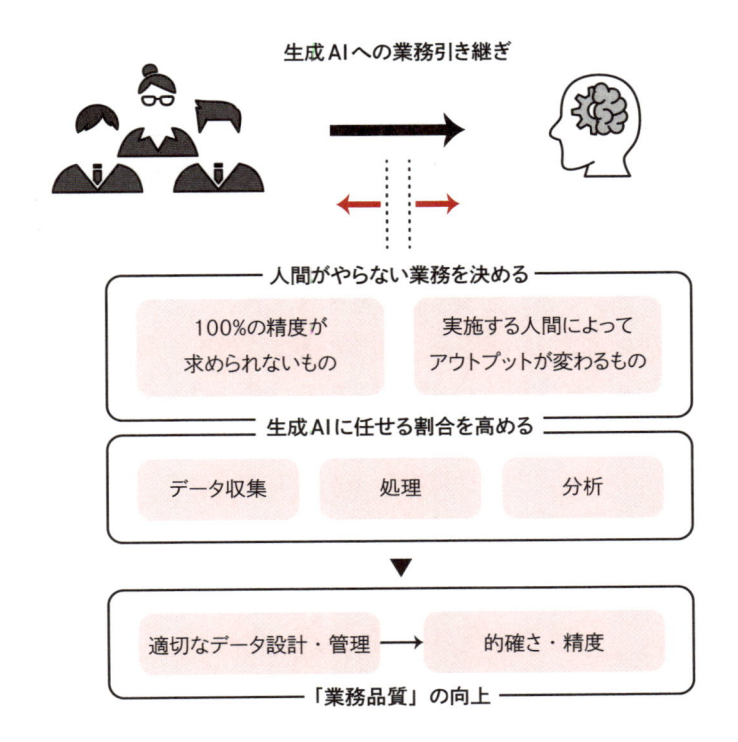

生成AIへの業務引き継ぎ

人間がやらない業務を決める

100%の精度が求められないもの

実施する人間によってアウトプットが変わるもの

生成AIに任せる割合を高める

データ収集　処理　分析

適切なデータ設計・管理 ⟶ 的確さ・精度

「業務品質」の向上

また、生成AIの能力を最大限に引き出すには、適切なデータ設計と管理も欠かせません。生成AIが処理しやすく、活用に適したデータの構造を事前に計画することで、その能力を大幅に向上させることができるからです。データの収集から処理、分析に至るまでのプロセスを生成AIの視点から再検討し、最適化していきます。

さらに、データの品質管理も生成AIの性能向上に不可欠です。なぜなら、不正確または不完全なデータは生成AIの判断を誤らせる原因となります。データの整合性、正確性、及び関連性を保つための共通ルールを設けるといったことも非常に重要です。

競合との差別化

生成AIの普及により、業務の効率化や品質向上は多くの企業で実現できるようになります。しかし、それは同時に競合他社との差別化が難しくなることを意味します。どの企業も生成AIを利用して高品質のサービスを提供可能になるからです。

そのため、生成AIを前提としたビジネスへの転換においては、独自の観点と知見の蓄積が重要になります。自社ならではの問題設定や課題解決のアプローチを確立することで、競合との差別化を図る必要が出てきます。解くべき課題をいかに見つけるかというところで差別化をしないと、業務やサービス品質が業界内で高い水準で均質化してしまうという可能性があるからです。つまり、どの企業も同じような課題に取り組み、同じようなソリューションを提供するようになってしまいます。

差別化のイメージを持っていただくため、一つ例を挙げてみましょう。例えば、EC上で訪問したユーザーに対してレコメンドが

できるようになった二つの企業を考えてみましょう。生成AIの活用により、どちらの企業も的確な商品推奨が可能になったとします。しかし、どのようなお客様にどういう風に提案して売ればよいのかという観点は企業によって異なるはずです。

ある企業は「お客様の過去の購買履歴や閲覧履歴を分析し、その人に合わせてパーソナライズされた提案をする」というアプローチを取るかもしれません。一方、別の企業は「お客様の現在の悩みや課題を分析し、それを解決するための商品を分かりやすく提案する」という方法を選ぶかもしれません。こうした提案方法の違いが、顧客の購買体験の差となり、競合との差別化にもつながるのです。

みなさんの会社でも、生成AIを活用する上で、自社ならではの「提案方法」によって変わってくる業務があるのではないでしょうか。その提案方法を工夫し、生成AIの活用方法に反映させることが、競争力の源泉になるといえます。

さらに、生成AIを前提としたビジネスにおいては、顧客接点、顧客基盤の重要性がこれまで以上に高まります。Web／SNS・営業・コンタクトセンターなどのさまざまな顧客接点を持つことで、顧客の志向・行動などを知ることのできる、いわゆるVoC（Voice of Customer＝顧客の声）といわれる貴重なデータを大量に収集できますし、生成AIなどを用いてそれらを分析できる基盤があれば、商品・サービス開発・マーケティング・営業・ユーザーサポートなどビジネスに関わるあらゆる分野に活用できるだけでなく、差別化に必要な視点を見出すこともできるでしょう。このように、生成AIの活用とともに、「他社と違う視点を持ち、より多くの情報を獲得している」ことで、差別化を図ることができるのです **（図表2-4-2）**。

［図表2-4-2］生成AI活用に必要な差別化

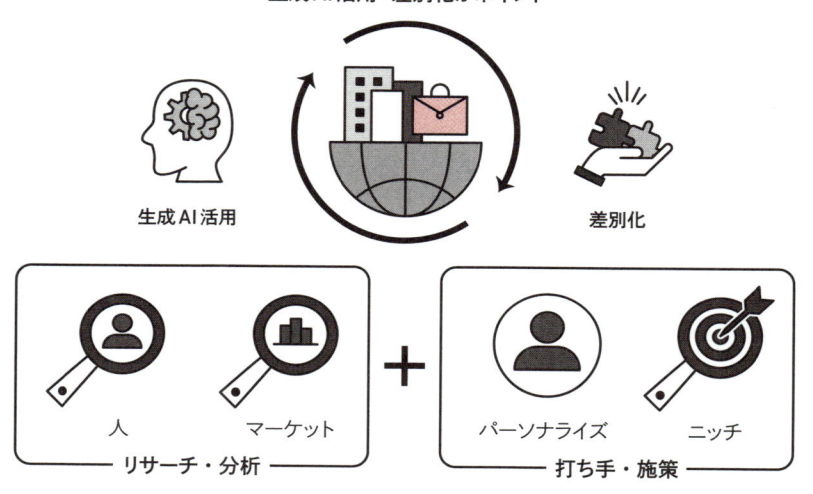

まとめ

- 生成AIを前提としたビジネスへの転換において、業務プロセスの再設計が重要であり、生成AIを効果的に活用するためには、適切なデータ設計と管理が不可欠である。
- 生成AIの普及により、競合他社との差別化が難しくなる可能性がある。そのため、独自の観点と知見の蓄積が重要になる。
- 自社ならではの問題設定と課題解決のアプローチを確立することで、競合との差別化を図る必要がある。
- 生成AIを前提としたビジネスにおいては、顧客基盤の重要性がこれまで以上に高まる。

AI導入の
実践的ステップ

小規模から始めて大規模へ

Chapter 3-1 スモールスタート：小さな成功から学ぶ

　ここまでの章では、「生成AI」のビジネスにおける意味や活用法、ビジネスにもたらす価値、そして生成AI前提でのビジネスや企業のあり方について見てきました。

　では、生成AI前提のビジネス展開や組織のアップデートをしていくにあたって、どのような考えとステップでそれを実現すればよいのでしょう？　「よし、今日から生成AIファーストでやっていくぞ！」と意気込んだとしても、一足飛びでそうなれるわけではありません。組織として、生成AIの全社導入を実現するには、足元をしっかり見つつ、着実に浸透・定着させていく必要があります。

アジャイルの考え方で柔軟に進める

　生成AIに代表される最先端のAI技術は、急速に進化しており、その将来像を正確に予測することは非常に困難です。2023年10月、NIKKEI生成AIコンソーシアムで東京大学の松尾豊教授と対談した英オックスフォード大学のマイケル・オズボーン教授も、「テクノロジーは急速に進歩し、不確実性が非常に高い。数ヶ月先の予測ですら外れる。」と語っています。このような不確実性のなかで、企業がAI導入を進めるためには、柔軟かつ迅速に対応できる方法を取る必要があります。

　それに適した考え方と手法が、「アジャイル」です。このアジャ

イルでは、短期的な目的と目標を設定し、どのような方法で実行するかを決め、評価軸を設けて、短いサイクルで仮説検証を繰り返し、その成果を基に「最適解」を見出していきます**（図表3-1-1）**。こうすることで、実行と検証のスピードを上げ、最短で「最適解」を見出しつつ、変化に対しても迅速かつ柔軟に対応ができるのです。

[図表3-1-1] 生成AI導入のPDCAサイクル

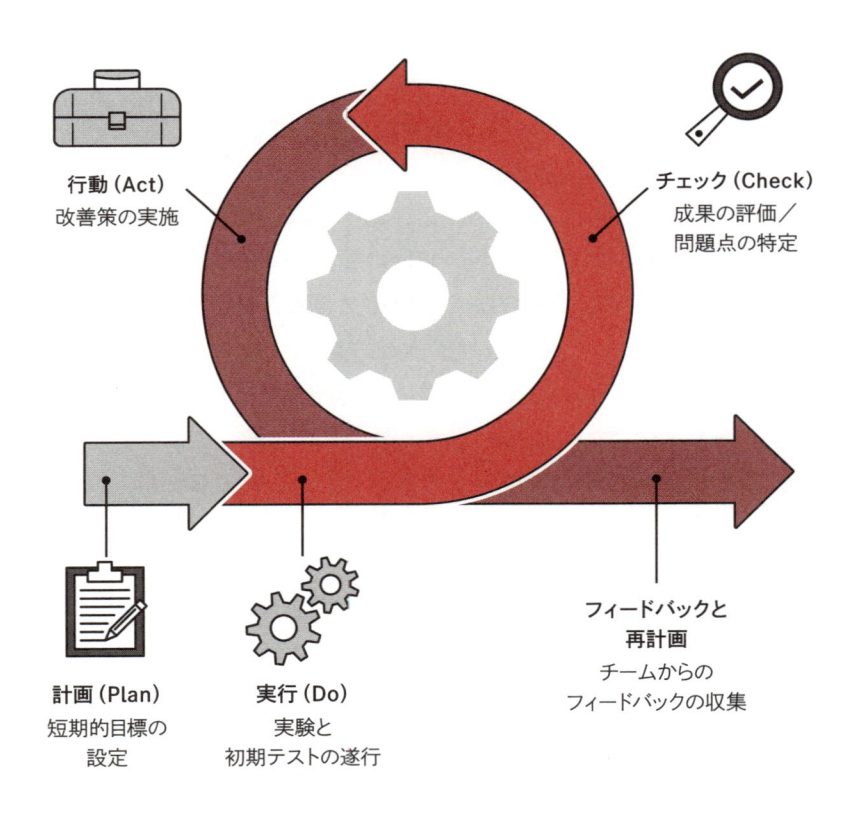

行動（Act）
改善策の実施

チェック（Check）
成果の評価／
問題点の特定

計画（Plan）
短期的目標の
設定

実行（Do）
実験と
初期テストの遂行

フィードバックと
再計画
チームからの
フィードバックの収集

スモールスタートの重要性

アジャイルの考え方とともに、実際のプロジェクトの進め方としては、「スモールスタートさせる」ということが重要になります。例えば「文書作成」なら多くの社員が行っていて、簡単な業務だからと、いきなり全社導入をしようとすると、やる人・やらない人が必ず出てきます。慣れないことを理由にレガシーなやり方にこだわって反発する人も一定数出てくるでしょう。また、分からないことが出てきた時、社内のあちこちから問い合わせが入り、組織としてそれなりの規模のサポート体制を設けなくてはならなくなります。これは人材コスト効率の観点からもリスクになります。

スモールスタートの重要性としては、まず、社内の支持と理解が得やすくなるという点が挙げられます。小さな成功体験を積み重ねることで、実績としてその効果を周知できるため、対象拡大の際、理解と協力を得やすくなります。次に、変化に対する柔軟な試行が可能であることも重要です。生成AIの進化が日単位で進んでいることは、さまざまなニュースソースからも感じ取っておられることと思います。スモールスタートであれば、「将来こうなりそうだから」と不確実な未来を想定して完璧を目指すのではなく、「今」を前提として進めるため、変更が容易で、変化にも対応しやすくなります（**図表3-1-2**）。

[図表3-1-2] スモールスタートのメリット

目的・人的対象範囲・対象業務範囲・目標・評価基準などを限定して立ち上げた小規模プロジェクトを中心に、生成AIの特性や活用方法をしっかり理解しながら、徐々にその範囲を広げていくことが全社的取り組みとして成功させる鍵となります。

小規模プロジェクトの進め方

　アジャイル的思考を持ってスモールスタートさせるには、「小規模プロジェクト」を立ち上げ、進めていくとよいでしょう。この小規模プロジェクトの設置において、いくつかの重要なポイントがあります。

　まず、プロジェクトチームが焦点を合わせ、短期的な目標に集中するための基盤となるのが、目的・実施内容・評価基準・期間を明確にすることです。次に、実際に活用するにあたっての問題点、操作性、分かりやすさなど、ユーザーが生成AIを活用するにあたって障壁となる部分を明らかにし、障壁を取り除いた上で全社展開を行うために、効果検証とフィードバックを重視し、ユーザーの声に耳を傾けながら、改善を積み重ねることが重要です。

　また、スモールスタートの対象となっている社員たちからは、実践するなかでさまざまな声が上がってくることでしょう。その時にプロジェクトメンバーが失敗を恐れていては前に進んでいけないため、失敗を恐れずに実験的な取り組みを推奨し、学びを得ることを重視する姿勢が必要です。さらに、インターネット上にもさまざまな企業の生成AI活用の事例が上がっており、プロジェクトを進めるにあたってのヒントが掲載されています。経済産業省の「デジタル時代の人材政策に関する検討会」では、生成AI活用を推進している企業の事例発表資料が公開されているので、社内外の知見を積

極的に取り入れ、生成AIの活用可能性を広げることが大切です。

　最後に、生成AI活用においては、未体験なことを自発的に進めていけるプロジェクトチームであることが重要なため、プロジェクトチームの人選にも注意が必要です。チームには、好奇心、柔軟性、自己管理力、協調性がある人を選ぶのが理想であり、リーダーシップ、創造的・革新的な思考力のある人材も必要でしょう。このように、全社導入に向けての一歩目となるのが、この小規模プロジェクトチームです。

スモールスタートから大規模導入へ

　スモールスタートから大規模導入への移行・拡大プロセスでは、小規模プロジェクトで得られた成果と知見を基に、組織全体でAIを活用するための体制を整えていくことになります **（図表3-1-3）**。このプロセスにおいて重要な役割を果たすのが、小規模プロジェクトとは別の全社的なプロジェクトチームである専門チームです。専門チームは、計画、展開、技術的支援、そして運用の各段階での問題や課題の解消などにより、全社導入プロジェクトの成功を支える最も重要なミッションを負うチームとなります。

　専門チームの目的は、企業・組織全体での生成AI活用の導入を計画・推進し、継続的な運用をサポートすることにあります。まず、小規模プロジェクトから全社での活用に向けてのおおよそのロードマップを描き、それぞれのプロジェクトの進捗を管理するという、全体把握の役割があります。次に、個々の小規模プロジェクトの進捗を見つつ、必要な技術的サポートやAIリテラシー・活用スキル向上のための勉強会などを実施する、小規模プロジェクトをサポートする役割も重要です。

また、現場からの困り事や課題、アイデアなどを収集し、現場が実行できるレベルでの解決策や改善案を提示する、フィードバックの収集と改善の役割も専門チームが担います。主導はあくまで各小規模プロジェクトで、その支援をすることにより、現場が自立的に生成AI活用を推進できるようにサポートすることが目的です。

さらに、経営層をはじめとする関係者・関係組織との連携も専門チームの役割の一つです。プロジェクトへの理解から始め、全体的な進捗を共有し、必要に応じてバックアップなどを要請します。最後に、大規模導入（全社活用）に備えた技術的基盤やインフラの整備も専門チームの役割として挙げられます。現場での進捗度合いを見つつ、全社活用に向けて段階的に環境整備を行います。

このように全社専門チームには、多くの重要なミッションがありますが、最優先すべきなのは「現場」です。その現場が専門チームに頼りすぎず自立的に生成AIを活用していけるよう、環境を整え、見守り、ある意味現場を邪魔しないことが最大のミッションであるといえるでしょう。

［図表3-1-3］スモールスタートから全社導入への進行フロー

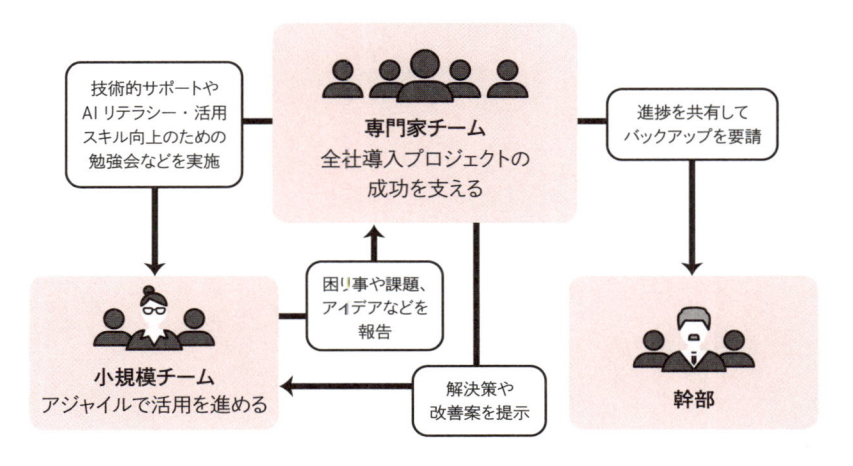

- 生成AIの急速な進化の予測困難さを受け入れ、アジャイル方式で柔軟に対応しつつ進める。短期間の目標を設定し、仮説検証を繰り返すことで迅速かつ柔軟に「最適解」を見つける。
- いきなり全社導入を目指さず、小規模なプロジェクトを設けスモールスタートから始めることが重要。失敗を恐れず、短期間での目標のなかで問題点や課題の抽出、その解決策のヒントを洗い出す。全社導入に向けての実績作りでもある。
- スモールスタートから全社拡大へのプロセスでは、専門チームによる計画的、段階的な移行拡大を行う。関係組織との良好な人間関係が重要。
- 専門チームは、環境を整え、現場が自立していくのを見守り、後押しをする。

Chapter 3-2 高速な企画と開発サイクル：とりあえず動くものを作ることの重要性

これまでのAIプロジェクトの課題

　生成AIの登場により、企業におけるAIプロジェクトの進め方は大きく変化しています。従来のAIプロジェクト、つまり機械学習やディープラーニングにおけるAIプロジェクトでは、「学習させる」ことに膨大な時間とコストがかかっていました。学習には、大量のラベル付けされたデータが必要であり、これには人手による分類作業が不可欠で、データの前処理、特徴選択、モデルの訓練といったステップが必要となり、プロジェクトのタイムラインを大きく圧迫していました。しかも、そのプロジェクトには、AIの専門家が不可欠であるという大きなハードルがありました。

　ところが、生成AIでは既に膨大な量の学習を済ませてあることから、従来のAIとは異なり、少しの情報を与えるだけで的確なアウトプットを得られるようになりました。つまり、生成AIを活用することで、短期間でプロジェクトを実施できるようになったのです。

　従来の機械学習やディープラーニングでのAIプロジェクトでは、技術的な専門知識とスキルが必須かつ重要でしたが、生成AIプロジェクトでは、業務知識を持つメンバーの重要性が増しており、生成AIをビジネスにどのように適用するかを理解し、現場のニーズに合ったソリューションを提供することに主眼が移っています。

　このように、機械学習やディープラーニングといった従来のAI

プロジェクトと生成AIプロジェクトには、進め方や重視すべき点に大きな違いがあるということを理解しておく必要があります。

　生成AIの時代に入ったことにより、いよいよビジネスそのものへのAIの活用が本格化しているということになります。そして、生成AI活用プロジェクトでは、柔軟性、スピード、業務知識、ユーザーフレンドリーさが鍵となります。これらの点を踏まえて、生成AIの特性を活かしたプロジェクト運営を行うことが、新しい時代のビジネス成功への道筋となるでしょう。

アイデアを素早くプロトタイプにする

　生成AIを活用したアイデアを検証するには、とにかく動くものをプロトタイプとして迅速に作ることが重要です。プロトタイプを通じて、コンセプトの有効性や技術的な実現可能性をスピーディに確認し、ユーザーの反応を収集することで、改善点を見出すことができます。

　ところが残念なことに、企業によっては、事前に重厚長大な計画を立ててしまい、生成AIを活用するアイデアを出し合って、1,000個ものユースケースを生み出したものの、どのアイデアから着手すべきか、どのように実現していくべきかについて明確な方針を立てられず、プロジェクトが停滞してしまったといった話も耳にします。

　このような状況に陥らないためにも、アイデアを素早くプロトタイプにし、実際に動くものを作ることが重要なのです。それができるのが、生成AIのよいところでもあります。とにかく、早く具現化し試してみる。これが生成AI時代のプロジェクトの重要な考え方です。

　AIの世界のみならず、世のなか自体の変化のスピードが従来と

は大きく変わっています。「理想を描く」のは大事なことですが、「完璧を目指し過ぎる」と具現化がかえって遠のいてしまうというのが今の世のなかです。

　生成AIは企業内の多岐にわたる分野で、従来の問題解決方法に革新をもたらしてくれます。カスタマーサービスチームが顧客からの問い合わせに迅速に対応するための新しいコミュニケーションフローを考える場合であれば、生成AIを用いてその検討事項の効果をすぐにテストし、改善することができます。また、市場動向や消費者の行動を予測してサジェストするといった場合でも、生成AIを活用してさまざまなシナリオを迅速に生成し、実現することが可能なのです。

　生成AIによるプロトタイピングの利点は、企業のあらゆる部門で活かすことができるところにあります。これは、アイデアを即座に検証し、迅速なフィードバックループを通じて継続的な改善を促進するための手段となります。生成AIを活用することで、短期間で現場の業務効率を高め、アジリティ（スピード感）を持って市場の変化に適応し、新たなビジネスチャンスを捉えることができるのです。

【参考】「生成AIを活用したUIプロトタイピング『UI-Diffuser』」（AI論文解説メディア「AI-SCHOLAR」）

開発サイクルを実現するためのツールと手法

　生成AIプロジェクトの進展を加速するためには、迅速な開発・検証サイクルが不可欠です。この高速な開発・検証サイクルを実現するためのツールと手法には、具体的に何が求められるのでしょうか。

　まず、生成AIを活用したプロトタイピングにおいては、先述の

ように、完璧なサービスよりも速やかに動作するプロトタイプを作成することが最優先事項となります。なぜならば、プロトタイピングの本質は、アイデアの検証と改善点の発見にあり、初期段階では、ツールや製品が完璧である必要はないからです。重要なのは、アイデアを迅速に形にし、テストして学びを得るプロセスを加速することです。

この目的を達成するための強力なツールが、「Streamlit」です。Pythonを利用して、手軽にWebアプリケーションを作成することができるこのツールは、データの可視化やユーザーインターフェースの作成を最小限のコードで可能にします。生成AIデモアプリなどを手早く構築することができるため、プロジェクトチームは複雑なコーディングスキルを必要とせず、アイデアを迅速に検証することが可能です。例えば、生成AIを活用した文章生成アプリや、画像生成モデルを利用したアバター作成アプリを、数十行のコードでさくっと実装し、直感的な操作でプロトタイプを試せるのです。

また、高速な開発・検証サイクルを支えるもう一つの重要な要素は、前節でも取り上げたアジャイル開発手法です。この手法はプロセスを短いスプリントに分割し、各スプリントでの機能の実装とフィードバックの収集を繰り返すことによって、柔軟性と効率を両立させます。生成AIプロジェクトにおいても、アジャイル手法を採用することで、ユーザーのフィードバックをすぐに取り入れ、迅速に方向性を修正することができ、現場での活用や市場の変化に即応したサービスの開発が可能になります。

Streamlitやアジャイル開発手法のようなツールと手法を組み合わせることで、企業は生成AIプロジェクトのスピードアップを実現し、イノベーションの加速を図ることができます。これにより、市場における競争優位性を維持し、持続可能なビジネスの成長を支えるための基盤を築くことが可能となるのです。

[図表3-2-1] Streamlitで作ったアプリの例

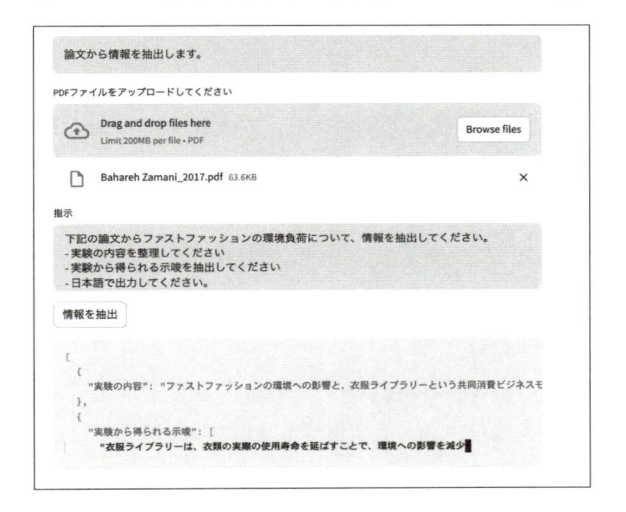

論文から情報を抽出します。

PDFファイルをアップロードしてください

Drag and drop files here
Limit 200MB per file • PDF

Browse files

Bahareh Zamani_2017.pdf 63.6KB ×

指示

下記の論文からファストファッションの環境負荷について、情報を抽出してください。
-実験の内容を整理してください
-実験から得られる示唆を抽出してください
-日本語で出力してください。

情報を抽出

```
{
    "実験の内容": "ファストファッションの環境への影響と、衣服ライブラリーという共同消費ビジネスモ
},
{
    "実験から得られる示唆": [
        "衣服ライブラリーは、衣類の実際の使用寿命を延ばすことで、環境への影響を減少
```

[図表3-2-2] Streamlitのコード

```python
# PDFファイルからテキストを抽出する関数
def extract_pdf_text(pdf):
    reader = PdfReader(io.BytesIO(pdf.read()))
    return "".join(page.extract_text() for page in reader.pages)

# 抽出したテキストから情報を取得する関数
def extract_info(pdf_text, inst):
    prompt = f"{inst}\n\n{pdf_text}"
    res = generate_stream(
        st.empty(), [{"role": "user", "content": prompt}], model="gpt-4-turbo"
    )
    return eval(res)  # 注意: 正しいJSON出力を前提としています

# メイン関数
def main():
    st.title("PDF情報抽出ツール")
    pdf_file = st.file_uploader(
```

```python
# 抽出したテキストから情報を取得する関数
def extract_info(pdf_text, inst):
    prompt = f"{inst}\n\n{pdf_text}"
    res = generate_stream(
        st.empty(), [{"role": "user", "con
    )
    return eval(res)  # 注意: 正しいJSON出力を
```

```
トリーオートメーション機器の情報を抽出してください... (プロンプトをここに記入していきます) ",

報を抽出") and pdf_file:
                = []
df_file:
                = extract_pdf_text(pdf)
            extract_info(pdf_text, inst)
    in _info:
            "論文名"] = pdf.name
            info.extend(_info)

        # 抽出した情報をテーブルで表示
        df = pd.DataFrame(extract_info)
        st.table(df)

if __name__ == "__main__":
    main()

# PDFからの情報抽出の基本的な流れを示しています。
# 実際にはもう少し複雑ですが、本質部分はこのような流れです。
```

105

本格的な開発へのスムーズな移行

　プロトタイプから本格的な開発へのスムーズな移行は、生成AIプロジェクトの成功にとって非常に重要です。プロトタイプの目的は、アイデアの検証と改善点の発見にありますが、そこで得られた知見は本格的な開発においても非常に価値があります。

　また、プロトタイプの段階で作成したコードやデータ、ドキュメントは、本番環境での開発でも再利用できることが多く、効率的な開発につながります。生成AIを使って業務を自動化するプロジェクトであれば、プロトタイプの段階で業務ノウハウを書き下したり、業務における注意点を明らかにしたりします。これらの情報は、本番開発においてもそのまま流用することができ、開発工数の削減と品質の向上に寄与します。具体的な例として、プロトタイプ検証の際、ノウハウをExcelなどでまとめた「ノウハウDB」**(図表 3-2-3)** を作成しておくと、本番開発の際、このノウハウDBを生成AIに与えることで、生成AIに自社業務に合わせた動きをさせることができ、開発期間を大幅に短縮することができます。

　さらに、プロトタイプから本格的な開発へスムーズに移行するためのポイントとして、プロトタイプの段階では作り込み過ぎないということが挙げられます。こうした最小限の機能を備えた実用的なプロダクトをMVP(Minimum Value Product)といい、プロトタイプはMVPのようなものであると考えることが大事です。

　つまり、プロトタイプの段階では、完璧なシステムを目指すのではなく、アイデアの検証と改善点の発見に必要な最小限の機能を実装することに集中すべきということです。生成AIを使ったアプリケーションのプロトタイプを作成する場合は、PowerPointの資料を作るくらいの時間で、デモアプリを作ることができます。このよう

なプロトタイプは、アイデアの有効性を示すには十分であり、本格的な開発へのスムーズな移行を可能にします（**図表3-2-4**）。

[図表3-2-3] ノウハウDBの例

外部セミナーへの参加申請の例

項目名	記入内容	記入にあたっての留意点
参加目的	セミナーの参加目的を具体的に記述。	具体的な業務に結びつけて記載する。セミナーで学ぶ内容が自分の業務にどう役立つかを明確に示す。 例：新しい技術を習得して現在のプロジェクトに適用することで効率化を図る。
期待効果	セミナー参加後に得られる知識やスキル、効果を記述。	セミナー参加によって得られる具体的な成果や業務改善点を記載する。 例：新しいツールの使用方法を習得し、業務プロセスを効率化することで、生産性向上やコスト削減が期待できる。
セミナー内容	セミナーのテーマ、講師、プログラム内容を記述。	公式サイトや案内資料を参照し、セミナーの内容を正確に記載する。テーマ、講師の名前、講義内容、ワークショップの有無などを具体的に記載する。 例：テーマは「最新のAI技術」、講師はAI専門家の山田太郎氏、プログラムは午前が講義で午後が実践ワークショップなど。
参加理由	なぜそのセミナーに参加する必要があるかを記述。	他のセミナーと比較して、特にこのセミナーに参加する理由を明確に記述する。 例：このセミナーでは特定の実践的なスキルを学べるため、自分の業務に即戦力として活用できる点を強調する。
代替対応	参加中の業務対応や代替案を記述。	セミナー参加中に自分の業務を引き継ぐ同僚の名前と具体的な引き継ぎ内容、緊急時の連絡先などを記載する。 例：担当の鈴木さんが代替対応し、緊急の問い合わせは鈴木さんに連絡するように通知しておく。

設備購入申請の例

項目名	記入内容	記入にあたっての留意点
購入目的	機材・設備を購入する目的を具体的に記述。	具体的な業務やプロジェクトに結びつけて記載する。 例：新しいプロジェクトの開始に伴い、必要な機材を揃えるためなど。どうしてその機材が必要なのか、業務効率や成果にどのように寄与するのかを明確に示す。
必要性	なぜその機材・設備が必要かを記述。	現在の問題点や不足している点を具体的に記載し、それを解決するために機材・設備が必要であることを説明する。 例：現在使用している機材が古くなり、作業効率が低下しているため、新しい機材が必要など。
機材・設備の詳細	購入を希望する機材・設備の詳細なスペックや特徴を記述。	機材・設備のメーカー名、型番、スペック、機能、価格などを具体的に記載する。公式サイトや製品カタログを参照し、正確な情報を提供する。 例：メーカー名：Canon、型番：EOS R5、スペック：45MPフルフレームセンサーなど。
利用計画	購入した機材・設備をどのように利用するかの計画を記述。	機材・設備をどのような業務やプロジェクトに使用するか、具体的な利用シナリオを記載する。 例：新しいプロジェクトでのデータ収集や分析に使用する予定など。
費用詳細	機材・設備の購入にかかる費用を記述。	購入費用、設置費用、保守費用など、関連するすべての費用を具体的に記載する。 例：購入費用：100万円、設置費用：10万円、保守費用：年間5万円など。
購入後の効果	機材・設備を購入した後に得られる効果を記述。	新しい機材・設備を導入することで期待される効果や成果を具体的に記載する。 例：作業効率の向上、データ精度の向上、コスト削減など。

[図表3-2-4] ビジネスとともに成長し、改善する開発へと認識を変える

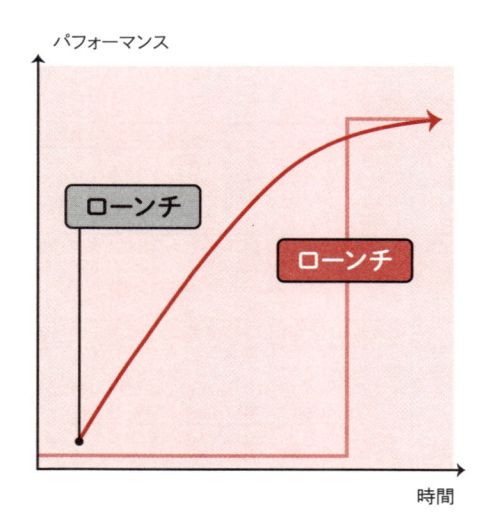

従来のIT／AI開発

・最初から完璧を目指す
・ローンチ時に100%のパフォーマンス
・ローンチ後の変更には高いコストがかかる
・時間とリソースを大量に要する初期投資

生成AI時代の開発

・イテレーティブ（反復的）で発展的なアプローチ
・「最小限の機能プロダクト」から開始
・時間とともに能力を徐々に洗練させ、強化
・現場のフィードバックと学習に基づく
・迅速で適応力の高い開発を可能にする
・変化するニーズに適応し改善するための柔軟性
　を維持

- 生成 AI の急速な進歩により、詳細な計画よりも迅速なプロトタイプ化が重要となっている。これにより、コンセプトの有効性や技術的実現可能性を早期に確認し、ユーザーの反応を収集しながら改善を行い、業務ニーズに合ったソリューションを開発することができる。

- 生成 AI プロジェクトでは、完璧な製品より迅速に動作するプロトタイプの作成が優先される。Streamlit などのツールとアジャイル開発手法を用いて短期間で開発し、素早くフィードバックを得ることで、市場における競争優位性を維持し、持続可能なビジネス成長の基盤を構築できる。

- プロトタイプはアイデアの検証と改善点の発見が目的であるが、得られた知見は本格開発でも価値があり、MVP の概念を理解し過度な作り込みを避けることで効率的な開発が可能となる。またプロトタイプの知見を「ノウハウ DB」としてまとめ、生成 AI に提供することで、現場に即した本格開発へスムーズに移行できる。

社内の懸念層や
消極層への対応

AI導入のメリットを正しく理解してもらう

　新しい技術を導入する際は、常に懸念を持つ人たちや消極的な人たちに一定数遭遇します。特に、生成AIのような革新的な技術は、そのポテンシャルと同じくらいの懐疑や不安をもたらし、導入の障壁となることがあります。

　その際、懸念を抱く人や積極的になれない人の心理を理解し、寄り添うことが重要です。実は「AIが人間の仕事を奪うかもしれない！」と強く危機感を持って反対する人は案外少ないものです。多くの場合、これらの不安は誤解や情報不足に基づいており、現状維持バイアスや新しい情報を過小評価する心理に基づいた消極的な反対の場合が多いのです。

　こういった相手の心理を理解し、それに対して適切にアプローチすることは、プロジェクトの成功を大きく左右します。例えば、営業部門の担当者は、「AIを導入しても、結局は人間の仕事が増えるだけだ」と考えるかもしれません。これは、AIの能力や現場にとっての利点についての説明などもなく、「営業推進部の幹部たちが勝手に決めて下ろしてきた施策で、以前にもこういうことがあったがうまくいった話は聞いたことがない」など、理解する機会もなく方針だけが示される場合によく起こります。納得がいっていない状態で、現状の業務プロセスを変更することへの抵抗感からこのようなことが起こりがちです。

また、経理部門の担当者は、「AIを導入するには、高額な投資が必要で、コストに見合わない」と反対するかもしれません。これも、AIの導入効果を正しく理解していないことが原因です。

このような不安を和らげるためには、生成AIの具体的な活用事例などを示して、業務の効率化や品質向上につながることを彼らが理解し納得できる形で伝えることが大切です。その効果に納得してもらえると、反対していた人のほうが積極的に協力してくれるものです。

大切なのは、一般的な効果を示すよりも、彼らの業務や立場に直結するような利点や効果を眼に見える形で示すことです。一方的に押し付けるのではなく、対話を重ね、懸念点を丁寧に聞き、それに対する解決策を示していくことで、協力を得られるようになります。このように、生成AIの導入に伴う内部の抵抗は避けられないものですが、これを戦略的に調整することで、組織全体の成長と進化を促す大きなチャンスに変えることができるでしょう。

実際に動くデモを見てもらう

ここからは、実際に彼らの納得感を得られる方法として、デモンストレーションと成功事例の提示について見ていきましょう。「百聞は一見にしかず」の通り、人は実際に眼にしたことは否定しづらく、逆に納得をするものです。抽象的な説明を繰り返すよりも、具体的なデモのほうがはるかに説得力があります。

例えば、営業部門の担当者に「AIを導入すれば営業効率が上がります」と説明するだけでは、なかなか理解を得られないかもしれません。しかし、実際に営業メールの自動生成や業界分析などのデモを見せることで、生成AIが営業業務にどのように役立つのかを

具体的にイメージしてもらえます。また、経理部門の担当者に対しては、経費精算の自動化や請求書の処理などのデモを見せることで、生成AIが業務の効率化に寄与することを実感してもらえるでしょう。

　こうしたデモを通じて、生成AIを活用することへの不安よりも、便利さを感じ、うっすらとした期待を持ってもらえれば、持っていたイメージを刷新し、興味を持たせることすら可能になります。さらに、もし最初に見せたデモに今ひとつ納得してもらえなかったとしても、その場で「こういうところが」とか「こんなふうだったら」といった声を聞くことができれば、それは改善につながる貴重な意見やアイデアになります。

　また、**図表3-3-1**を見ていただけば、デモを見せた時と資料ベースで説明された時とでは、明らかにその納得度が違うことが分かるかと思います。

[図表3-3-1] 資料による説得とデモによる納得の違い

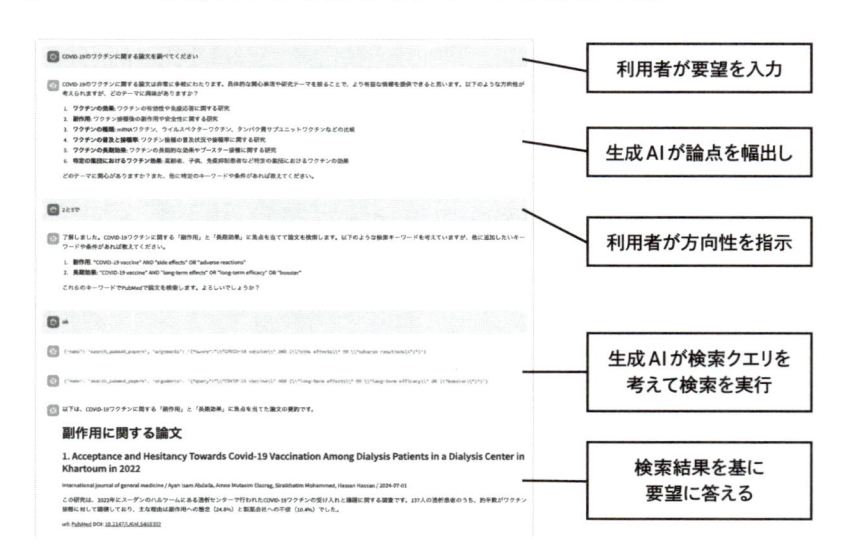

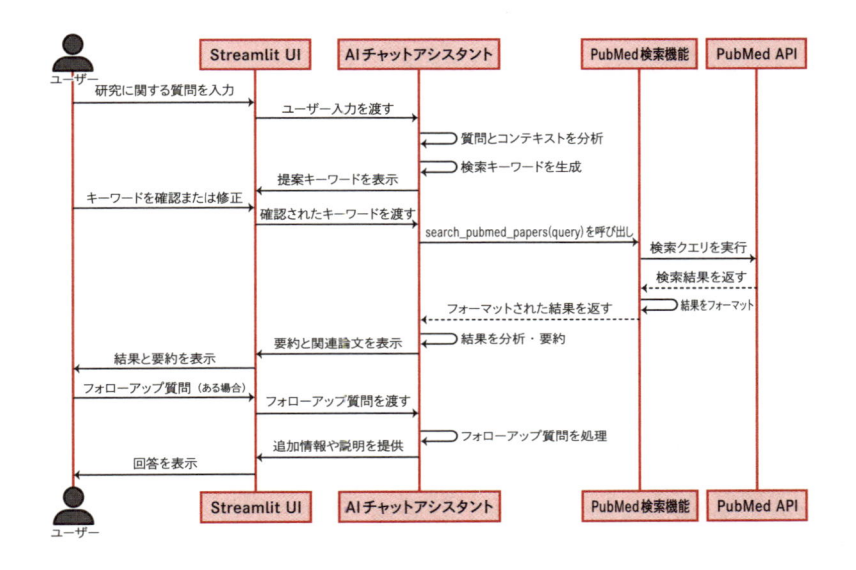

デモの準備と実施のポイント

　とはいえ、デモであれば何でもよいかというと、そんなことはありません。デモを見る相手の心理や、その後の反応を先読みした「戦略的」なデモを実施する必要があります。

　まず、ターゲットの関心事に基づいたデモ内容の選定が重要です。同じ見てもらうのであれば、対象となる相手の関心事に関わるものであるほうがよいのは自明の理です。そのためには、事前にターゲットとなる人たちについてのリサーチが必要です。周辺の関係者から、事前に情報を入手しておきましょう。特に、どういうことに価値を感じ、どういうことに否定的な感情を持つかは、とても重要です。これはデモで見せる内容とともに、見せ方に関係するからです。事前に生成AIに、ターゲットがデモを見た時に持つ感情や懸

念点を聞いておくのもよいでしょう。

　また、ターゲットがどういう立ち位置にいる人なのかによっても
アプローチの仕方が異なります。一般的に、現場レベルの社員に対
しては、彼らが日常的に直面している具体的な業務プロセスを自動
化するデモを展示することが効果的です。これにより、生成AIが
どのように彼らの作業を支援し、効率化できるかを直接見て理解し
てもらえます。人間は、得すること、楽をすることを求めるものだ
からです。

　一方、役員レベルの人たちには、生成AIの横展開能力や戦略的
な価値を強調することが重要です。エンタープライズ層の企業の役
員たちは、一つの具体的な例を見ただけで、その技術が企業全体で
どのように活用できるかを瞬時に理解する能力を持っていることが
多いです。そのため、この層のターゲットに対しては、生成AIが
どのように組織全体の効率化やコスト削減、ビジネスの拡大に寄与
するのかを示すデモが有効です。

　次に、デモの目的や効果を明確に伝え、生成AIの価値を強調す
ることも忘れてはいけません。デモを見てもらいながら、しっかり
と着地点（理解と納得）に向けて誘導する必要があります。これは、
営業と全く同じです。

　さらに、一方的に見せるデモより、相手の感想や意見なども聞き
ながら、相手にも参加してもらう雰囲気を作ることも重要です。デ
モを見せられると、実際に自分が使うシーンを思い浮かべ、「こう
いうことはできるのか？」「こんなふうにはできないか？」といっ
た言葉が出てくることもしばしばです。そうなると、消極的だった
人もいつの間にか「使うことを前提に」会話を進めるようになり
ます。さらに、こういった声は開発に活かせますし、この先にも
フィードバックをもらえるよいきっかけにもなります。

　加えて、いくら効率化が図れそうなものでも、操作が煩雑であっ

たり、使いづらそうだったりすると、それが生成AIのイメージに
なってしまうことがあります。それでは元も子もありません。「こ
れなら自分たちでも使いこなせそうだし、便利そうだね。」と感じ
てもらうにも、簡単さ、スムーズさなどは非常に重要です。

　最後に、これは前項を実現するために不可欠な要素ですが、UI／
UXにこだわり抜くことが挙げられます。相手は必ず「もし自分が
使うとなったら…」をイメージしながらデモを見ます。UIの見た
目や、インプットからアウトプットまでのプロセスで感じるUXは、
自分が使う時のイメージに直結します。ユーザーが何を入力すれば
どのような結果が得られるのかがすぐに理解でき、結果がストリー
ミングで表示されるようにして、アウトプットまでの待ち時間を最
小限に抑えることなども大切です。

　このように、ターゲットである人たちをある意味「お客様」だと
考え、いかに有効なプレゼンテーションをするか、という視点が重
要だということです。

成功事例の共有による説得

　デモで納得を得たターゲットが次に気にするのが、「事例」です。
「でもうまくいかなかったら、どうしよう」という心理から、自社
の他部門や他社でも同様の取り組みをしていて、成果が出ている
という証がほしくなるわけです。人は経験したことのないものに対し
て自然と警戒心を持つものであり、特に、その技術が職場の環境や
自身の仕事に直接的な影響を及ぼす可能性がある場合、その警戒心
はさらに強くなります。

　ここで成功事例を共有することは、実際に生成AIがどのように
問題を解決し、業務を改善したかを示すことで、その恐怖や疑念を

軽減します。ただし、成功事例は公開されているものがまだ多くはないため、自社が率先して成功事例を創出して、部署をまたいで展開するという意識を持ってもらうことも大切です。

成功事例の選定と提示のポイント

　成功事例を選定する際は、その事例がどのような課題をどのように解決したのか、そしてどのような成果が得られたのかを明確にすることが重要です。また、事例を示す際には、いくつかのポイントに留意するとよいでしょう。

　まず、事例の状況を理解できるように、その背景や直面していた問題を具体的に説明します。次に、どのようにして生成AIが導入されていったかのプロセスを開示することで、信頼性を高めます。さらに、数字や改善前後の比較を用いて、成果を具体的に示すことで、効果が明確に伝わります。最後に、生成AIの適応性を前面に出すことで、他の部署や異なるタイプの業務にも応用可能であることをアピールします。

　自社内で既に取り組んでいる事例があれば、例えば営業部門での事例を基に、「営業担当者の作業負荷が高く、提案書の作成に多くの時間を要していた」という背景や、「生成AIを導入することで、提案書の作成時間が半分に短縮され、営業活動に注力できるようになった」という成果を具体的に示すことができます。また、既に自社内での横展開が始まっているなどの事例があれば、「営業部門での成功事例を基に、広報部門でもIR資料の作成に生成AIを活用し始めている」などを伝えると、「自部署だけ置いていかれるかもしれない」と自発的に危機感を持ってもらえたりします。

　このように、自社や他社の成功事例を戦略的に選定し、詳細に提

示することで、安心感を持ってもらい、「やらない理由」を潰していきます。

継続的な情報共有とコミュニケーション

　生成AIの導入を進める上では、継続的な情報共有とコミュニケーションも非常に重要であり、特に全社展開ということになるとその重要度はさらに増します。

　まず、仮に、あるタイミングで「時期尚早」などの判断がされていたとしても、最新の情報を提供し続けることは非常に重要です。生成AIの技術は凄まじいスピードで進化しているため、数ヶ月前にはできなかったことができるようになっていたり、低かった精度が格段に向上していたりといったことは、毎日のように起こっています。例えば、画像を読み込んで判断を行う機能は、半年前には精度が低いものでしたが、最近のモデルでは非常に高い精度で判断ができるようになっています。

　次に、生成AIの活用に積極的でなかった経営層や各部門の関係者も、全社的なプロジェクトとしての活動として認識されていれば、プロジェクトとしての進捗には必ずアンテナを立てています。例えば、「直近の2ヶ月で○○部の○○の業務でこのような成果がありました」や、「先月は新たに□□部でこんな取り組みが始まりました」といった情報が、その部署の人のインタビューなどとともに提供されれば、いやでも自部門との比較をしてしまうものです。外堀を埋めていくという意味でも、大切な活動です。可能であれば、社内のポータルサイトにプロジェクト専用のページを設けて、そこに情報を掲載して更新していく、といった取り組みも効果があるかもしれません。

さらに、情報収集や知識習得の場として、社員参加型の勉強会やワークショップを開催することも大切です。生成AIについての理解を深める機会や、実際に触れてみることで実感を得られる場があれば、関心の醸成をすることができます。先述のデモの部分でも説明しましたが、「体験する」ということほど人の関心を惹きつけるものはありません。

[図表3-3-2] 情報共有とコミュニケーションのイメージ

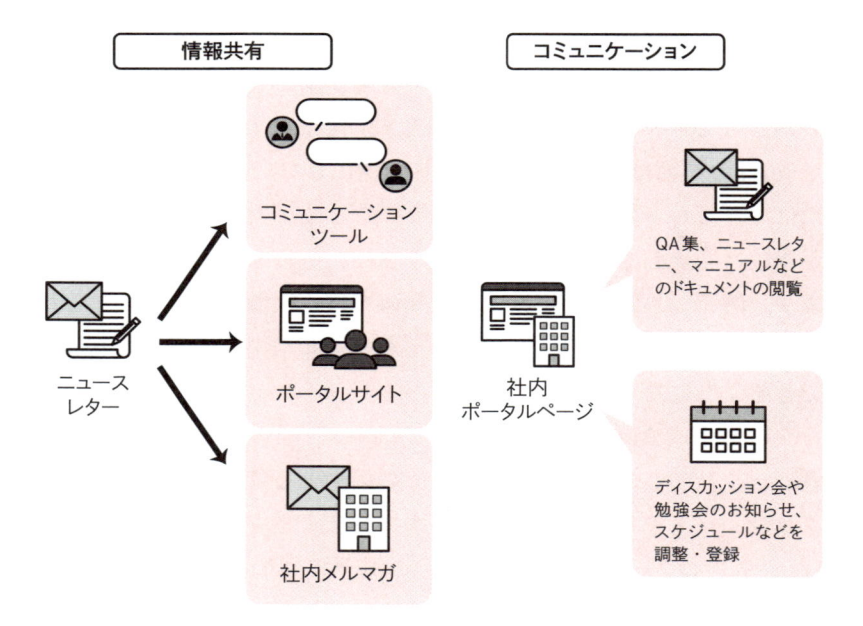

【社内導入のプロセスが見える事例】

・KDDI

　ビジネス展開を見据え、社内プロジェクトを推進

・日立製作所

　新組織「Generative AIセンター」により、生成AIの社内外での

利活用を推進

・パーソルグループ

　生成AIの研修・社内勉強会・資格取得を積極的に実施

　生成AIの企業への導入は、企業の行き先を決めてしまうくらいに重要なファクターです。初めは反対する人たちがいたとしても、導入が大きくプラスになることはあっても、マイナスになることはあり得ません。反対する人たちにこそ、手を差し伸べてあげるべきなのかもしれません。

- 生成AIの導入に伴う社内での抵抗は避けられないが、多くの場合、不安は誤解や情報不足に基づいており、現状維持バイアスや新しい情報を過小評価する心理に基づいた消極的な反対が多い。こういった相手の心理を理解し、寄り添い、適切にアプローチすることがプロジェクトの成功を大きく左右する。

- 実際に動くデモを見てもらい、生成AIの効果を実感してもらうことが説得力につながる。デモを見る相手の心理やその後の反応を先読みした「戦略的」なデモを実施する必要がある。ターゲットの関心事に基づいたデモ内容の選定、デモの目的や効果の明確な伝達、インタラクティブなデモ、操作の簡便さやUI／UXへのこだわりが重要である。

- 自社や他社の生成AI導入の成功事例を共有することで、生成AIの実用性を示し、安心感を得てもらう。事例の背景や課題、導入プロセス、得られた成果を詳細に説明し、カスタマイズ性を強調することで、他部署への横展開を促進できる。

Chapter 3-4 社内で本当に使われるために

生成AIを感じさせないUIが必要

　生成AIの導入は、従来のように、ただ新しい技術やツールを持ち込むのとはわけが違います。これまでに見てきたように、企業のビジネス展開や業務全体の再構築にまで影響を及ぼす根本的な取り組みです。

　では、この生成AIという革新的な技術やツールが社内で本当に有効活用され、その能力が最大限に発揮され、またその価値が充分に活かされるためには、どういったことが必要なのでしょうか？それを考えるには、何といっても、エンドユーザーとなる社員が何を求めているかを知る必要があります。これについては事前にアンケートをとるといったことが望ましいですが、聞くまでもなく想定できることもあります。

　大切なのは、社員ができるだけ「ハードルを感じずに日常的に使える」ことでしょう。日常業務に溶け込むような形で、自然な流れのなかで活用できる必要があります。何かの資料を作るとなった時にごく自然に生成AIツールに手が伸びて、さくっと使えるような入口などがあるとよいかもしれません。例えば社内ポータルに生成AI活用コーナーのようなものがあり、目的別カテゴリのアイコンをクリックした先に、「申請書」「稟議書」「提案書」などのプルダウンメニューが現れ、該当のものを選択すると、その業務専用の生成AIアプリケーションが立ち上がり、プロンプトを意識せずとも、

必要事項などを入力・コピペしたり、対話をしたりすると資料ができ上がってアウトプットされる（完成系でなくても、フォーマットにコピペすれば済むくらいまでのアウトプットをしてくれる）、などです。

このようなことを考えると、社員が普段、どんな業務をする時に何を使ってどのように業務を完了させていっているのかを知っておく必要があります。それに基づいて、アプリケーションの設計、プロンプトの設定、UIの設計、利用導線などを考えるとよいでしょう。また、必要な人に必要な時に必要な知識とスキルを提供していくことも大切です。

プロンプトエンジニアリング

生成AIを活用するには、プロンプトエンジニアリングが重要だといったことを聞いたことがあるかと思います。確かに、イメージしたアウトプットを望んだようにアウトプットさせるには、プロンプトは非常に重要です。しかし、エンドユーザーである社員にまでそのスキルが必要かといえばそうではありません。利用するアプリケーションの裏側で適切なプロンプトが動いていてくれて、難しいことを考えずとも思ったようなアウトプットを得られるほうが、彼らにとってはありがたいはずです。

プロンプトエンジニアリングのスキルが必要なのは、業務の設計側にいる人たちです。プロンプトを書くということは、まさに業務設計をすることです。おそらくみなさんの会社でも一般社員が業務設計をするといったことはまずないでしょう。それと同じですね。

ですが、逆に設計・開発側にいる人たちにとっては、プロンプトエンジニアリングは重要かつ必須のスキルになります。何を・どういうふうに・どういう順番で指示をすれば、どういうアウトプット

が得られるのかなど、まさに「指示書」や「設計書」がプロンプトになります。それによって、エンドユーザーである社員の得られるものが大きく変わってくるため、プロンプトを組む人は大役を担っているといえます。

こういったことから、現場の社員に対してのプロンプトエンジニアリングに関する研修をする必要はなく、実施するのであれば「ツールの使い方」や「業務への活かし方の工夫」など、普段の業務に紐づいた研修を実施するのがよいでしょう。

明確なユースケースの特定

生成AIを業務に最大限有効な形で活用するには、明確なユースケースの特定が必要不可欠です。そのためには、まず、現状の業務プロセス（As-Is）の把握が重要です。いつ・だれが・何を・どのように遂行しているのか、一つずつの業務の始まりから終わりまでのプロセスを把握します。

次に、それらの業務を生成AIの活用が適している業務と活用が適さない業務に峻別します。生成AIの活用が適している業務を峻別する切り口としては、定型的な業務、大量のデータを処理する業務、人間の判断が必要ない業務などが考えられます。

そして、生成AIの活用に適していると判断された業務について、生成AIを用いた時の理想の業務プロセス（To-be）を設計します。このように業務を生成AI活用への向き不向きで峻別し、業務プロセス（To-be）の設計ができたら、実際にどのような形でエンドユーザーである社員に使ってもらうかを考えます。つまり、どのようなアプリケーション化を行うかの設計に入ります。

このプロセスを通じて、生成AIの活用が最も効果的なユースケー

スを特定し、業務効率化や生産性向上につなげることができるでしょう。

[図表3-4-1] 生成AIに適した業務の例

切り口	具体的な業務例	備考
情報の足し引きが主体であり、クリエイティブ性が求められない業務	・会議議事録の作成 ・社内規定の文書化 ・定型的なレポート作成 ・名刺管理データベースの更新 ・営業日報の下書き作成 ・財務報告の作成 ・在庫管理データの更新 ・データクレンジング（不整合データの修正）	主にデータ処理や更新作業に関連しており、生成AIがルールベースで効率的に対応可能
マニュアルなどが存在しており、所定の手順で行うことができる業務	・ヘルプデスクの問い合わせ対応（定型問い合わせの自動応答） ・社内ヘルプデスクの対応 ・製品の取扱説明書作成 ・社内システムの操作ガイド作成 ・新入社員向けの業務マニュアル作成 ・定型的な書類のチェック ・経費精算の申請書作成 ・契約書の雛形作成 ・ルーティンバックアップ作業 ・ソフトウェアの定期更新作業	プロセスが明確であり、プログラムされた手順に従って作業を実行するのに適している
最終的な責任が発生しない業務	・ドキュメントの初稿作成 ・会議のスケジュール調整 ・出張手配の代行 ・社内イベントの案内メール作成 ・データ入力作業 ・簡易的な顧客調査とフィードバック収集	ヒューマンエラーを減らし、初期段階の作業を効率化することができるが、最終的な判断は人間が行う
一部の人（エンジニアなど）には簡単に実行できるが、その習得が難しい業務	・コーディング作業（基本的なプログラミングタスク） ・データ分析のためのSQL作成 ・定型的なプログラムのデバッグ ・ネットワーク設定の変更 ・シンプルなマクロの作成 ・システムのモニタリングとアラート対応 ・テクニカルサポートの基礎的なトラブルシューティング	技術的なスキルが必要な業務に対して、基本的な部分は生成AIが担い、専門的な知識が必要な部分は人間が行う

ユーザーフレンドリーなインターフェースの設計

　To-be像に基づく生成AIのアプリケーション化には、UI設計が伴います。当然のことながら、「使いやすさ＝操作性」が肝になります。P.121でも説明したように、「ハードルを感じずに日常的に使える」ものである必要があります。分かりやすく、使い勝手がよい。これは生成AIアプリケーションに限らず、他のアプリケーションでもいえることです。エンドユーザーにとっての使いやすさは、稼働削減率に直結するため、全社での生成AI活用推進を左右する重要な要素でもあります。

アプリケーションのカスタマイズ性と
UIの使いやすさのバランス

　UIの使いやすさとともに重要なのは、アプリケーションのカスタマイズ性です。生成AIの持つ汎用性と、特定の業務に特化させることとは、ある意味相反するところがあります。この両者のバランスを適切に取ることが、本当の意味でのユーザビリティにつながります。このバランスが取れるようにするには、ユーザーがカスタマイズでき、かつ、その業務に適した処理を裏側で組んでおくといったことが必要になります。

　その具体的な方法の一例として、ユーザーが容易に操作できる「ノウハウDB」を用意しておくといったことが考えられます。ここでのノウハウDBとは、プロンプトのなかに記載する業務の「手順」や「注意点」を、ユーザーが使い慣れたExcelなどにまとめたものを指します。

　しかし、ユーザーはそのようなことは意識せず、「書類作成」業

務であれば、Excelに実施したい業務の「手順」や「注意点」、「記載項目」、「参照する情報」を入力するだけで、カスタマイズができるため、ほとんど抵抗なくアプリケーションを使うことができるでしょう。

[図表3-4-2] 書類作成システムのイメージ

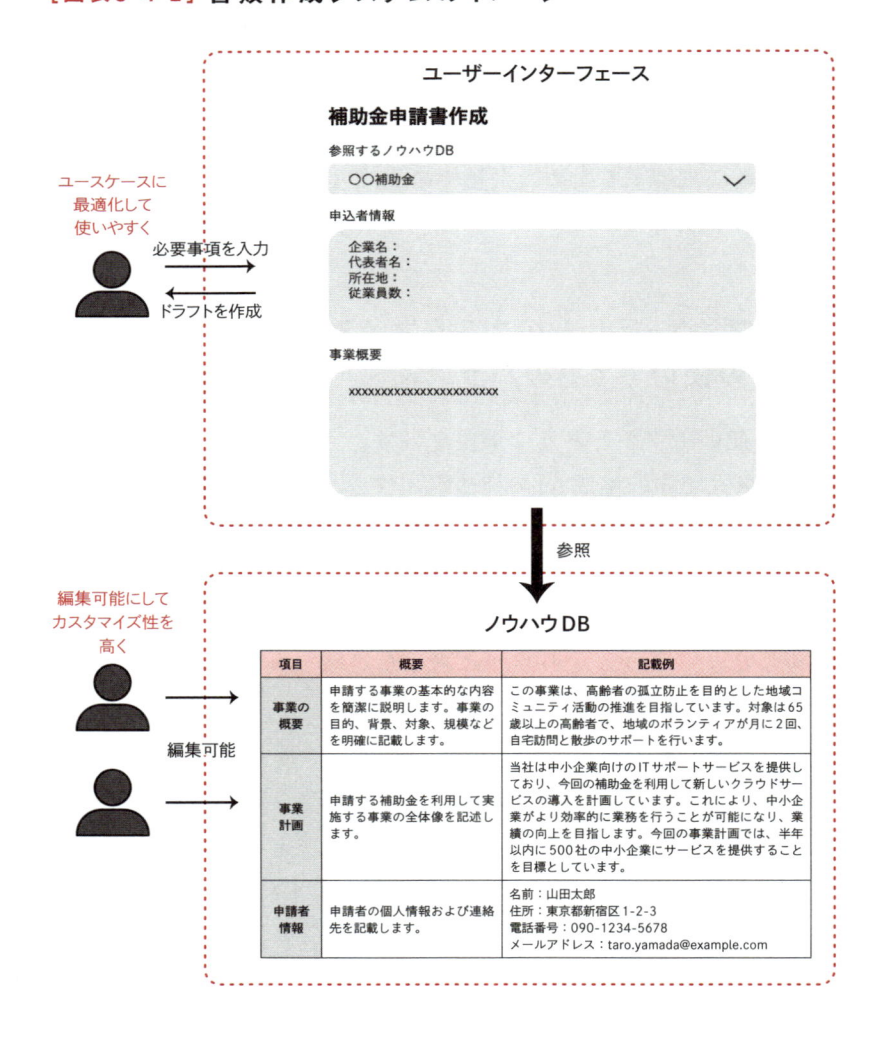

また、ユーザーの声を聞きつつ、よりよいアプリケーションへと改善していくことも重要です。

　ここまで見てきたように、「ユーザーファースト」な環境（アプリケーション・UI）、設計（業務設計・アプリケーション設計）、サポート（必要な研修や質問のできる場など）が、生成AI活用促進の鍵であることが分かるかと思います。

> **まとめ**
>
> - プロンプトエンジニアリングは、エンドユーザーには不要。むしろ意識しなくても使える環境が大事である。
> - 生成AI活用を促進するには、現状の業務プロセス（As-Is）を把握し、生成AIの活用に適している業務と適さない業務を峻別し、生成AIを用いた時の理想の業務プロセス（To-be）を基に「ハードルを感じずに日常的に使える」ユーザーフレンドリーなインターフェースを持つアプリケーションを設計することが重要。
> - 生成AIの持つ汎用性とカスタマイズ性のバランスを取るのが本当のユーザビリティであり、ノウハウDBを用いることでバランスの取れた環境をユーザーに提供できる。

セキュリティと
プライバシーへの対応

セキュリティの問題

　生成AIを企業で活用する際に、多くの企業が懸念するのがセキュリティとプライバシーの問題です。特に、機密情報や個人情報などの重要なデータを扱う場合、データの漏洩や不正利用のリスクについての懸念の声をよく耳にします。

　企業の持つ懸念の一つは、データの機密性と漏洩の可能性です。生成AIサービスを利用する際、生成AIサービスのUIに情報を入力する必要があります。その情報は、サービス提供事業者の持つサーバー上で動いている生成AIアプリケーションに渡され、処理（アウトプットの生成）が行われます。この時、その情報が外部に漏洩するのではないかという不安があります。サーバーへのハッキングや内部関係者による不正アクセスなどにより、機密情報が流出する可能性があるからです。万が一営業秘密や顧客情報、財務データなどが漏洩した場合、企業は大きな損害を被ることになります。

　もう一つの懸念は、生成AIへの入力情報が学習に使用されるのではないかという疑念です。企業が生成AIサービスに情報を入力した際、自社の重要な情報が意図せずAIモデルの改善に使用されたり、他社に利用されたりするのではないかという不安があります。例えば、自社の独自の製品開発情報や営業ノウハウなどが、競合他社のAIモデル改善に使われてしまうようなケースが想定されます。

　このように、生成AIの活用におけるセキュリティとプライバシー

の問題は、企業にとって無視できない重要な課題となっています。では、これらの懸念に対して、どのように対応していけばよいのでしょうか。

データの機密性と漏洩の可能性

　生成AIサービスを利用する際に、企業が最も懸念するのがデータの機密性と漏洩の可能性です。機密情報や個人情報などの重要なデータが一時的にしろ、外部のサービスに渡ることに対して、不安を感じるのは当然のことでしょう。しかし、生成AIサービスのセキュリティリスクを冷静に評価すると、その懸念は必ずしも的を射たものではないことが分かります。

① クラウドサービスとしての生成AIのリスク評価

　生成AIサービスを利用する際のセキュリティリスクは、他のクラウドサービスを利用する場合と同程度であると考えられます。なぜなら、生成AIサービスも他のクラウドサービスと同様に、クラウド上でアプリケーションが動いていることに変わりはなく、また他のクラウドサービスと同様の高度なセキュリティ対策が施されているからです**（図表3-5-1）**。

　実際、企業においては、すでに多くの基幹システムやデータがクラウド上で管理されています。例えば、顧客管理・営業管理システムや経理システム、人事システムなど、おそらくみなさんの会社でも利用されているシステムが挙げられます。

　これらのシステムには、機密性の高い情報が含まれていますが、クラウドサービスのセキュリティ対策を信頼して利用されています。生成AIサービスもそれと同様の位置付けであるといえます。

[図表3-5-1] クラウドサービスと仕組みは同じ

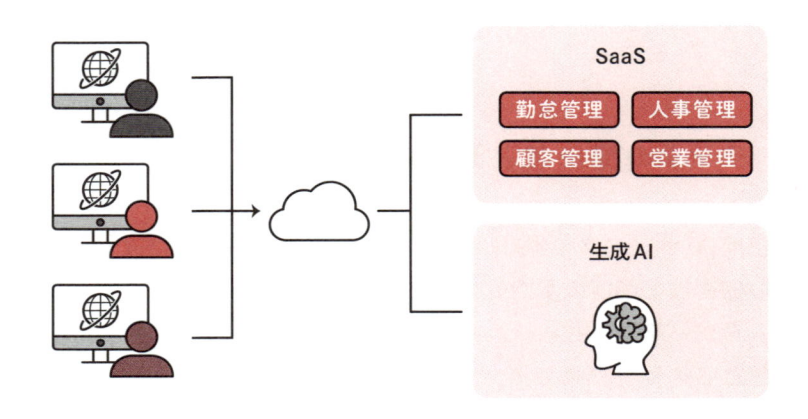

②オンプレミス環境への信仰と生成AIサービスの利用可能性

　セキュリティを理由にオンプレミス環境を固持する企業もそれなりに残ってはいますが、近年ではクラウドサービスのセキュリティ対策が大幅に強化されており、その必要性は薄れつつあります。国内のデータセンターを利用するサービスであれば、金融機関や通信企業でも利用可能なレベルに達しつつあるのです。

　実際に、国内の主要クラウドサービスプロバイダーは、金融機関向けのサービスを提供しています。これらのサービスは、金融機関特有の厳しいセキュリティ要件をクリアしており、安心して利用できるレベルにあります。

　生成AIサービスについても、国内サーバーの利用を条件に、これらの業界で導入が進むと考えられます。一部の金融機関では、すでに生成AIを活用した業務効率化の取り組みが始まっています（みずほフィナンシャルグループ、三菱UFJフィナンシャル・グループなど）。

このように、生成AIサービスのセキュリティリスクは、他のクラウドサービスと何ら変わりはなく、過度に懸念する必要はないということです。

　参考にではありますが、そもそもオンプレミスといっても自社ビル内にサーバーを立て、LANでつないでアプリケーションやデータを利用しているという企業のほうが稀です。オンプレミスという呼び方はしているものの、実際には物理的に離れたデータセンターに自社用のスペースを借り、自社のサーバーを置いて、VPNもしくはインターネットSSLなどで接続していることのほうが多く、その自社サーバーにAWSやMicrosoft Azureよりも高いセキュリティ対策が施されているとは考えにくいです。

　なお、非常に機微性の高い情報を扱う場合、データの国外持ち出しに制限がある場合があります。個人情報保護法における越境移転規制や、経済安全保障に直結するデータなどに対する社内規程などがこれに該当します。こうした情報を生成AIで処理する際には、国内にデータセンターを持つサービスを利用することが求められます。

　この点について、主要なクラウドサービスプロバイダーは国内にデータセンターを設置し、日本の法規制に対応したサービスを提供しています。例えば、Microsoft Azureでは、日本国内に東日本リージョンのデータセンターでGPTが使用可能となっており、国内リージョンを利用することで、データの国外持ち出しを防ぐことができます。

　同様に、Google CloudのGeminiなども、日本国内のデータセンターで使用することが可能です。これらのサービスを利用することで、機微性の高い情報を国内で処理しつつ、生成AIの活用を進めることが可能になります。

③ 入力データが学習に使用される懸念について

　もう一つの企業のセキュリティに関する懸念として、入力情報の生成AIサービスによる学習利用があります。しかし、実際にはそのリスクは非常に低いといえます。

　まず、企業向けに提供されている多くの生成AIサービスでは、顧客データを学習に使用しない設定ができる仕様となっていることがほとんどです。OpenAIやAnthropicなどの主要な生成AIサービス提供者は、企業向けのプランにおいて、顧客データを学習に使用しないオプションを提供していますし、OpenAIの「Enterprise」プランやAnthropicの「Claude」の公開情報では、顧客データを学習に使用しないことが明示されています。

［図表3-5-2］生成AIサービスのセキュリティポリシー

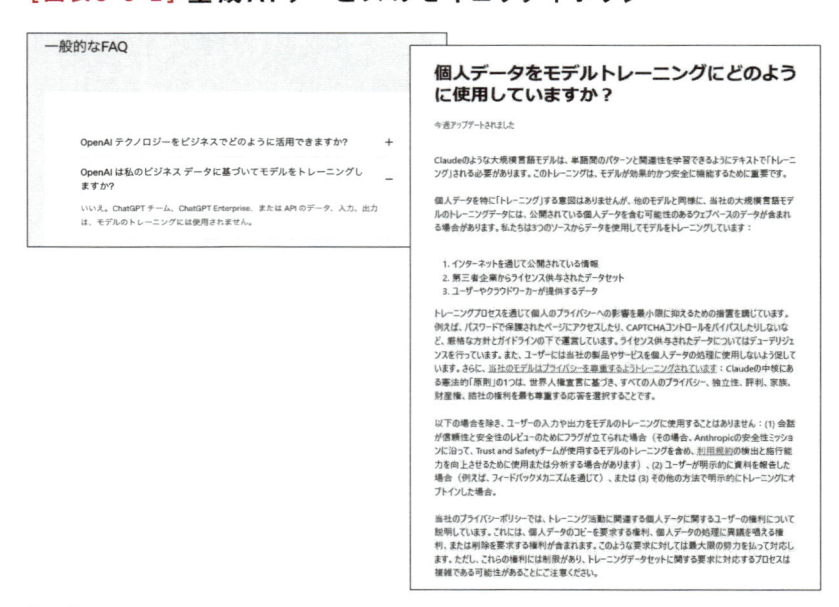

【出典】
・OpenAI　https://openai.com/enterprise-privacy
・Anthropic　https://support.anthropic.com/ja/articles/7996885

仮に、企業のデータが学習に使用されたとしても、そのリスクは限定的です。なぜなら、生成AIは大量の学習データから言語の統計的な特徴を学習しているため、特定の情報がそのままの形で流出するリスクは非常に低いからです。学習データはAIモデルの膨大なパラメータのなかに分散しており、個別の情報を取り出すことは技術的に困難なのです。つまり、企業のデータがコピー＆ペーストされて流出するようなことはまず考えられません。

　また、逆説的ではありますが、生成AIがハルシネーション（幻覚）を起こすという事実も、AIが学習データを完全に記憶しているわけではないことを示唆しています。もしAIが学習データをそのまま記憶しているのであれば、ハルシネーションは起こり得ないはずです。つまり、ハルシネーションの存在自体が、個別の情報が学習データから流出するリスクが低いことを裏付けているといえます。

　さらに、生成AIの学習データは、インターネット上の膨大な（公開された）情報から収集されており、その量は数百テラバイト以上にも及ぶといわれています。一方で、個別の企業が生成AIに入力するデータの量は、全体から見ればごくわずかです。仮に社内データが学習に使用されたとしても、その影響は全体のなかでかなりの程度に希釈されており、個別の情報が復元されるリスクは極めて低いと考えられます。例えるなら、全体の学習データは大海原であり、個別企業のデータはそのなかに落とした一滴のインクのようなものです。そこから特定の情報を取り出すことは非現実的だといえるでしょう。

　以上のように、企業が生成AIサービスを利用する際のデータ流出のリスクは、過度に懸念する必要はないということです。サービス提供者側の対策や技術的な限界により、企業のデータが不正に利用されるリスクも非常に低いと考えられます。むしろ、生成AIが

もたらす業務効率化や品質向上などのメリットに注目し、適切なセキュリティ対策を施した上で、積極的に活用していくことが重要です。

セキュリティ懸念の背景にある心理的要因

　生成AIのセキュリティリスクに対する懸念は、技術的な側面だけでなく、心理的側面も大きく影響しています。新しい技術に対する漠然とした不安感や、効果が不確実な状況でリスクを冒すことへの抵抗感が、生成AIの導入を躊躇させる要因となっているのです。

　まず、生成AIのような新しい技術に対しては、その仕組みや影響が充分に理解されていないことから、漠然とした不安を感じる人が多いという点が挙げられます。特に、AIが制御できなくなるのではないかという懸念を抱く人もいます。例えば、生成AIが機密情報を勝手に外部に漏洩したり、不適切なコンテンツを生成したりするのではないかという懸念です。これは、AIが人間の手を離れて暴走するのではないかという、SFの世界観に影響された不安感ともいえるでしょう。

　次に、生成AIの効果が不確実な状況で、セキュリティリスクを冒してまで導入する必要があるのかという心理的な抵抗感があります。生成AIを導入することで業務効率化が図れるかもしれませんが、その一方でデータ漏洩のリスクがあるのであれば、導入に二の足を踏む企業もあるでしょう。この要因は、生成AIの効果が明確になることで初めて克服できるという面があります。逆にいえば、生成AIの効果が明確になれば、リスクとリターンを天秤にかけて判断できるようになるのです。

生成AIのもたらす価値を示すことの重要性

生成AIのセキュリティリスクに対する懸念を払拭するためには、リスクを上回る生成AIの価値を示すことが重要です。生成AIがもたらす業務効率化や品質向上などの効果を、セキュリティリスクと比較して定量的に示すことで、導入に対する社内の抵抗を和らげ、前向きな議論を促すことができます。

① セキュリティリスクを上回る生成AIの価値の明示

例えば、生成AIを導入することで、従来人手で行っていた文書作成業務が30％削減できるとします。一方で、セキュリティリスクとして、データ漏洩の可能性が10億回に1回あるとします。この場合、業務効率化による利益とデータ漏洩による損失を比較することで、生成AIの導入が企業にとって利益になることを示すことができます。また、実際に起こったインシデントの件数や影響の大きさを見積もることで、セキュリティリスクの現実的な評価が可能になります。

このように考えてみると、サービス提供側ではなく、私たち企業側が適切なセキュリティ対策を講じることで、リスクは充分に管理可能であることが分かります。いずれにしても、リスクを上回る生成AIの価値を明示することで、導入に対する社内の抵抗を和らげ、前向きな議論を促すことが大切であることに変わりはありません。

みなさんも、漠然とした不安のために生成AIの導入を躊躇するのは、これまで見てきた生成AIのもたらす「価値」を考えると、非常に勿体無いことだと感じるでしょう。

② 効果が明らかになることによる組織内の意識変革

　Chapter3-1で説明した「スモールスタート」によって、導入効果を検証し、その価値を明示できれば、生成AIの効果が組織内で認知されるようになり、社員の意識にも変化が生じると考えられます。例えば、営業部門で生成AIを活用した提案書の自動生成を試験的に導入したとします。その結果、提案書の作成時間が大幅に短縮され、営業担当者がより多くの顧客と接触できるようになったとします。この効果が部門内で共有されれば、「生成AIを活用すればもっと業務を効率化できる」という前向きな議論が活発になります。

　また、生成AIの活用事例が社内で共有されることで、他の部門でも応用できるのではないかという発想が生まれるでしょう。例えば、営業部門での成功事例を受けて、経理部門でも請求書の自動生成を検討し始めるかもしれません。

　このように、生成AIの効果が明らかになることで、組織全体でのAI活用の機運が高まっていきます。生成AIの効果を示すことは、セキュリティリスクに対する懸念を払拭し、組織内の意識を変革するために重要な取り組みです。リスクを上回る価値を定量的に示し、小規模な実証実験を通じて効果を実感してもらうことで、生成AIの導入に対する前向きな議論を促していきましょう。その議論が組織全体に波及すれば、生成AIを活用した新しいビジネスチャンスが生まれる可能性もあるのです。

- 生成AIのセキュリティリスクは管理可能であるため、生成AIの活用効果を示すことで組織内の意識を変革し、AI活用を推進していくことが大切である。
- 生成AIサービスのセキュリティリスクは他のクラウドサービスと同程度であり、過度に懸念する必要はない。
- 生成AIへの入力情報が学習に使用されるリスクは限定的であり、多くの生成AIサービスでは、顧客データを学習に使用しない設定が可能である。

Chapter3 ── AI導入の実践的ステップ：小規模から始めて大規模へ

大規模導入への道筋

　スモールスタートでの検証でノウハウが蓄積されてきたら、いよいよ大規模導入に向けての動きが始まります。ここからは、生成AIの大規模（全社）導入に向けた具体的なステップについて解説します。

　スモールスタートで蓄積されたアセット（資源）を確認し、それを土台に、生成AIの挙動をトラッキングする環境を整備しましょう。実際に他部署への横展開を進めていく上での注意点やコツについても触れていきます。

スモールスタートで蓄積されたアセット（情報資産）の重要性

　生成AI活用を組織全体へと拡大していくには、まず初期のスモールスタートで蓄積されたアセットを確認することが重要となります。これらのアセットは、ここから先の全社展開の基盤となるからです。

　スモールスタートにおいて、具体的な業務で生成AIを活用し、最後までやり切ると、いくつもの重要なアセットが蓄積されます。業務の手順や注意点などのノウハウは、その一つです。経費精算業務であれば、経費の種類ごとの計上方法、承認フロー、領収書の処理方法や注意点などをExcelなどでまとめたものがノウハウとなります。このノウハウDBは、業務マニュアルとして活用したり、自部門の類似業務や類似業務を持つ他部門・他事業部で生成AIを用いて自動化する際のテンプレート的な参考情報として活用することができます。各部門・各部署がそれぞれ一からマニュアルやノウハ

ウを作成するのは手間のかかることですが、見本になるものがあれば、その分、大きく効率化を図ることができます。

そのノウハウを構築・改善するにあたってのプロセス自体も、重要なアセットです。業務担当者からの情報収集、ナレッジの整理・体系化、定期的な更新などのプロセスとそのプロセスでのToDoなどが業務プロセスのアセットになります。どんなところで手間取ったり、躓いたりしたか。それをどのように解決し、ノウハウを作り上げたのか。こうした活動面でのケーススタディも他部門・他事業部に展開することで、各部門・各部署でのノウハウDB構築の効率化が図れます。さらには、全社的なプロセス管理体制の構築につなげることもできるのです。

さらに、生成AIを活用することを前提とした業務プロセスへの再設計（BPR：Business Process Re-engineering）に関するノウハウも、重要なアセットです。生成AIを用いて業務を自動化する際には、従来の業務プロセスを生成AIの活用を前提としたプロセスに改変する必要が出てくることが多いためです。

まず、現状の業務フローを分析し、人でなく、生成AIを活用することで、効率化や品質向上が見込める業務やその工程を特定していくプロセスやノウハウが必要です。どこに生成AIを用いれば効果的なのか、という軸での再構築のノウハウということになります。これについては、定型的な文書作成や、大量のデータ処理が発生する業務などが候補となるでしょう。

また、現状の業務フロー(As-Is)と、生成AIを活用した後の理想的な業務フロー(To-Be)を明確にすることも重要です。To-Beの設計では、生成AIの持つ特性（少量のデータやサンプルを与えることで、適切なアウトプットを得られたり、与える条件に応じて柔軟なアウトプットを得られたりすることなど）を理解し、業務の最適化を図ることが求められます。加えて、生成AIに任せる部分と、人間が実施する部分の

バランスを検討し、AIに任せるべき定型的な作業と、人間の判断が必要な部分を明確に区分することも必要です。これらのBPR、つまり業務プロセスの再構築のノウハウを社内で共有し、他部門への展開を促進することが、生成AIの大規模導入への鍵となるのです。

このように、初期のスモールスタートで蓄積されたアセットを活用することで、生成AIの全社的な展開をスムーズに進めることができます。これらのアセットを土台として、生成AIの導入を加速させ、企業全体のDXを推進していくことが重要なのです。

［図表3-6-1］スモールスタートで得られるアセットが横展開につながる

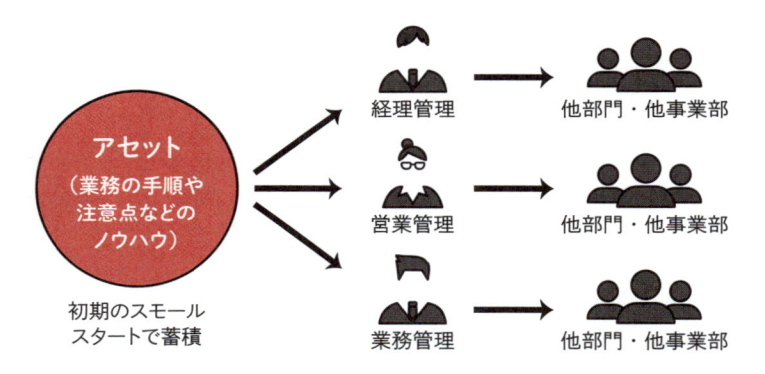

生成AIの全社的な展開をスムーズに進めることができる

生成AIの挙動をトラッキングする環境の整備

生成AIの活用には、その挙動をトラッキングする環境を整備することも非常に重要です。なぜなら、スモールスタートの時点では、小規模プロジェクトでの生成AIの活用状況を目の届くところで把握することができますが、他部門への横展開が進むと、直接モニタリングすることが難しくなるからです。活用規模の拡大に伴いその

挙動を把握し、適切に管理することが必要になってきます。

　まず取り組むべきは、入出力データのログ管理システムの導入です。生成AIへの入力データと、AIが生成したデータを一元的に管理することで、AIの挙動を追跡し、問題が発生した際の原因究明や、性能改善に役立てることができます。ある部署でAIの出力結果に異常が見られた場合、入力データをさかのぼって調査することで、問題の原因を特定し、適切な対処を行うことが可能になります。また、同様の活用をしている他部門への影響を最小限に留めることができます。

　次に、上記管理ログをベースとした、モニタリングダッシュボードの構築も重要な要素です。生成AIの活用状況や、性能指標をリアルタイムで可視化することで、生成AIツールなどの運用状況を常に把握し、適切な管理を行うことができます。例えば、部署ごとの利用状況や、エラー率、処理速度などの指標を一覧で確認できるダッシュボードを用意することで、生成AIの性能を評価し、改善点を見出すことが可能になります。ダッシュボード化には、TableauやPower BIなどのBIツールを用いると、簡単かつ分かりやすい可視化ができます。

　さらに、異常検知システムの導入も検討すべきです。生成AIの出力内容を分析し、異常値や不適切な内容を自動的に検知するシステム自体も生成AIで構築することで、大規模な運用においても、生成AIの品質を維持することができます。あらかじめ設定したルールやAIによる判定により、問題のあるデータを速やかに特定し、対処することで、生成AIの品質を確保することが可能になります。

　これらの環境を整備することは、生成AIの適切な運用に直結するだけでなく、企業全体の活動を可視化するという副次的なメリットももたらします。生成AIの活用状況や性能指標を可視化することで、業務プロセスの効率化や、組織全体の生産性向上につなげる

ことができるのです。

　このように、生成AIの大規模導入に際しては、その挙動をトラッキングする環境が不可欠になります。入出力データのログ管理、モニタリングダッシュボードの構築、異常検知システムの導入などを通じて、AIの適切な運用と管理を実現することが、生成AIの信頼性と価値を最大限に引き出すための鍵となります **（図表3-6-2）**。

[図表3-6-2] 挙動のトラッキング

 入出力データのログを管理して
モニタリングダッシュボードを構築

 生成AIの活用状況や性能指標、
部署ごとの利用状況やエラー率を
リアルタイムで可視化

 異常値や不適切な内容を
自動的に検知するシステムを構築

実際に横展開を進める

　ここまで見てきたように、スモールスタートでの事例は、横展開を進めるにあたっての貴重なアセットです。次に、このアセットを効率的かつ活用価値を高めて横展開するにあたって実施すべき事項を確認してみましょう。

　まず、スモールスタートでの成功事例の要因分析を行います。業務の特性、生成AIの活用方法、ノウハウDBの構築プロセスなどの軸を設け、どの要素が成功に寄与したかを整理します。これらの評価軸を設定する際にも生成AIを用いることができるでしょう。

次に、成功事例に類似する業務を社内から幅広く探し出します。業務の目的やプロセス、扱うデータの種類、具体的なオペレーションなど、多角的な観点から類似性の有無を評価します。そのためには、事前に各部門・各部署における業務を洗い出し、そのフローなどを現場から5W1Hでヒアリングし、一覧化しておくとよいでしょう。その際、現場での業務効率化における課題なども聞き出しておくと、アセットの活用業務だけでなく、その他にも生成AIを活用できる対象が見つかるかもしれません。

続いて、これらの類似業務に対して、生成AIの適用可能性を検討します。各業務フローを細かく分析し、生成AIがもたらす改善点や効率化の可能性を探ります。場合によっては、業務フロー自体は類似していても、特別な承認フローが存在していて、どうしても人でやらざるを得ないケースも出てくるかもしれません。そういったことも含め、生成AIの活用に適するか、またその効果はどれくらい見込めるかを評価します。

この段階で、生成AIの導入が実現可能と判断された業務については、具体的な展開計画を立てます。計画では、各部門・各部署の業務単位での導入スケジュール、必要とされる人材やリソース、体制などを明確にし、関係部署との調整事項などを詳細に策定して、実施します。

最終的に、これらの計画に基づき、実際に生成AIの導入を進めます。この実行フェーズでは、計画された通りに業務が進むよう密に管理し、必要に応じて微調整を行います。成功した事例をお手本として、新たに生成AIを活用する業務にも同様の成功を目指すことで、企業全体の生産性と効率が大きく向上することが期待されます。

このように、スモールスタートから得られた成功体験を基に、慎重かつ系統的に横展開を進めることで、生成AIのポテンシャルを

全社規模で最大限に引き出すことができます。

継続的なモニタリングと改善・フィードバック

　生成AIの活用を横展開し、全社的に導入した後も、その効果を持続させるためには、継続的なモニタリングと改善が不可欠です。なぜなら、生成AIは常に進化し、ビジネス環境も変化し続けるからです。定期的な性能評価やユーザーフィードバックの収集・分析を通じて、生成AIの運用状況を把握し、改善点を特定することが重要となります。

　例えば、処理速度、正確性、ユーザー満足度などの指標を設定し、継続的にモニタリングすることで、生成AIの性能を定量的に評価することができます。これにより、システムのボトルネックや改善すべき点が明らかになり、適切な対策を講じることが可能になります。これらの対応プロセス自体も全社的なアセットとして蓄積しておき、定期的にナレッジ化しておくと、以降のPDCAサイクルを効率的に回すことができるようになります。

　また、生成AIを実際に利用するユーザーからのフィードバックは、システムの改善に欠かせない情報源です。アンケートやインタビューなどを通じて、ユーザーの満足度や要望を積極的に収集し、分析することが重要です。これにより、ユーザーの視点に立った改善を行い、生成AIの活用をより効果的なものにすることができます。

　モニタリング結果やユーザーフィードバックを基に、運用プロセスの見直しと最適化も継続的に行う必要があります。例えば、業務フローのボトルネックを特定し、プロセスの簡素化や自動化を推進することで、運用の効率化を図ることができます。これにより、生

成AIの導入効果を最大限に引き出すことが可能になります。そのためには、フィードバック収集の方法や受け皿、分析・活用手法や体制の構築も必要となります。

　さらに、生成AIの性能向上に向けた取り組みも欠かせません。最新の技術動向を踏まえ、より高度な生成AIの活用を検討することも、ビジネスの競争力を維持・強化することにつながります。ベースとなる生成AIモデルのアップデートや新たな生成AIモデルの導入、データの拡充などにより、生成AIの性能を継続的に向上させることが重要です。

[図表3-6-3] 横展開・継続的改善のイメージ

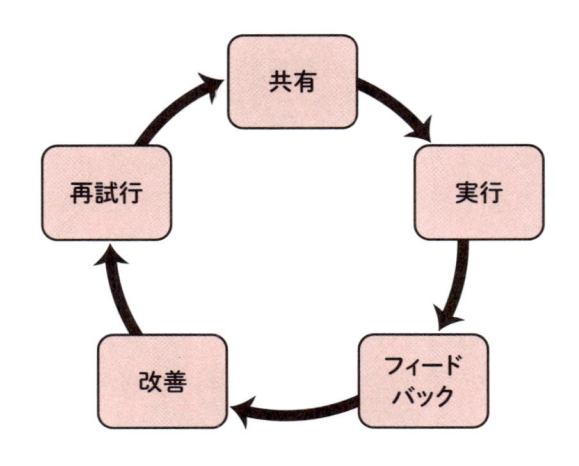

　加えて、運用・改善の過程で得られたナレッジを社内で共有し、全体のレベルアップを図ることも忘れてはいけません。成功事例や失敗事例、ベストプラクティスなどを整理し、社内の知見として蓄積することで、組織全体の生成AI活用能力を向上させることができます。そのためのフィードバック取得、情報共有のプラットフォームがあると、それを窓口として運営と社員、双方のコミュニ

ケーションを図れるため、より一層質の高い生成AI活用ができるようになるでしょう。これらの活動を継続的に行うことで、生成AIがもたらす価値を最大化し、ビジネスの成長と発展につなげることができるのです。

まとめ

- スモールスタートで蓄積されたアセット（業務のノウハウDBやプロセス改善のノウハウなど）は、大規模導入の基盤となり、具体的な業務改善やAIの適用範囲を拡大する際の参考になる、企業全体の効率化を図るための重要なリソースである。
- 生成AI活用の拡大（横展開）を行うには、生成AIの挙動をトラッキングするシステムの整備が必要。入出力データのログ管理、モニタリングダッシュボードの構築、異常検知システムの導入により、生成AIの性能をリアルタイムで評価し、運用中の問題を迅速に解決することが可能になる。
- 全社への拡大後も定期的なモニタリングとユーザーフィードバックを通じて、改善を継続する。成功事例や失敗事例をナレッジ化し、社内で共有することで、全社的な知識の向上と業務の最適化を促進する。これらは、生成AIの効果を最大化し、企業の持続的な成長に寄与する鍵となる。

4

生成AI導入に
おける
リスク管理と対策

技術的リスク

　生成AIの全社導入は、企業にとって大きな可能性を秘めていますが、安心して生成AIを活用していくには、生成AIの持つ技術的なリスクを理解し、そのリスクへの対策を講じておくことも重要です。

　一つ目には、みなさんもよく耳にされる、「ハルシネーション」（幻覚）と呼ばれる現象に関するリスクです。生成AIが事実とは異なったり、非現実的な内容を生成してしまったりする現象に伴うリスクです。

　二つ目には、システムの安定性に関するリスクです。ハードウェアやソフトウェアの不具合、急激な負荷変動への対応不足などにより、生成AIシステムが安定して動作しない可能性に対するリスクです。

　三つ目には、生成AIに手順や判断基準を言語化しにくいタスクを与えた場合のアウトプットに関するリスクです。

　リスクは企業幹部だけでなく、活用する社員も非常に気になる事項であり、その理解や対策を伝えることは、プロジェクト推進にあたっての重要な要素になります。そのためにも、これらの技術的なリスクに適切に対処する方法について見ていきたいと思います。まず、みなさんご自身がこれらのリスクを理解し、適切にマネジメントできることを知っていただくことで、安心して生成AIの活用拡大を図ることができるでしょう。

ハルシネーション（幻覚）

　生成AIを活用する上で、ハルシネーションと呼ばれる現象は重要なリスクの一つです。ハルシネーションとは、生成AIが事実とは異なるアウトプットを生成したり、非現実的な内容を生成したりしてしまうことを指します。

　これは、生成AIが学習したデータの不足や偏り、現実世界の複雑さを学習することの難しさ、生成が確率に基づいて行われる性質などが原因です。生成AIのモデル（LLM）は大量のデータから学習を行っていますが、そのデータ量や分野などに偏りがあると、誤りやアンバランスなアウトプットを生成してしまいます。このようなハルシネーションのリスクに対処するためには、いくつかの方法があります（**図表4-1-1**）。

　まず、生成結果の検証プロセスを確立し、人間が最終的なチェックを行う体制を整えることです。AIが生成した情報を鵜呑みにするのではなく、必ず人間が内容を確認し、事実と照らし合わせるプロセスを活用の前提とすることも重要です。これは生成AIの活用に限らず、何かをビジネスに用いる時には重要なポイントです。

　また、正しい情報をプロンプトに組み込んだり、生成AIに参照させる情報の精度や粒度をより精緻にしたりといったことも有効です。質の高いデータを使うことで、生成AIはより正確な情報を生成できるようになります。

　さらに、生成結果の確信度をスコア化し、確信度スコアの低い結果にはフラグを立てて、その情報を社員が扱う際の注意喚起をすることも大切です。

　ハルシネーションは、生成AIを活用する上で避けられないリスクですが、適切な対処法を講じることで、その影響を最小限に抑

えられます。人間と生成AIが協力し、互いの長所を活かしながら、ハルシネーションのリスクに備えていくことが重要だといえるでしょう。

[図表4-1-1] ハルシネーションに対する対策

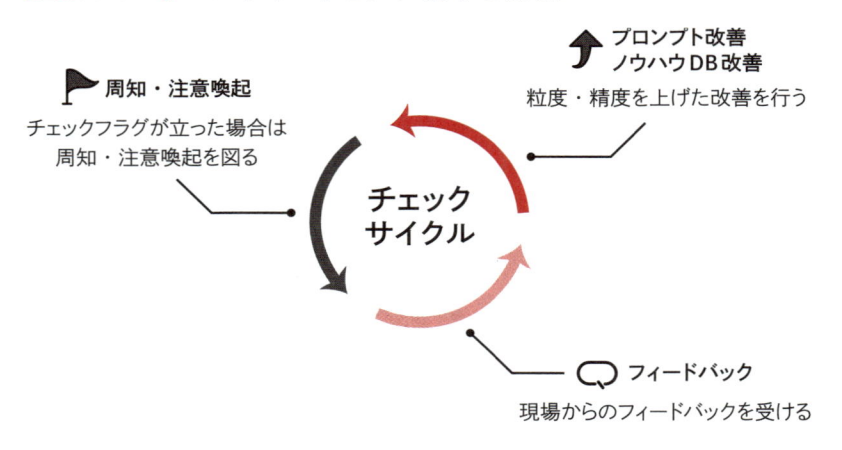

システムの安定性

　生成AIを企業全体として活用する際、システムの安定性も重要な課題の一つです。

　生成AIは、従来のシステムのようにプログラムされた通りに動く（プログラムされた通りにしか動かない）わけではなく、確率論的にもっともらしい出力をチョイスして自然文として成果物を生成しています。したがって、そのアウトプットにはある種、揺らぎ（バリエーション）があるということになります。言い方を変えれば、それが生成AIの「不安定さ」であるともいえます。みなさんも、ChatGPTに何度か同じ依頼をした際、毎回違ったアウトプットがされた経験をお持ちではないかと思います。それがここでいう「不

安定さ」に当たります。

　こうした生成 AI の特性を理解した上で、その「不安定さ」をカバーする対策を講じておくことも、生成 AI をより有効的に活用するためには必要な要件となります。その「不安定さ」をカバーするには、少し専門的になりますが、同じプロンプトを複数回投げ、生成されたアウトプットをもう一度集約させる方法や、複数の LLM を用いて、フィードバックループの機能を持たせる方法などが考えられます。

　前者は、医療分野など正確性や厳密性を必要とする場合の手法です（アンサンブル）。後者は、一つの LLM が質問に対する答えを生成した後、別の LLM を使用してその答えの正確性や信頼性を評価するものです。例えば、第二のモデルが情報のファクトチェックを行ったり、その回答が論理的であるかどうかを判断したりするといったことが可能です **（図表 4-1-2）**。

　さらに、生成 AI の上記のような「不安定さ」はこれまでのシステムとの接続の際にも問題になります。生成 AI をフルに活用しようとすると、必ず従来型のシステムとの連携が必要になってきます。これまで企業で使われてきた従来型のシステムは、あらかじめ決められたルールに基づいて動作するように設計されています。同じ入力に対しては、必ず同じ出力を返すという、いわば「安定性」を重視したシステムなのです。

　生成 AI の「不安定性」は、従来型のシステムとの連携を考えた時に、大きな障壁となります。なぜなら、従来型のシステムは、生成 AI のような「不安定さ」を許容するようには設計されていないからです。例えば、生成 AI が生成した文章を、従来型のシステムで処理しようとした時、その文章の形式が少しでも崩れていたり、期待された形式と異なっていたりすると、従来型のシステムはエラーを吐いてしまうかもしれません。

この問題を解決するには、生成AIと従来型システムの間に、「バリデーション」と呼ばれる仕組みを導入することが有効です。バリデーションとは、生成AIが出力したデータが、従来型システムが期待する形式に合致しているかどうかを確認するプロセスのことです。具体的には、生成AIの出力をいったん受け取り、それが所定の形式を満たしているかをチェックします。もし形式に誤りがあれば、それを修正したり、あるいはエラーを返したりして、従来型システムに不適切なデータが渡らないようにするのです。

［図表4-1-2］「不安定さ」をカバーする対策

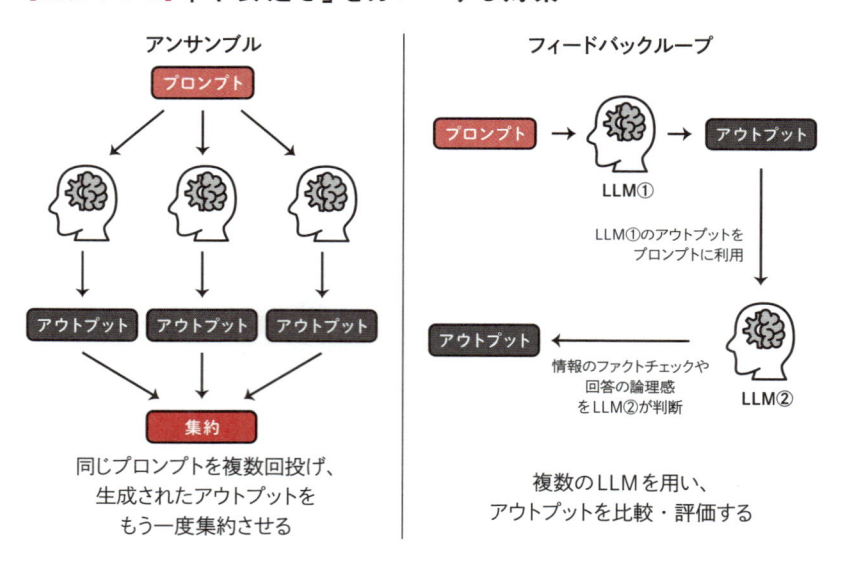

言語化の難しいタスクへの対応

　生成AIは、言語処理能力に非常優れたAIです。しかし、当たり前の話ではありますが、その能力が存分に発揮されるには、イン

プットされてくる情報が言語化されていることが大前提です。した
がって、明確な手順や判断基準を言語化しにくい業務においては、
生成AIへのインプットの前の段階での対応が必要になってきます。
これはリスクというよりもハードルの問題です。

　例えば、Chapter2-2で取り上げた、暗黙知や経験則に基づく業務
などもこれに当たります。また、状況に応じたリアルタイム性を伴
う柔軟な対応が必要な業務なども、画一性を持ったルールをその場
で言語化し生成AIに与えるといったことは難しいという側面もあ
ります。もう一つ、デザインなど創造性やアイデアといった発想性
を伴うタスクも、その発想自体を言語化するのが難しいため、生成
AIによるレスポンスに差が出てくることもあります。

　では、難しいからといって方法がないかというとそうでもありま
せん。業務自体を細分化し、言語化できる部分と言語化が難しい部
分を明確にし、言語化が難しい部分には人間が対応し、言語化で
きる部分を生成AIに任せるといった形で人とAIが協業することで、
充分に効率化が図れることもあります。暗黙知の形式知化などでは、
いくつかのプロセスを経ることで言語化できます。デザインなどの
発想を伴うものについては、人間側がイメージのサンプル（○○風）
などを与えて生成AIにインプットをすることで、ある程度イメー
ジに近いアウトプットを得られます。

　さらに「Few-shot Learning」を活用することで、言語化が難しい
タスクに対しても、生成AIを効果的に適用できる可能性がありま
す。Few-shot Learningは、少数の事例を提示するだけで、生成AIが
新しいタスクを学習できる手法です。例えば、ある特定の文章の書
き方のルールを明示的に説明するのが難しい場合でも、その文章の
具体的な例を数個提示することで、生成AIがそのパターンを学習
し、同様の文章を生成できるようになります **（図表4-1-3）**。

[図表4-1-3] Few-shot Learningの例

プロンプト

あなたはある大企業の財務部門長です。
CFOから株主総会に向けた以下の想定質問への回答を考えてほしいと頼まれました。

Q：最近の市場の変動性に対して、どのように対応していますか?

CFOの以前の回答例を参照情報として、同じ文体で回答してみてください。

参照情報（回答例）
Q：コスト削減の取り組みは?
A：当社は、全社的なコスト削減プログラムを実施しており、生産から販売に至るまでの各プロセスにおいて効率化を推進しています。例えば、製造工程ではリーン生産技術の導入により、不良率の低減と生産性の向上を実現しました。また、サプライチェーンの最適化により、物流コストを5%削減することができました。これらの取り組みは、継続的なコスト管理と効率化を通じて、競争力のある価格設定と高い利益率の維持に寄与しています。

過去の回答事例を参照情報としてそのまま貼り付け

例を与えることで、生成AIが背景にあるルールや文脈などを察して、出力結果に反映

プロンプト

<中略>

参照情報（回答例）
Q：コスト削減の取り組みは?
A：当社は、全社的なコスト削減プログラムを実施しており、生産から販売に至るまでの各プロセスにおいて効率化を推進しています。例えば、製造工程ではリーン生産技術の導入により、不良率の低減と生産性の向上を実現しました。また、サプライチェーンの最適化により、物流コストを5%削減することができました。これらの取り組みは、継続的なコスト管理と効率化を通じて、競争力のある価格設定と高い利益率の維持に寄与しています。

回答

Q：最近の市場の変動性に対して、どのように対応していますか?
A：最近の市場の変動性に対して、当社は複数の戦略を展開して対応しています。特に、金融資産のリスク管理における強化と、財務の柔軟性を高めるための措置を講じています。具体的には、為替リスクを最小限に抑えるためのヘッジ戦略の適用や、流動性の確保を目的とした現金および投資判断にあたっては、厳格なリスク評価を行い、不確実性の高い市場環境下でも価値創造を続けることができるよう、資本配分の最適化に努めています。これらの対策は、当社が市場の変動に柔軟に対応し、長期的な企業価値の向上を目指す基盤を固めることに貢献しています。

与えた例と同様のルール（文章構成・文体）で回答を出力
（取組み概要→具体例→貢献内容）

したがって、難しいからといって諦める必要はなく、言語化できる方法を考えるとともに、すべてを生成AIに代替させるのではなく、補助ツールとして活用するという方法もあるということを知っておく必要があるでしょう。

まとめ

- ハルシネーションリスクに対しては、生成結果の検証プロセスの確立や信頼できるソースの生成AIへの提供とともに、通常のビジネスプロセスと同様、情報を鵜呑みにせず、確認を行ってから利用する習慣が大切である。
- 生成AIを利用するにあたっての企業側システムについては、他のシステムと同様、高負荷時の対策として、冗長化構成、負荷分散機能の対策をとっておくことが重要。
- 言語化が難しいタスクに対するハードルは、インプット前の事前処理・追加情報提供などによって低減できるが、人と生成AIの協業という観点で活用するのが望ましい。

法的・コンプライアンスリスク

生成AIを社内に導入する際、非常に重要、かつ慎重に考えなければいけないリスクがあります。それは、法的・コンプライアンスリスクです。これらは、人の生命や財産、人権や尊厳に関わり、これらに関わるリスクを適切に管理しなければ、企業は法的責任や評判の低下といった深刻な問題に直面する可能性があるからです。

例えば、生成AIが他者の知的財産権を侵害したアウトプットをし、それをそのまま用いた企業は法的な責任を問われる可能性があります。このような事態を避けるためには、生成AIの導入プロセスや活用において、法的・コンプライアンスリスクを十分に考慮し、適切な対策を講じる必要があります。具体的には、法規制の遵守、個人情報の保護、知的財産権の尊重などが求められます。

ここからは、生成AIの社内導入・活用に伴う法的・コンプライアンスリスクについて解説し、それらのリスクに効果的に対処するための方策を示します。生成AIの能力を安全かつ適切に活用できるよう、しっかりと考えていきましょう。

法規制遵守：規制や法的要件に対する不適合の防止

最初に、法規制の遵守の観点から、法規によって免許や資格を持つ人間が実施することが義務付けられている業務のなかから、医療・法律・金融の分野を取り上げ、そのリスクと対応策を考えてみたいと思います。

① 医療分野

医療分野では、診断・治療は医師免許を持つ人間が行わなくてはならないという規定があります（医師法）。これは、医療行為が患者の生命に直結するため、高度な専門知識と経験を持つ医師による判断が必要とされているからです。リスクが発生するシーンとその例としては、生成AIによる診断支援システムを用い、医師自らが診断をせず、システムからの誤った情報をそのまま患者に伝え、患者に健康被害を与えてしまい、医療過誤の責任を問われる可能性があるといったことが挙げられます。

② 法律分野

法律の解釈や法律に基づく判断を行う業務（法律相談、訴訟の代理、法的文書の作成など）は、弁護士資格のある人にのみ実施が許されています（弁護士法）。リスクが発生するシーンとその例としては、「訴状作成」や「法律相談」などで、生成AIが情報を誤解釈し、不適切な書面の作成や法律アドバイスをアウトプットしてきた際、それをそのまま流用したことにより、関係者に不利益を与えてしまうといったことが挙げられます。

③ 金融分野

金融分野においては、財産の保全や公平性などさまざまな視点から金融商品取引法などの法律への準拠が求められます。リスクが発生するシーンとその例としては、生成AIのアウトプットをそのまま利用し、金融商品の「アルゴリズムトレーディング」における自動ビットによって、市場混乱を招いてしまうといったリスクや、ローン審査業務におけるクレジットスコアリングでの生成AIによる誤審査結果に基づき、そのままアドバイスしたことによってエンドユーザーに不公平や不利益をもたらすことなどが挙げられます。

このように、専門的な分野だからこそ生成AIが活躍できる場面も多いですが、その分しっかりとしたリスク理解と対策が重要なのです。こうした免許や資格を保有する専門家によるサービスの提供を義務付けられている分野に共通する対策としては、いくつかのことが考えられます（**図表4-2-1**）。

　まず、生成AIを用いたツールを使用する際のガイドラインの策定が重要です。目的や使用範囲、使用方法、留意事項、ツールの管理・監査、関係者への配慮、教育など、ツール活用にあたって、利用者が共通して認識しておくべきことを明文化し、徹底させます。

　次に、導入〜運用における有資格者の監修・監督も欠かせません。AIによるアウトプットを基に提供するサービスの支援をするツールの場合、最終的な判断は必ず法律に定められた免許や資格を持つ専門家がチェックを行いサービスを提供するといった、フロー及び体制を整えておきます。

　さらに、ツールに対する品質管理と監視も重要な対策の一つです。生成AIを用いたツールのアウトプットは、定期的に検証され、その正確性と信頼性が保証されることや誤った情報がアウトプットされた場合に修正メカニズムを設けるなど、バッチの仕組みも備えておく必要があります。

　加えて、教育とトレーニングも欠かせません。直接的に患者や顧客にサービスを提供する免許や資格の保有者本人だけでなく、事業に関わる関係者に対しても、生成AIもしくは生成AIを用いたツールの機能、利用方法、潜在的リスクについての充分な教育を実施します。

　最後に、インシデント発生時のエスカレーションフローと体制を組んでおくことも重要です。インシデント発生時の対応策を具体的に決めておき、関係者を含めた定期的な訓練を行います。

　いずれにしても、最終的なチェックや判断は、免許や資格を持っ

た専門家が実施するということが、最も重要な運用であり対策であるといえます。

[図表4-2-1] 法規制遵守のための対策

専門家による監修
導入〜運用における有資格者の監修・監督

品質管理
ツールに対する品質管理と監視

教育
生成AIまたは生成AIを用いたツールの機能、利用方法、潜在的リスクについての教育

エスカレーションフロー
インシデント発生時の対応策の構築

プライバシー侵害や個人情報の不適切な取り扱いに関する責任

生成AIツールに個人情報や顧客情報を社員個々人が直接入力すること自体は、他のインターネットツールを利用する際と同じように各企業内のガイドラインやリテラシー教育で禁止されていることが多いですが、クラウド上にある顧客データを基に生成AIに分析をさせるといった活用をする場合など、万が一のことも考えておく必要があります。

それでは、クラウドストレージやサードパーティ製のクラウドサービス（例えばSalesforceなどのCRM SaaS）と生成AIアプリケーションをAPI連携させて利用する際のリスクと対策について、考えてみましょう。今後、企業での生成AI活用はこの形態での利用が主

になると考えられるからです。

　生成 AI 側に渡されるデータは、大抵の場合、AWS・Azure・Google Cloud などの PaaS（Platform as a Service）上にある、もしくは置くことになります。したがって、これらの PaaS でデータがどのように保護されているかを確認しておく必要があります。そもそも既にこれらのプラットフォームを使ったサービスを利用している場合は、その導入時に厳格な「クラウドサービス・セキュリティチェック」を経て利用されているはずです。

　今回、生成 AI を活用するにあたり、初めてこれらの PaaS を利用する際は、各プラットフォームが、どのようなセキュリティに関する仕組みを持ち、データがどのように扱われているかを理解して、自社独自の「クラウドサービス・セキュリティチェック」を受ける必要があります。その際よく問題になるのは、PaaS を提供している事業者のサーバーが国内リージョンにあるか、海外リージョンにあるかという点です。これは、社内規定により、個人情報や顧客情報などプライバシーに関わる情報の海外持ち出しを禁じている場合に生じます。その場合は、先に挙げた大手 PaaS 提供事業者は、日本国内のリージョンを持っているため、そちらを選択すれば問題は解決する場合が多いです。

　ただ、EU 圏に事業所があるグローバル企業の場合、GDPR により、個人情報の海外への転送が厳しく規制されているため、注意が必要です。基本的にどこの国も自国内からの個人情報の転送は禁止されていますが、EU 圏は特に規制が厳格になっています。

　まずは、日本及び事業を展開している各国の「輸出入規制」や「情報保護規定」を確認するとよいでしょう。とはいえ、先述の大手 PaaS 提供事業者は、それらをクリアできる環境を持っているため、必要以上に恐れることはありません。

【参考】個人情報保護委員会「改正越境移転ルールの施行に向けて」（2022 年 2 月）

データの「匿名化」と「マスキング」

　ここまでは、生成AI側にデータが渡る前の個人情報や顧客情報が、どのような形でクラウド上に保管・保護されているかを説明しました。ここからは、PaaS上にあるこれらのデータが、生成AI側に渡る時のセキュリティについて見てみましょう。

　この段階で必要な対策は、データの「匿名化」と「マスキング」です。先述のPaaS提供事業者や、Salesforceなどのクラウド CRM提供事業者は、匿名化とマスキングをクラウド上で実行できるツールを提供しています。

　以下に簡単な手順を示します。このツールは、自動識別から匿名化まで行ってくれます。

①個人情報などを識別

- AWS：Amazon Macie
- Azure：Microsoft Azure Information Protection
- Google Cloud：Google Cloud Data Loss Prevention API

②識別した個人情報などを匿名化・マスキング

- AWS：AWS Glue DataBrew
- Azure：Microsoft Azure Purview Data Masking
- Google Cloud：Google Cloud Data Loss Prevention（DLP）API

　これで、生成AI側にデータを渡す前に匿名化とマスキングができるため、安心して生成AIでの分析などを行えます。このように、クラウド上でのデータ管理・保護、生成AIを用いた分析などの前準備ができる環境があるということを、ご理解いただけたのではな

いでしょうか？

　実際に全社での活用の前には、PoC（Proof of Concept）として事前検証を行います。このPoCの段階で、上記の個人情報識別→匿名化・マスキングが実行でき、生成AIでの分析などが実務レベルでできるかどうかを確認し、問題がなければ本番環境への実装を行い、活用を開始する、といった流れになります。ただし、PoCを生成AIによる分析などに焦点を当てて行う場合は、手動で匿名化とマスキングを実施してもよいでしょう。

[図表4-2-2] プライバシー・個人情報保護を担保できる仕組み

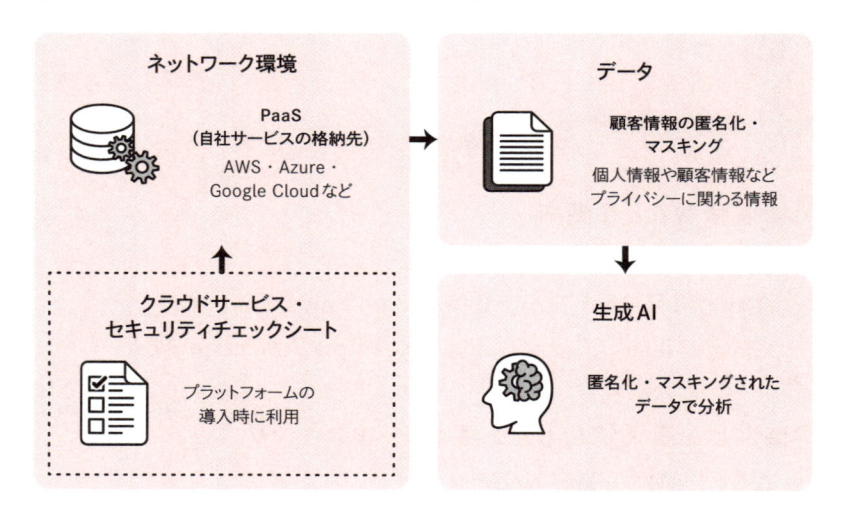

知的財産権の侵害に関する責任

　もう一つ生成AIを活用する際に気をつけなくてはいけないコンプライアンス的なリスクに、著作権や特許権などに代表される「知的財産権」に関するリスクがあります。この問題は、ニューヨークタイムズによるOpenAI社に対する「著作権侵害」訴訟でも大きな話題になりました。

　これは、OpenAI社がニューヨークタイムズ社の記事を学習に用いたために、ChatGPTがニューヨークタイムズの記事さながらのアウトプットをする、というニューヨークタイムズ社からの訴訟です。これに対し、OpenAI社は反論として、生成されたコンテンツの類似性は偶然であり、またそのようなインスタンスは稀であると主張しています。しかし、ニューヨークタイムズ社はOpenAI社が許可なく過去の記事をデータとして使用していると反論し、生成AIによる「複製」行為自体が問題ではなく、その使用が適切なライセンスなしに行われている点を問題視しています。

　この件について、2024年4月時点ではまだ決着はついていませんが、こういったことが起こる可能性があるということを認識しておく必要はあるでしょう。

　では、企業としてどのような考え方をすべきなのでしょうか？結論からいうと、「この分野に関する線引きや整理は国際的にも国内的にもまだできていない」というのが現時点での状況です。かといって、法や制度が整ってから考えるというのは、企業のリスクマネジメントとして賢明ではありません。今の時点からリスクを想定し、策を考えておくべきでしょう。

　生成AIと生成物に関しては、現在日本国政府内でも議論が進ん

でいます。内閣府を筆頭取りまとめ役とし、文化庁では「著作権」を対象に、特許庁では「特許権」「意匠権」などを対象に議論・検討がされています。著作権を含まない知的財産権については、非常に分かりやすい軸を設けて議論がされています。

その軸というのは、学習段階と生成・利用段階です。学習段階は生成AIのモデルに学習をさせている段階、生成・利用段階はプロンプトに従いAIが生成し、生成物となった段階、またその生成物の利用段階を指します。つまり、プロセスの段階によって判断基準を設けようという考え方です。

さらに、生成物としての扱いを明確にしようという検討もされています。電子透かし的な処理を施すなど技術による対応、生成物であることを利用者や第三者が判断できる仕組みを設けることや、クリエイターによる自身の作品を基にした、生成AIアプリケーションなどの開発・提供、権利者による学習用データ整備などの収益還元についても検討が進んでいます。

【参考】
・内閣府：AI時代の知的財産権検討会
・文化庁：AIと著作権に関する考え方について
・特許庁：AI関連技術に関する事例の追加について
・経済産業省：企業における生成AIの活用について

これらのことを踏まえ、企業としてのリスク対策をどのように取ればよいのでしょうか？

一つには、生成AIが出力した結果について、人間の場合と同様のチェックプロセスを経て、知的財産権の侵害がないことを確認することが重要です。例えば、生成AIが作成したコンテンツについて、著作権や商標権などの侵害がないか、専門家によるレビューを行うことが考えられます。

将来的には、このチェックプロセス自体を生成AIを用いて効率化することも考えられます。例えば、AIを活用して大量のコンテン

ツを自動的にスクリーニングし、知的財産権の侵害の可能性が高い
ものを抽出するシステムを構築することができるかもしれません。

　しかし、現時点では生成AIによる知的財産権侵害の判断は、ま
だ技術的に難しい面があります。そのため、当面は人間の専門家に
よる監督の下で、慎重にチェックプロセスを運用していくことが現
実的でしょう。

　法の整備にはもう少し時間がかかりそうですが、生成物の使用に
あたっては、現時点では従来の人間によるチェックを踏襲すること
が最善の対策になることは間違いありません。

まとめ

- 法規制の遵守については、ガイドラインを設け、最終的には
  免許・資格取得者や専門家が判断する体制を取る必要がある。
- プライバシーや個人情報の保護のため、セキュアなクラウド
  プラットフォームを利用し、生成AIに渡す前にデータに「匿
  名化」と「マスキング」を施す。
- 知的財産権の保護及び侵害防止のため、生成物に対し、従来
  の人間の目を通して、権利侵害の恐れがないかをチェックす
  ることが、現時点での最善策である。

倫理的リスク

　生成AIの活用にあたっては、その便利さや効率性に目を向けがちですが、それに伴う倫理的なリスクについても充分に考慮する必要があります。人権や尊厳に関わる根本的な事項であり、前節の法的なリスク以上に重要であるといえます。

　このことは、企業理念にも直接的に関係します。なぜなら、生成AIの活用も企業理念の基に行われるものだからです。逆の言い方をすると、生成AIの活用のしかたが、その企業の理念を表すということにもなります。

　では、この最も重要な「倫理的リスク」について、具体例なども確認しながら見ていきましょう。

生成結果が差別的な内容を含むリスク

　生成AIは、事前の膨大な量の学習により「常識」を持っているといわれます。ただその「常識」に"偏り"がある場合があります。それは、学習データに"偏り"があることで生じます。この偏りのことを「バイアス」といいます。

　生成AIを活用する際には、この「バイアス」の可能性を念頭に置いておく必要があります。そして、この「バイアス」が時として、差別的なアウトプットとして出てきてしまうことがあることもしっかりと理解しておきましょう。

　例えば、実際に以下のような事例があります。

　これは生成AI登場以前の話ですが、Amazonがエンジニア採用

に応募してきた人たちの履歴書をAIに読み込ませて効率的にスクリーニングしようとしましたが、過去に採用したエンジニアに男性が多く、「女性はエンジニアには向かない」という傾向を学習してしまい、結局、その履歴書審査AIは破棄されることとなりました。この事例は生成AIではなく、機械学習での事例ですが、学習データの偏りによるという意味では、共通する事象です。また、学習にWeb上のテキストをクローリングして読み込ませる方法がありますが、政治的な情報については、Web上には保守系よりもリベラル系の情報の方が多く、生成されるアウトプットにもその傾向が反映されてしまうようです。

ここで、人権に関わるバイアスについて整理しておきましょう。

ジェンダーバイアスは、特定の職業や役割を性別と関連づけてしまうことです。例えば、看護師を女性、エンジニアを男性と結びつけるなど、多様性を反映せずに固定観念を助長してしまう可能性があります。

人種・民族バイアスは、ある役職や立場の人物を特定の人種や民族に偏って描写することです。例えば、CEOの画像を主に白人男性として生成し、ビジネス界の多様性を無視してしまうといったことがあり得ます。

社会経済的バイアスは、高級ブランドを品質の基準と見なすようなことを指します。高い社会経済的地位に関連する言葉や概念を優先し、幅広い消費者の視点を考慮しないことが考えられます。

年齢バイアスは、高齢者を非生産的で技術音痴だと決めつけるようなことを指します。年齢に基づいて能力を判断してしまうことがあり得ます。

政治的バイアスは、上で取り上げたような事例で、学習データに含まれる政治的な偏りを反映し、特定の思想に偏った内容を生成してしまう可能性があります。

地理的バイアスは、地域に基づくバイアスで、AIが特定の地理的な地域のデータを基に偏った情報を学習することがあります。これにより、一部の地域が他の地域に比べて有利または不利になる可能性があります。

　能力バイアスは、例えば、障害を持つ人たちに対するバイアスで、AIが障害を理解せず、不適切なレコメンドや判断をする可能性があります。

　暴力表現のバイアスでは、暴力的なコンテンツを適切に除外できず、攻撃的な表現を助長してしまうリスクがあります。

　次に、これらのバイアスがかかることで、企業においてどのようなシーンに影響が出る可能性があるかも確認しておきましょう。

　採用プロセスでは、性別や人種に基づくバイアスが組み込まれたAIが履歴書をスクリーニングする際、特定のグループの候補者を不当に排除する可能性があります。

　昇進とキャリア開発では、昇進の候補者選定にAIを使用する場合、年齢や性別に関するバイアスにより、特定の従業員が不利な立場に置かれることがあるかもしれません。

　給与決定では、給与設定にAIを使用すると、社会経済的バイアスが反映され、同じ労働に対して不平等な報酬が設定されることが起こり得ます。

　業務の割り振りでは、特定の属性の社員に対して重要な仕事を割り振らない、あるいは過度に割り振ってしまうことがあるかもしれません。

　パフォーマンス評価では、パフォーマンス管理において、ジェンダーバイアスや人種バイアスが反映されていると、評価が歪められる可能性があります。

　このように、どんなシーンでバイアスの影響が出るかを知っておくことは、冷静な判断をするためにも重要です。

バイアスへの対策

　バイアスの原因となる情報の排除として、生成AIへの入力情報から、性別、人種などバイアスの原因となり得る情報を極力排除することで、アウトプットへの影響を最小限に抑えられます。例えば、採用AIに応募者の性別や人種に関する情報を入力しないようにするなどの工夫が考えられます。

　次に、倫理的配慮を組み込んだプロンプトの使用として、AIへの指示（プロンプト）のなかに、差別的表現を避けるなどの倫理的配慮を盛り込むことで、生成されるコンテンツのバイアスを軽減できます。例えば、「性別、人種、年齢に関わらず公平に判断してください」といった指示をプロンプトに加えることが有効でしょう。

　このようにAIの判断を人間がチェック・修正することで、AIの判断をそのまま使うのではなく、人間が内容を確認し、必要に応じて修正を加えることで、バイアスによる悪影響を最小限に抑えられます。特に、AIの判断が個人の権利や機会に影響を与える場合には、人間の監督が不可欠です。継続的なモニタリングと改善をして、AI

[図表4-3-1] 生成AIのバイアス問題と対策

LLM
（大規模言語モデル）

| 職業、役割、性別、年齢、人種、思想、地域、能力など | → | → | バイアスのかかったアウトプット |

問題
ある属性に紐づくデータ量の比率が高いとバイアスがかかりやすくなる

対策
入力情報から偏見の原因となる情報を排除する
倫理的配慮を組み込んだプロンプトを使用する
AIの判断を人間がチェック・修正する

の判断に偏りがないかを常に注視し、必要に応じて入力情報やプロンプトの調整を行っていくことが重要です。また、ガイドラインの策定と教育として、生成AIを活用する際の倫理的な基準を組織内で明確にし、関係者で共有することも重要です。

　何をバイアスと見なし、どのような判断を避けるべきかについて、ガイドラインを設けるなどの取り組みが有効だと考えられます。ただし、何をバイアスであると捉えて、何を正当な評価とするかは、その時々の社会的な価値観によって変わるため、常に議論が必要です。また判断の根拠を生成AIに出力させ、バイアスが含まれていないかをチェックするといったことも必要です。

【参考】平和博「『GPT-4に最も左派の政治バイアス』最も右派の生成AIは？ その理由は？」（Yahoo! ニュース）

まとめ

- 生成AIの活用にあたっては、その便利さや効率性に注目が集まるが、それに伴う倫理的なリスクについても充分に考慮されるべきである。これは人権や尊厳に関わる根本的な事項であり、企業理念にも直接的に関係する。
- 生成AIは、学習データの偏りによって「バイアス」を持つことがある。このバイアスは、性別、人種、年齢などに基づく偏見が反映されることであり、企業内の多くのシーンで不当な影響を及ぼす可能性がある。
- バイアス問題への対策として、AIへの入力情報から偏見の原因となる情報を排除すること、倫理的配慮を組み込んだプロンプトの使用、AIの判断を人間がチェック・修正することが有効。これにより、AIが持つ倫理的なリスクを最小限に抑え、公正かつ効果的な利用を目指すことができる。

経済的リスク

　次に、生成AIの導入における経済的リスク（≒コスト）について考えてみましょう。最小限のリスク（コスト）で、生成AIのもたらす価値を最大化できるかという視点で考えてみたいと思います。

　最も重要なことは、生成AIの登場により、「開発革命」が起こっているということです。従来、ITベンダーに依頼し、高額なコストをかけてアプリケーションを開発してもらっていた時代から、「低コストで自社の業務にフィットしたカスタマイズができ、内製できてしまう時代」へと世のなかが大きくシフトしているということです。

　残念ながら、このことに気づき、対応を始めている企業はまだ少ないのが現状です。しかし、本書を手に取っていただいているみなさんには、コストを最小限に抑えつつ生成AIを最大限効果的に活用していただきたいと考えています。

業務アプリケーションのコスト構造

　みなさんも何かのアプリケーションを使用して業務を行う際、ほとんどの場合、何か別のシステムのデータを参照しつつ業務を遂行されているのではないでしょうか？　在庫管理をする場合は、販売管理システムのデータを参照しますし、営業の場合だと、提案プランを営業管理システムに登録する際、販売管理システムの情報を参照します。人事における営業社員評価の際には、勤怠管理システムや営業管理システム（売上）の情報を参照するでしょう。そこで、

ここでは、外部システムと連携し、生成AIを用いて目的とする業務を遂行できるアプリケーションを構築することを想定してお話ししたいと思います。

　開発を外注する場合、文章生成AIは難易度が高くないため、簡単なPoC用のパイロットアプリを作るのであれば、数百万円で1ヶ月もあれば構築することが可能です。従来のAIアプリの開発と比較すると、生成AIを活用することで非常に安価に構築できてしまうのです。

　逆に、数千万円の見積もりを行う企業がいるのであれば、生成AIを用いてアジャイルな開発を行っていない（すなわち、生成AI社内導入の方法論を誤っている）もしくは、知識の格差を利用した無駄に高いフィー設定（いわゆる「ぼったくり」）になっていると考えてよいでしょう。

生成AI時代のアプリケーション化と従来のアプリケーション化の違い

　何かのアプリケーションを開発する場合、従来であれば、コスト構造のイニシャルのほぼすべてを契約しているITベンダーやSIerに外注されていたのではないでしょうか？　おそらく相当な工数とコストをかけていたかと思います。

　ところが、生成AIが登場してから、外注をしなくてもほぼ「内製」で全く同じことができるようになってきています。生成AIモデルは非常に汎用的なため、従来はゼロから個別に作成する必要があった機能を、適切なプロンプトを与えるだけで実現できるようになってきました。これにより、開発にかかる工数も費用も劇的に下げることができるようになってきたからです。

　ご存知の方も多いかと思いますが、PanasonicやBenesseなど、多

くの企業がアプリケーション開発の内製化を進めています。また、ベンダーやSIerに任せっきりでブラックボックスになっていた部分も内製化すれば、すべて透明になります。

【参考】
・パナソニック ホールディングス株式会社「事業の競争力強化に向けて パナソニックグループのDX」
・株式会社ベネッセコーポレーション「ベネッセのDX戦略」

アジャイルでのPoC

「始められるところから、アジャイルで小さく始める」。このやり方であれば、内製の負荷も軽減できます。

というのも、プロトタイプのアプリケーションを作成し、社員には使い始めて慣れてもらいつつ、アプリケーションは改善しながら現場の業務に合ったカスタマイズされたものへと導いていけるからです。しかも、「プロンプト」を改善するという方法でPoCを行うことでさらに短期間で開発が進み、デプロイすることができます。これを従来のように力技で一気にやろうとすると、うまくいかなかった時のリスクも大きく、プロジェクトそのものにかかる負荷も相当なものになってしまいます。

このように、生成AIを開発に活かし内製化することで、現場の人たちが早く生成AIに触れることができ、開発のスピードも上がり、コストも下げられるのです。

［図表4-4-1］ 生成AI時代のアプリケーション開発 VS 従来のアプリケーション開発

①開発のアプローチ
- ［従来のアプローチ］外部ベンダーやSIerに開発を大規模に外注
- ［生成AIのアプローチ］内製化による開発、生成AIを活用して効率的にアプリケーション構築

②開発コストと工数
- ［従来］高コスト、多大な工数が必要
- ［生成AI］コスト削減と工数の大幅削減、プロンプト調整による迅速な開発

③機能の実現方法
- ［従来］ゼロから個別に機能開発
- ［生成AI］汎用モデルを活用し、プロンプトで簡単に機能実装

④透明性
- ［従来］開発がブラックボックス化傾向
- ［生成AI］内製化により開発プロセスの透明性が向上

⑤アジャイルでのPoC
- ［始める方法］小さく始めてアジャイル手法で徐々に改善
- ［プロンプトの改善］アプリケーションのプロンプトを試験的に改善し、即時デプロイ

［ベネフィット］上記の結果、得られること
- 開発スピードの加速：現場のフィードバックを迅速に反映
- リスクの低減：小規模な投資で始められるため、失敗した際のダメージが少ない
- コスト削減：外注に依存せず、内製でコストを削減

注意すべき生成AIモデルの「ファインチューニング」

　従来のAIアプリケーション開発では、大きく分けて二つのアプローチがありました。一つはフルスクラッチで開発するやり方、もう一つはベースとなるAIモデルに対し「ファインチューニング」と呼ばれる追加学習を行うやり方です。フルスクラッチの場合は、AIモデルの設計から始まり、大量のデータを集めて学習させる必要がありました。一方、ファインチューニングでは、ベースモデル

を活用できるものの、それでも望ましいアウトプットが出るようにするためには、追加のデータ収集やクレンジング、学習が必要でした。いずれのアプローチでも、データの収集・加工や学習に多大な時間とコストがかかるのが課題でした。

しかし、生成AIモデル（LLMや基盤モデルと呼ばれるもの）は既に膨大な量での学習が行われています。そのため、企業における一般的な業務フローやフォーマットなどについては、適切なプロンプトを与えるだけで、追加の学習なしに対応できるようになりました。

なお、生成AIモデルに対してファインチューニングを行うことができるのは、基本的に公開されているモデルに限られます。GPTやClaudeのような非公開のモデルと比較すると、公開モデルのパフォーマンスは一般的に劣ります。そのため、もともと性能の低い公開モデルに対して無理にファインチューニングを行っても、十分な性能向上は望めません。それどころか、ファインチューニングには多大なコストがかかります。

さらに問題なのは、ベースとなる公開モデルがアップデートされるたびに、ファインチューニングし直す必要があり、そのたびに多大なコストを払い続けなければならないことです。一方、GPTやClaudeのような高性能な非公開モデルでは、適切なプロンプトを与えるだけで、追加の学習やファインチューニングなしに、高品質な結果を得ることができます。

したがって、ファインチューニングには注意が必要であり、高性能な非公開モデルを適切に活用することが、コストと性能の両面で有利といえます。

ファインチューニングが必要となるのは、例えば音声モデルにおいて、入力された音素を正しい単語として認識させ、テキスト化するような場合です。専門用語など、この音の並びが入ってきた時は、こういう単語として認識してテキスト化するんだよ、といった学習

をさせるようなシーンです。

　生成AIから自社向けにカスタマイズされたアウトプットを得るには、モデルが持っている汎用的なパターンに「ノウハウDB」のような参照情報を与えるだけでよいのです。自社内の業務フローが変わったり、ノウハウやナレッジに更新があったりした場合は、参照情報のメンテナンスをすればよいのです。なお、参照情報の定期的な更新や改善はしっかりと実施しましょう。

まとめ

- 生成AIの登場は、アプリケーションの開発においても、ITベンダーやSIerに依存し高額なコストをかけていた時代から、プロンプトを用いた開発により、低コストで自社の業務にフィットしたカスタマイズが短期間でできる時代へと開発革命をもたらしている。
- 生成AIを活用したアプリケーション開発では、従来の開発手法と比較して、内製化によるコスト削減、工数の大幅削減、開発プロセスの透明性向上などのメリットがある。また、アジャイル手法でPoCを進めることで、小さく始めて徐々に改善し、開発スピードを加速させつつ、リスクを低減することができる。
- 生成AIモデルへのファインチューニングは、かえって手間とコストがかかるため注意が必要である。生成AIモデルは既に膨大な学習を行っており、汎用的な業務フローやフォーマットに対応できるため、テキスト領域でのファインチューニングは不要で、参照情報を与えるだけで自社向けのカスタマイズが可能である。

Chapter 4-5

戦略的リスク

「戦略的リスク」とは、自社への生成AI導入にあたってのプロセスや手段におけるリスクのことを指します。生成AIが革新的で、これまでにないビジネスメリットをもたらしてくれることが理解できると、それをどのようにして自社に導入・活用するかという「方向性」を考えるフェーズに入ります。その時に、生成AIの特性を理解し活用するという視点を忘れた「方向性」を定めてしまうと、せっかくのチャンスに乗り遅れてしまうことになりかねません。

では、どのような考え方や方向性で進めていけば、そのリスクを回避し、スムーズに導入・活用へと進んでいけるのでしょうか？この節では、このことについて考えてみたいと思います。

生成AI導入の考え方と方向性

まず、生成AIの持つ「特性」を踏まえた導入・活用戦略を考える必要があるでしょう。前節で述べたように、生成AIの特性を活かすために、自社モデルの作成やファインチューニングといった手法に頼るのではなく、既存の高性能モデルを活用することが重要です（**図表4-5-1**）。しかし、競争優位性を確保しようと、自社独自のモデルを作ったりファインチューニングを行ったりする発想に陥りがちです。そうすると、生成AIの汎用性や柔軟性といった特性を活かせなくなり、余分なコストと時間を費やすことになります。さらに、生成AIモデルのアップデートに対する適応力も失ってしまいます。

自社モデルを作るとなると、データの収集からモデルの構築、運用までを一貫して行う必要が出てきてしまいます。これをこの先ずっと行うとなると、それ専門のチームが必要となったり、外部ベンダーの支援を受け続けるなど、高コスト体質なプロジェクトとなってしまいます。加えて、そのようにして苦労して作り上げたモデルも、GPTやClaudeなどのモデルに比べて性能が低いことが多いのが現実です。

　また生成AIのモデルを自社向けに学習させ、カスタマイズする「ファインチューニング」を採用した場合も、学習させるデータの収集、クリーニング、モデルに合わせた成型、学習作業など、専門知識のあるベンダーに依頼し、高額な費用を費やし、最適化するまでにも数ヶ月かかったりします。しかも、モデル側のアップデートや、自社側の何かの変化（社内の業務プロセスの変化やモデル側の大幅な更新など）があった時、その都度、このファインチューニングを実施しなくてはならなくなります。

　また、特定のパターンに向けてチューニングをすることになるので、仕組み自体がどんどん特化型になり、汎用性を持たせることが難しくなります。これには対応できるが、他のことには対応できないものになってしまうのです。せっかく生成AIが柔軟な対応がで

[図表4-5-1] 独自モデルに縛られない生成AIの活用が重要

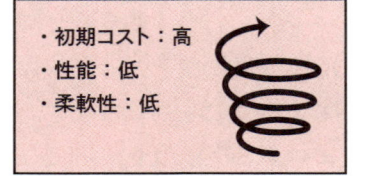

独自モデルの構築・
ファインチューニング

・初期コスト：高
・性能：低
・柔軟性：低

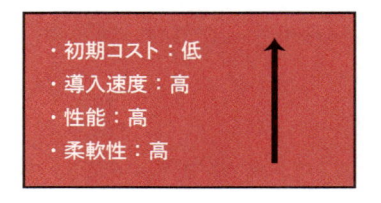

高性能な基盤モデルの活用
自社ノウハウをプロンプトや参照情報として提供

・初期コスト：低
・導入速度：高
・性能：高
・柔軟性：高

きるという特性を持っているのに、それを縛りつけてしまうことになりかねません。

このようなことをしている間に、モデル側やその周辺の便利なアプリケーションが安価に提供されるなどして、身動きが取れなくなり、社員の生成AI活用の機会や頻度を奪ってしまい、ライトな考え方で生成AIを使い始めた周りの企業にどんどん先を越されるといった、最悪のシナリオを辿ることにもなりかねません。

グローバルで高い水準にある既存のモデル（GPTなど）を活用すれば、自社のノウハウやフローを「ノウハウDB」としてプロンプトや参照情報で提供することで、自社向けにカスタマイズされたアウトプットを得ることができ、同時に生成AIの特性も活かすことが可能になります。前述のような背景があるため、戦略的に考えると、生成AIを「活用する」企業にとってはこれが最善の選択肢であろうと考えます。

まとめ

- 生成AIの汎用性や柔軟性といった特性を活かした戦略を取ることが重要である。
- 独自モデルの作成やファインチューニングといった生成AIの汎用性を損なう方法を取ると、コストや時間を不必要に費やすことになる。

Chapter 4-6 | 生成AIの誤動作に対する保険と責任

　既に生成AIの活用を始めている企業、まだ一歩を踏み出せていない企業、いずれからもよく聞かれるのが「何かあった時の責任」の問題です。そんななか、2024年3月に国内初の「生成AI専用保険」の提供が始まりました。

　これは、生成AIモデルを使ったアプリケーションを提供している株式会社Archaicと、あいおいニッセイ同和損害保険株式会社とが連携し、生成AIの安全・安心な導入・活用の促進と、導入に際して企業が抱える不安を払拭することを目的に、株式会社Archaicが開発・構築した生成AIシステム・サービスを導入・利用する企業を対象として提供されるものです（**図表4-6-1**）。

生成AIに関する保険商品の概要

　まず、この保険商品の内容について見ておきましょう。

　この保険商品は、知的財産権の侵害、個人情報の漏洩、名誉毀損といった、生成AIの利用によって引き起こされ得る事故に対して補償を提供しています。例えば、生成AIを使用して生成した生成物が知的財産権を侵害したとして訴訟を起こされた場合や、生成AIの使用に起因して自社の機密情報が漏洩した場合などが補償対象となっており、その法的責任を保険でカバーすることができるのです。

　さらに、この保険は生成AIによる生成物によってもたらされる損害補償だけでなく、事前のリスク管理支援や事後のコンサルティ

[図表4-6-1] あいおいニッセイ同和損害保険株式会社の保険商品

未然防止	補償	回復支援
生成AI利用時の ガバナンス体制構築支援 **Archaic** インプットデータを確認・管理する体制 生成物を事前チェックしてから展開する体制	生成AI利用時の 各種リスクへの補償 **MS&AD** 知的財産権侵害 情報漏洩 ハルシネーション	事故発生後の 対応支援コンサルティング の提供 ※今後サービス構築予定

保険契約者／被保険者	
保険契約者：Archaic（生成AIを使用したサービスを開発・提供している企業） 被保険者：Archaic（契約者）が開発した生成AIを利用する企業	
リスク	**補償例**
知的財産権侵害	生成AIを使用し生成した製造物が知的財産権（特許権、商標権、実用新案権、意匠権、著作権）を侵害したとして、権利者から訴訟を起こされた場合（国内の訴訟に限定）
情報漏洩	生成AI使用に起因して、自社の機密情報が外部に漏洩し、そのことが新聞やテレビなどで報道された場合
ハルシネーション ／ 人格権侵害 ／ 名誉毀損 ／ その他不適切な表現	生成AI使用に伴い、口頭、文書、図画その他これらに類する表示行為による名誉毀損またはプライバシー侵害、その他不適切な表現が新聞やテレビなどで報道された場合
対象となる損害	
①調査費用（なぜ事故が起こったのか原因分析時に発生する費用）	
②法律相談費用	
③再発防止費用（コンサルティング費用など）	
④記者会見・社告費用	
⑤被害者への見舞金	

ングサービスもパッケージとして含まれているところが大きな特徴の一つといえます。これによって、企業は生成AIを導入する前のリスク評価や、万が一の事故発生時の対応策について専門家の助言を受けることが可能になります。これは、生成AIを利用する際に考慮すべきリスクを理解する上でも重要な支援であるといえます。

責任の所在と管理

　このように生成AIの活用に伴い、新たな領域の保険が提供されるようになったことは、非常に価値あることではありますが、責任の所在をどのように判断し、どのように管理するのかは、企業にとって変わらず大きな課題です。

　例えば、ある企業が顧客サービスの自動化のために生成AIを導入したとします。この生成AIが誤った情報を顧客に提供し、それが顧客の損害につながった場合、この損害の責任は開発者、ユーザー企業、さらにはエンドユーザーの間でどのように分担されるべきでしょうか？

　一般的に、AIの開発者はそのソフトウェアの潜在的な欠陥に対する初期責任を持つと見なされますが、ユーザー企業もその使用方法と管理のしかたによっては責任を問われることもあるでしょう。また、もしユーザー企業が生成AIのモデルについて充分に理解せずに使用していた場合、その結果として生じる損害に対して誰が、どれだけの責任を負うべきかという問題もあります。「知らなかった」ことは、多くの場合、正当な理由とは認められないため、企業は使用する技術のリスクを理解し、適切な予防措置を講じる責任があります。

このように生成AIの活用におけるリスクとその責任には、開発者、ユーザー企業、エンドユーザーなどのさまざまなステークホルダーが関係してくるため、生成AIを利用する企業は、自身の責任範囲を想定し、対策を考えておく必要があるでしょう。

　このようなリスクを管理するためには、しっかりとした生成AIガバナンスとリスク管理体制の確立が不可欠です。技術の安全性を確保するための厳格なテストプロセス、透明性の高い使用ポリシー、そして事故発生時の迅速な対応計画が必要となります。そのうちの一つの戦略として、保険の活用によるリスク移転があるといえます。

今後の展望

　今回ご紹介したような保険商品が一般に普及することで、企業は生成AIをより積極的に、そして安心して活用することができるようになるでしょう。またそれと並行して、保険商品自体も進化し、より多様化していくことが予想されます。

　例えば、テキスト系・画像映像系・音声系といった複数のモデルを跨いだマルチモーダルAIや自律的な判断を委ねるエージェント型のAIのリスクに対する保険や、業界に特化した保険などが開発される可能性があります（**図表4-6-2**）。そうなれば、企業はさらなる進化をしていくであろうAI技術をより積極的に活用できるようになり、ビジネスの拡大・伸長を図りやすくなることでしょう。

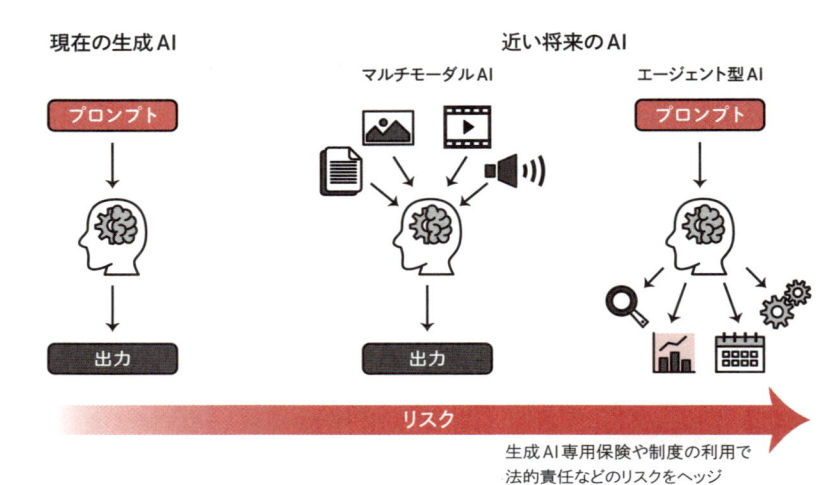

生成AI専用保険や制度の利用で
法的責任などのリスクをヘッジ

　こうした動きと並行して、上位レイヤーでの法整備やルールの形成も進んでいくことが望まれます。また、AIの利用に伴う責任関係の明確化や社会的なコンセンサス形成、さらには国際的な協調による各国制度の調和も求められます。AIの技術は国境を越えて活用されるため、国際的なルールの制定や合意は、企業や個人がリスクを負うことなく、安心してAIを活用できる社会となるために必要不可欠な要件でもあります。

- 生成AIを起因とする知的財産権侵害、情報漏洩、名誉毀損などの事故に対する補償と、事前のリスク管理支援・事後のコンサルティングサービスをパッケージ化した「生成AI専用保険」がリリースされ、企業の生成AI活用の後押しとなることが期待される。
- 生成AIを起因とする損害については、その責任の所在や責任の分担が現時点では不明確だが、それを見越したガバナンスの確立とリスク管理体制の構築、及び保険の活用によるリスク移転が重要である。
- AIの進化に伴い、保険商品もさらなる進化と多様化が予想される。AIの利用に伴う責任関係の明確化と社会的コンセンサスの形成、国際的な協調と各国の制度調和が求められる。

5

効果的な
チーム構築と
管理

チーム編成の基本原則

従来と異なる生成AI導入のプロジェクトチーム

　企業への生成AI導入は、最終的に企業の業務プロセスや構造など、企業全体の改善・刷新を図る大きな取り組みとなります。したがって、しっかりとした「プロジェクトチーム」を組んで取り組む必要があります。

　プロジェクトチームは、生成AIの全社導入とその活用において、非常に重要な役割を果たします。スモールスタートから全社活用までの計画。各部署や各業務での活用状況やその支援、またフィードバックを受けての改善といった運営と進捗。それらを円滑に進めるためのハード面・ソフト面での環境整備。全体を把握しつつ、個々のシーンに対するサポートなど、点・線・面での活動によって、プロジェクトを進めていく必要があります。これらのプロジェクトとしての営みは、従来の他のプロジェクトと共通する部分もありますが、生成AIという新たな、そしてビジネスへのインパクトの大きいプロジェクトであることから、従来のプロジェクトとは大きく異なる部分もあります。

　ここからは、そんな「生成AIプロジェクト」ならではの運営に視点を置いて、その独自性について考えてみたいと思います。

生成AIプロジェクトにおけるチームメンバー編成

　生成AIプロジェクトでは、従来のAIプロジェクトとはやや異なるチーム編成が求められます。それは、業務に対する知識や理解の深いメンバーがより一層重要になる、という点です。

　従来のAIプロジェクトでは、機械学習エンジニアやデータサイエンティストなど、技術的な専門性を持つメンバーが主要メンバーとして選ばれることがほとんどでした。機械学習には大量のデータ学習とアルゴリズムの開発・調整が必要であり、そのエンジニアが必要でしたし、データセットの整理と分析にはデータサイエンティストが必要だったからです。

　ところが、生成AIプロジェクトでは、生成AIそのものが既に膨大な量の学習をしていることから、かつてのようなプロセスは必要なく、むしろ現場の業務に対する知識や理解の深さの方が重要な要素となります。その理由は二つあります。

　一つ目の理由は、生成AI活用のそもそもの目的の一つが、現場の業務効率化・生産性向上にあるからです（当たり前といえば当たり前ですが）。

　二つ目の理由は、現場の具体的な業務の手順やルール、ノウハウなどを言語化した情報を生成AIに提供する必要があるからです。生成AIは、既に膨大な量のデータを学習しているため、現場に即した情報を与えるだけで、その部署のその業務にフィットした使い方やアプリケーション化ができてしまいます。その時、生成AIに与える情報に現場感を反映させる力が必要になってくるのです。

　例えば、保険会社での例を考えてみましょう。ここでは、クレーム処理のステップ、規則、経験則を言語化し、どの情報がクレーム処理において重要か、どのように情報を整理するかなどを考慮し、

それを生成AIに与えることが求められます。

　生成AIが優れたパフォーマンスを発揮するためには、単にデータを供給するだけでなく、そのデータが何を意味するのかを理解し、AIに伝える必要があります。業務に精通したメンバーは、データの背後にあるニュアンスや文脈をAIに伝えることができ、これが生成AIの出力の質を大きく左右します。

　このように、業務知識が豊富なメンバーの洞察が、現場の生成AI活用の質を高めてくれるのです。

メンバーに必要な資質と姿勢

　現場の業務への理解とともに、プロジェクトメンバーに必要な資質は、「柔軟性」です。技術力もそれなりには必要ではありますが、特定の技術やモデルにこだわるのではなく、その時点で利用可能な最良の技術を選択し、適用していける柔軟性です。

　生成AI技術の進歩は、これまでの科学技術のそれとは比べ物にならないほど速くなっています。例えば、GPT-3からGPT-4へのアップデートは、わずか1年ほどで行われ、ChatGPTが出てきてからもClaude、Geminiなどのモデルが次々と現れ、またそれぞれがどんどん進化し、バージョンアップされていっています。

　プロジェクトメンバーには、そうした新しいモデルやAPIが登場した際に、迅速に検証・評価・導入し、現場も交えて試行錯誤していける柔軟性が求められるのです。それによって現場は、生成AIの活用によってより便利に、より効率的に業務を遂行できるようになるのです。

「柔軟性」の資質とともに重要なのが、「前向きで進取的な積極性」です。「生成AIに関する技術の進歩が速いのであれば、もうちょっと待って、GPT-5・6・7など、もっとよいものが出てきた時に始めればいいのではないか？」、こんなふうに考える人が世のなかには一定数います。いわゆる、“待ち”“様子見”“完璧主義”の姿勢です。一見それは適切なようにも思えますが、実はビジネスの観点からすると大きな落とし穴になります。

なぜなら、その考え方でいると、早くに、もしくは今から生成AIを業務に取り入れ、現場を含め、生成AIとの付き合い方、使い方に慣れ、価値の実感を積み上げていっている他社に大きく差をつけられてしまうからです。つまり、競合にどんどん先を越され、気がつけば追いつけないくらいの水をあけられてしまうということです。

そうならないためにも、プロジェクトメンバーには、今活用できる技術を積極的に取り入れ、小さな成功体験を積み重ねて、成功事例を生み出す、そういった進取的な積極性が必要になります。小さ

[図表5-1-1] プロジェクトメンバーに求められる要素

積極性・協調性
（個人の資質）

業務の理解

スピード感・柔軟性
（チーム）

な成功体験の積み重ねは、社内での活用拡大の際に、成功事例として理解・協力を得る大きな材料となります。

　また早く、小さく始めることで、現場に効果の実感を持ってもらうことができます。そして彼らの声も活用拡大の大きな後押しとなるでしょう。プロジェクトチームのメンバーは、現場の業務理解と柔軟性、そして進取的な積極性で、今ある技術を最大限に活かし、スピード感を持ってプロジェクトを推進していくことが重要です。

まとめ

- 生成AIプロジェクトのチーム編成は従来のAIプロジェクトと異なり、業務知識を有するメンバーの重要性が増している。生成AIは質の高いデータから学習するため、業務の深い理解が必要である。
- チームメンバーには、生成AI技術の進化を迅速にキャッチし、その時点で利用可能な最良の技術をプロジェクトに反映することができる柔軟性が求められる。
- 待ちの姿勢を取らず、利用可能な技術を積極的に導入する姿勢が求められる。このアプローチにより、競合他社に先んじることが可能となり、小さな成功体験を積み重ね、その成功事例により、社内での生成AI活用への理解・協力を得ることができる。

Chapter 5-2 | プロジェクトマネージャーの役割

　生成AIプロジェクトが通常のプロジェクトとは異なり、先進性を持ち、企業のビジネスや業務の考え方、プロセスなどを大きく変える可能性があることを前節でお伝えしました。すなわち、生成AIのプロジェクトマネージャーは、通常のプロジェクトマネジメントに加え、生成AIのプロジェクトマネージャーならではのスキルや役割を求められることになります。

　生成AIのプロジェクトマネジメントが通常のそれとは異なる部分があることを知るために、まずは通常のプロジェクトマネージャーの役割について見てみましょう。

プロジェクトマネージャーのミッション

　通常のプロジェクトマネージャーには四つの主なミッションがあります。

　一つ目は、プロジェクト計画の立案と実行です。プロジェクトの目標を明確にし、リソース、時間、予算を計画的に管理します。また、プロジェクトのスコープと要件を定義し、適切なスケジュールを作成して実行していきます。

　二つ目は、チーム管理です。プロジェクトチームの構築、指導、管理をしながらチームメンバーのモチベーションを高め、生産性を保つための支援と指導を行います。

　三つ目は、リスク管理です。プロジェクトのリスクを想定し、問題が起こった際には、その要因を特定し、然るべき対策を講じます。

四つ目は、ステークホルダーとのコミュニケーションや調整です。社内プロジェクトであれば、チームメンバー、関係部門、経営層などと定期的にコミュニケーションを取り、プロジェクトの進捗や問題点の共有を行います。また、ステークホルダーの期待をマネジメントしたり、必要に応じた調整を行ったりします。

　ここに挙げたプロジェクトマネージャーとしてのミッションは、生成AIのプロジェクトマネージャーにも共通するものです。それでは次に、生成AIプロジェクトならではのプロジェクトマネージャーの役割について見てみましょう。

生成AIプロジェクトマネージャーならではの役割

　生成AIのプロジェクトマネージャーには、通常のプロジェクトマネジメントに加え、AIに関する知識と理解といった技術的視点、そして社内業務に関する知識と理解を含むビジネスへの活用という視点が必要になります。

　まず、AIに関する知識と理解においては、生成AIの特性についての理解が特に重要です。

　理解しておくべき特性の一つ目には、生成AIが少量のデータから学習できることや、プロンプトによって柔軟に動作を制御できるといった特性を理解している必要があることが挙げられます。

　二つ目は、生成AIは大規模なデータセットの検索や学習には向いていない、つまり苦手なタスクがあるということが挙げられます。例えば、企業が持つ膨大なログデータから特定のエラーパターンや使用パターンを検索し分析する作業は、生成AI単独では効率が悪く、データベース管理システムや特化した検索アルゴリズムを用いる方が効率がよかったり、研究目的で数百万件の論文から特定の情

報を抜き出す場合、特化した検索エンジンやデータベース検索の方がより有効だったりします。

AIに関する知識と理解に加え、社内の業務に関する知識と理解も、生成AIプロジェクトのプロジェクトマネージャーが持っておくべき重要な領域です。これは生成AIの活用の目的と価値の一つが、現場の業務効率化・生産性向上にあるからです。

生成AIプロジェクトは、各部門・各部署で行われている個々の業務の改善や刷新を行うことで、企業全体の大幅なパフォーマンス向上を目指すものでもあります。そのため、業務への理解はプロジェクトマネージャーにとって不可欠な要件となるのです。ここが、通常のプロジェクトとの大きな違いです。

したがって、生成AIプロジェクトのプロジェクトマネージャーには、業務フローの分析や、生成AIの適用ポイントの特定など、業務の課題や目標を明確にし、生成AIを用いてどのように解決・達成できるかを構想できるスキルが求められるのです。もちろん、各部門・各部署を跨いで共通するような業務（文書作成や議事要約など）については、それらを束ねた生成AIアプリケーション化を行うといったタスクもあります。

求められる社内政治的調整力

生成AIプロジェクトのマネージャーには、通常のプロジェクトのマネージャー以上に、社内政治調整力が求められます。なぜなら、生成AIの導入は、既存の業務プロセスや組織構造に変化をもたらすため、時として組織内で抵抗を示したり、消極的な姿勢を取る人たちが出てきたりする可能性もあります。そういった彼らの理解を得て、協力を勝ち取る必要があるからです。

例えば、生成AIによる業務の自動化が進むと、一部の社員の役割は大きく変わるかもしれません。これが原因で、「自分の仕事がAIに奪われるのではないか」という不安や、新しい技術への不信感を持つ社員も出てくるでしょう。こうした心理的抵抗は、プロジェクトの進行を妨げる大きな障壁となり得ます。つまり、生成AIプロジェクトは、社内の既存の力関係や人間関係に影響を与え、新たな政治力学を生み出す可能性があるため、プロジェクトマネージャーにはこれらの人間関係や政治力学を理解し、適切に調整する能力が通常のプロジェクト以上に求められるのです（**図表5-2-1**）。

　一見ハードルは高く見えるかもしれませんが、恐れることはありません。相手も人間ですから、関係者との積極的な対話を通じて、相手の不安を受け容れつつ、変化がもたらす利点を丁寧に説明し理解を得ればよいのです。具体的には、生成AIの導入によって業務がどのように効率化され、高度化されるのか、また、AIによって自

［図表5-2-1］プロジェクトマネージャーの役割

生成AIについての理解

・少量の参考データ（ノウハウDB）と
　プロンプトの工夫があればよい

・生成AIに得意・不得意がある

　　　　　など

社内の政治的調整

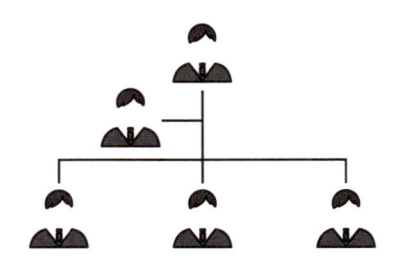

人間関係と利害関係を考慮した
ネゴシエーションが必要

動化される業務と、引き続き人間が担うべき業務の役割分担を明確にすれば、きっと安心してもらえるでしょう。そして、実際に生成AIによって業務の遂行がスムーズになったり、今まで面倒だったことを生成AIが肩代わりしてくれたりする経験をしてもらえれば、反対していた人ほど協力的になったりしてくれるものです。

　このように、変化に対する不安を和らげ、組織内の支持を得るために個々の社員の声に耳を傾け、その意見をプロジェクトに反映させることが重要です。このアプローチによって、社員は自身も変革の一員であると感じ、プロジェクトに対する抵抗感もなくなって、協力してくれるようになるでしょう。

キャリアプラン

　ここまで見てきたように、生成AIプロジェクトは、企業として未経験なことにチャレンジする企業の歴史に残るプロジェクトでもあります。さらには、このプロジェクトを手掛けること自体が市場における重要なアドバンテージとなり、生成AIを活用することで得られる競争力は計り知れません。

　こうしたプロジェクトを指揮し、成功に導くプロジェクトマネージャーは、その能力とリーダーシップを証明することになります。成功したプロジェクトは、その成果が社内外に示されることで、プロジェクトマネージャーの社会的価値を大きく高めることにもなります。昇進やより大きなプロジェクトへの抜擢など、キャリアアップのチャンスが広がることでしょう。

　プロジェクトの成功に強いコミットメントを持ち、一大イベントにチャレンジし、プロジェクトとご自身の成功を実現されることを願っています。

- 生成AIプロジェクトのプロジェクトマネージャーには、技術的な知識と理解、社内の業務への知識と理解が求められる。技術面では生成AIの特性を、業務面では全社共通及び各部門・部署の業務フローと内容を理解することが大切である。
- プロジェクトの推進には、組織内の人間関係や政治力学を理解し、適切に調整する能力も必要である。消極的あるいは抵抗する人たちに対しては、コミュニケーションを通して、その不安の理解とともに不安の要因となっている導入後の姿を明確に示し、安心してもらうことが大切である。
- プロジェクトの成功は、新しい時代での企業の競争力を高めるという大きな価値をもたらし、プロジェクトマネージャーの社会的地位を高めることにもなる。その結果、キャリアアップの大きな足掛かりとなる。

技術担当者と業務担当者の連携の重要性

生成 AI プロジェクトでは、プロジェクトマネージャーを筆頭にさまざまなアクションを役割ごとの担当に分けて取り組んでいきます。なかでも、「技術担当者」と現場の「業務担当者」の役割は非常に重要なものとなります。

最も理想的なのは、「技術担当者」は各部門・各部署などの現場の業務に関する理解があり、「業務担当者」は生成 AI に関する技術的な知識があるというように、お互いがお互いの分野についてのドメイン知識や理解を持っているといった姿ではありますが、実際にはなかなかそうはいきません。

そこでここでは、あえて「技術担当者」と「業務担当者」それぞれに分けて考えてみたいと思います。

技術担当者と現場の業務担当者の密接な連携

技術担当者は、生成 AI の仕組みや特性に関する専門知識を持っているため、どのようなモデルや API を使えば目的を達成できるか、どのようなデータが必要かなどを明確にし、開発することができます。また、実施したいタスクを、生成 AI が行うことが適したタスクとプログラミングで処理した方がよいタスクに分割し、適切な設計を行います。生成 AI で行うことが適したタスクについては、適切なプロンプトの設計や参照情報の整備などを行い、そうではないタスクについては、IT 部門へと的確な指示を行うなど、自分で実装することになるでしょう。

一方、業務担当者は、業務の詳細やノウハウを持っているため、業務の手順や判断のポイント、例外的な処理などを熟知しています。例えば、社内文書作成の支援アプリケーションを開発する場合、業務担当者は各ドキュメントのフォーマットやオフィス系アプリケーションの使用方法、記載項目とその粒度、申請から承認までのフローなどを理解しています。さらに、承認が下りる書き振りやチェックポイントなども把握しており、これらの情報を生成AIに渡す材料として整理し、例外時のパターンも含めて技術担当者に伝えることができるでしょう。

　技術担当者は、業務担当者から得た情報を基に、生成AIが要件に沿った適切なアウトプットをしてくれるよう、プロンプトや参照情報として生成AIの設定を行います。また、システム的な見地から業務担当者に対して、生成AIの能力やその限界、特性を踏まえた実現の可否や方法、業務フローの改善などのフィードバックも行います。

　このように、現場で実際に役に立ち、活用してもらえるアプリケーションを提供するには、「技術担当者」と「業務担当者」の密接な連携が不可欠です。その連携が良好かつ効率的であればあるほど、質の高いアプリケーションを提供できることでしょう。

現場の業務担当者が持つ知識・ノウハウの重要性

　現場の業務担当者が持つ知識やノウハウは、単なる情報の蓄積ではなく、生成AIがより現場の業務に寄り添ったアウトプットをしてくれるための参考データとして、非常に価値が高いものです。

　現場には、既存のデータベースやマニュアルとして形式知化されているものもあれば、ベテラン社員が長年の経験から身につけた勘

所や、特定の状況下での対応方法などの暗黙知もあります。特にこの暗黙知に、業務品質や業務効率を高められるようなノウハウが隠れていることがあります。それらを言語化し、形式知化することで、生成AIに重要な参照情報として与え、生成AIの判断力や問題解決力を高めることができます。

　こうした一連の取り組みのなかで、現場の業務担当者は、自分やベテランの暗黙知を形式知化することが生成AIの性能向上に直結する、ということを理解できるようになります。また、技術担当者は現場でのインタビューやワークショップに積極的に関わることで、現場業務への理解が深まり、より現場に役に立つ成果物を提供するための技術的なノウハウを磨くことができます。結果として、現場が喜ぶ生成AI活用が促進されることになります。

現場の業務担当者の気づき・改善点の重要性

　生成AIを業務に導入する過程で、現場の業務担当者が得る気づきや改善点は、プロジェクトの成功にとって非常に重要です。これまでのIT開発では、事前に正解を定めておき、正答率などの定量的な指標で評価することが多くありました。しかし、生成AIは明確な答えがないタスクでこそ真価を発揮するため、現場の業務担当者が生成AIの出力を実際の業務に使えると感じるかどうか、という主観的な評価が非常に重要になります。

　実際の業務を知る業務担当者だからこそ、生成AIからアウトプットされてくる内容が本当に業務に適しているかどうか、違和感はないかを敏感に感じ取ることができます。例えば、顧客サービス部門で生成AIアプリケーションを利用して問い合わせ対応を行っているとします。AIが生成した回答に対して業務担当者が「この回

答で顧客が納得するだろうか？」と感じる違和感や、「こういう状況ではこの答え、もしくは答え方は適切ではない」といった具体的なケースを発見することがあります。これらの直感的な気づきは、生成AIがまだカバーしきれていない領域があることを示しており、これを技術担当者にフィードバックすることが非常に重要になります。

　フィードバックを受けた技術者は、そのフィードバックを基に技術的な改善を行います。場合によっては、現行の業務フローや知識・ノウハウの蓄積方法を改善すれば、現場的にもシステム的にも良くなるといったサジェストを、現場担当者にフィードバックすることもあるでしょう。こうした連携を通じて、生成AIと業務のフィットを高めていくことがプロジェクト成功の礎となっていきます。

技術担当者と現場の業務担当者との一体的連携

　ここまで見てきたように、技術担当者と現場の業務担当者との連携は、現場に提供するアプリケーションなどの品質を高め、生成AIを自社業務にフィットするようにカスタマイズするために必要不可欠な要素であることが分かります。これは観念的なことではなく、具体的にどうするというところにまで落とし込む必要があります。

　どんな場面でもそうですが、全体感が把握でき、お互いが注視すべき事項について現状がどうなっているか、またその先どんな想定や予定になっているかが分かると、安心して、かつ効率的に自分たちのミッションを遂行することができます。そういう視点に立って、技術担当者と現場の業務担当者が一体となり、生成AI活用を定着・

発展させる過程を具現化できれば、着実にプロジェクトが進んでいくことになるでしょう。そして、何よりも現場が活気づくのではないでしょうか。

［図表5-3-1］技術担当者と現場業務担当者の関係性と一体連携体制のイメージ

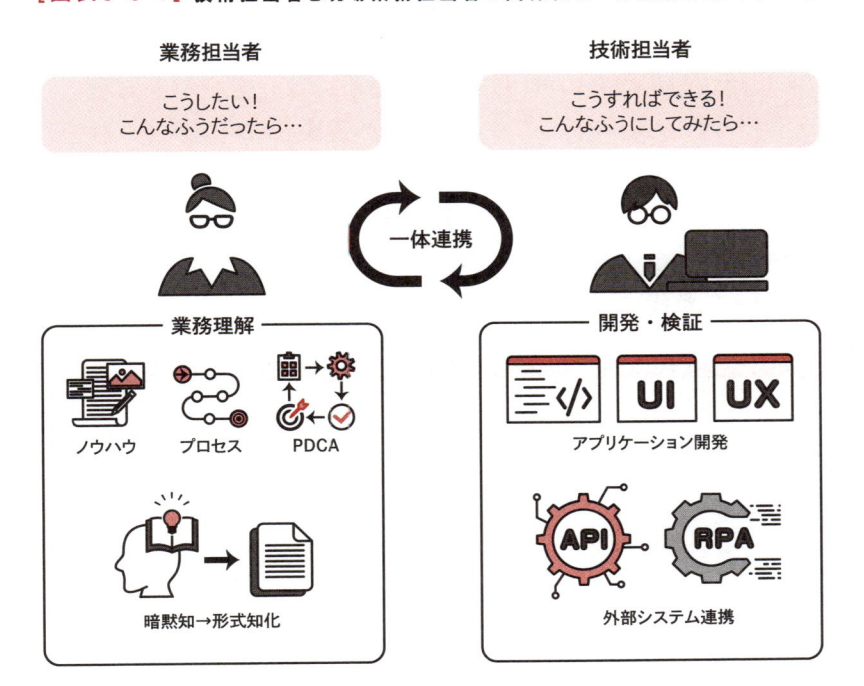

- 技術担当者と現場業務担当者の連携は、生成AIプロジェクトの成功に不可欠である。技術担当者の生成AIの仕組みや特性に関する専門知識と、現場業務担当者の具体的な業務知識やノウハウを重ね合わせることが重要なポイントである。
- 現場業務担当者の持つ知識やノウハウは、生成AIが自社に寄り添った働きをしてくれるための重要な材料であり、技術担当者の協力を経て具現化できる。
- 技術担当者と現場業務担当者が一体となって連携できるよう、お互いが全体感と現状把握、フィードバックできるような仕組みを整備することも重要である。

社内での内製化の重要性

内製化のプロセス

　生成AIの社内導入と活用は、日本国内ではまだ始まったばかりの段階といえます。したがって、多くの企業では、そのノウハウや具体的な実績を持ち合わせていないことになります。具体的に何からどう始めていよいのかが分からない、その先どう進めていけばよいか分からないというのが正直なところではないでしょうか？

　そんなみなさんのために本書があるわけですが、具体的なアクションをするには当然のことながら、アクションを起こすための実体が必要です。この節では、社内プロジェクトを立ち上げた後、実体化させるプロセスと方法について見ていきたいと思います。

初期段階は外部ベンダーを活用する

　全く初めての挑戦的なプロジェクトではあるものの、本書を最後までお読みいただければ、プロジェクトに何が必要か、どのように進めていくのがよいか、どういったところに留意すればよいか、といった「見取り図」を描くことは充分にできるはずです。そこから先、例えばある業務での生成AI活用をするためのアプリケーション化と運用・改善といった実体に当たる部分について、初期段階（1〜2サイクル程度）では外部ベンダーの手を借りるのが一般的です。

これは、生成AIの導入に伴う多岐にわたる専門知識やノウハウが必要とされるためです。適切な業務の選定や、データの準備、生成AIを自社の業務にフィットさせるための業務フローやノウハウといった参考情報の集め方、生成AIに提供する形への成型など、生成AIと業務理解の双方からなる、専門的な作業が求められるからです。

さらに、社内に生成AIの知見が充分にない場合、外部ベンダーの力を借りることで、スムーズにプロジェクトを立ち上げ、軌道に乗せていくことができます。ベンダーの経験やベストプラクティスを活用することで、初期の課題を効率的に解決できますし、社内のスキル不足を補い、プロジェクトのリスクを軽減できます。

そのような形で、プロジェクトの最初の歯車を回し、実体化させていきます。そして彼らの動きを見て学ぶことで、その先自らの力

[図表5-4-1] 外部ベンダーのメリットとデメリット

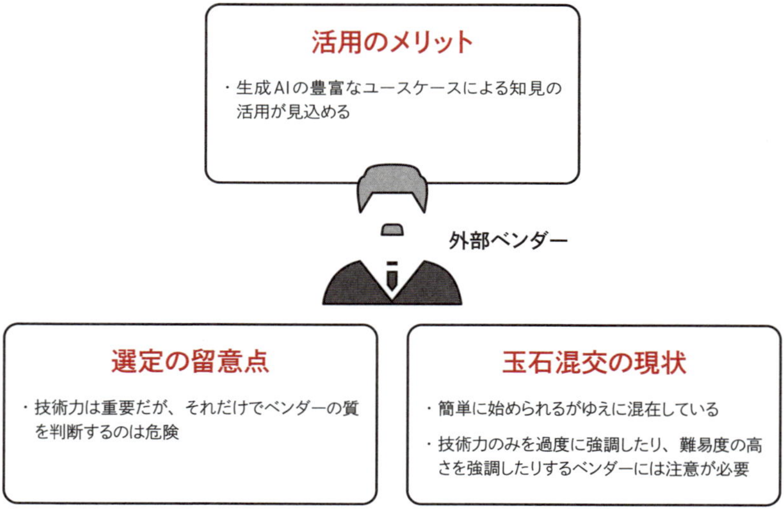

活用のメリット
・生成AIの豊富なユースケースによる知見の活用が見込める

外部ベンダー

選定の留意点
・技術力は重要だが、それだけでベンダーの質を判断するのは危険

玉石混交の現状
・簡単に始められるがゆえに混在している
・技術力のみを過度に強調したり、難易度の高さを強調したりするベンダーには注意が必要

でプロジェクトを運営し、生成AIの活用を展開していく具体的なイメージを得ることができるでしょう。

　この時に外部ベンダーの動きを観察すれば、タイムラインの設定や業務内容の把握方法、データの収集・整形、生成AIへのプロンプトや参照情報と提供のしかたとその実装などの技術的側面のノウハウ、現場からのフィードバックを基にした検証と評価、改善のPDCAサイクルの回し方、スモールスタートから展開フェーズへのスムーズな移行テクニックなどを学び取ることもできます。当然、さまざまなユースケースを豊富に持っているベンダーは、経験値が高くて信頼が置けるでしょう。

　ただし、あくまでプロジェクトの主体は自分たちであって、ベンダー依存にならないように注意する必要があります。特にベンダー選定の際は、アジャイルでスモールスタートさせるなどの基本的な方針が、ベンダーの見解と合っているかどうかの確認が必須です。ここにズレがあると、プロジェクト自体が違う方向へ進んでしまい、また一からやり直さなくてはならなくなるからです。ベンダーが自分たちのやり方を強要してきたり、逆にいわれたままのことを実施して、責任をプロジェクト側だけに持たせようとしたりするような姿勢のベンダーは要注意です。

　従来付き合いのあるベンダーが、このプロジェクトに対し、同じ方向を向き方針が合致していれば、そのベンダーとともにプロジェクトの端緒を切るのがスムーズでしょう。しかしそうでない場合は、複数のベンダーと話をし、最もプロジェクトの意思に沿ったところを選定する必要があります。

　参考に、「コードを納品できますか？」などと聞いてみることで、ベンダーの技術力と透明性、内製化に向けた協力姿勢を見極めることができます。これを拒否したり、隠そうとしたりするベンダーは

長い目で見て、ベンダー依存に陥る可能性を秘めているので要注意です。

中長期的視点からの内製化

　初期段階での外部ベンダー活用は、プロジェクトのスムーズな滑り出しのためにも有効ですが、中長期的には「内製化」をおすすめします。それは、長らく外部ベンダーの力に依存してしまうと、プロジェクトの柔軟性や速度を損なう可能性があるからです。

　これまでもお伝えしてきたように、生成AI時代のプロジェクトには、迅速さと柔軟性が不可欠です。ベンダーありきのプロジェクト進行になると、ベンダーとのコミュニケーションや調整に時間がかかり、迅速な意思決定が難しくなったり、ベンダーの都合によってプロジェクトの方向性が左右されてしまったりする、ということも充分に考えられます。

　そうならないためにも、内製化を進めることで、プロジェクトの主体性を確保し、自社のニーズに合った開発を行えるようにする必要があります。自社のニーズに合った開発は、現場の業務に関する「ノウハウDB」をプロンプトに組み込んだり、生成AIに参照させるようにしたりすることで対応が可能です。

　現場の業務にフィットしたアプリケーションの開発が自ら行えることが分かれば、プロジェクト自体の主眼を、社内でスキルを持つメンバーを育成したり、現場とのコミュニケーションに力を入れたりするところに置くことができます。また、外部への依存を減らすことで、コストの削減にもつながります。その方が現場にとっても、プロジェクトにとっても、企業全体にとってもメリットがあることは明らかではないでしょうか。

段階的な内製化

　当初から「内製化」を視野に入れてプロジェクトを進めることが重要であることはご理解いただけたかと思いますが、ある時点から明確に内製化に切り替えるというのではなく、徐々にステップを踏んで移行していくのがよいでしょう。

　内製化への段階的アプローチには、三つのフェーズがあります。

　まず、外部ベンダーの支援を受けながら、社内メンバーがスキルを習得していくフェーズです。ベンダーとの共同作業を通じて、生成AIの開発プロセスを学び、技術的なノウハウを吸収し、徐々に社内での開発体制を整えていきます。

　次に、部分的な内製化を始めるフェーズに入ります。データの準備や生成AIを使うワークフローの検討など、一部の工程から社内で実施していき、一つの業務を計画から実装、検証、改善と

[図表5-4-2] 初期段階→部分的内製化→全面的内製化のプロセスイメージ

	初期	中期	後期〜
規模	外部ベンダーの支援を受けながら、社内メンバーがスキルを習得する	部分的な内製化を進める	内製化の適用範囲を拡大する
プロジェクトチーム	業務把握・プロジェクト管理・開発／検証・社内調整を外部ベンダーから学ぶ	一部の工程から社内で実施できるようにし、内製化の基礎を築く	外部ベンダーと良好な関係を保ちつつ、内製化の適用範囲を拡大する
外部ベンダー	業務把握・プロジェクト管理・開発／検証・社内調整を実施し、プロジェクトメンバーに見せる	プロジェクトメンバーに一部の工程を任せながら、内製化に向けた協力に移行する	必要な時にサポートを行う

PDCAを自分たちで回せるようになるまでの内製化の基礎を築く重要なフェーズです。

　最後に、内製化の適用範囲を拡大するフェーズへと進みます。部分的な内製化の適用範囲を、ベンダーとの関係性も保ちつつ、広げていきます。この「ベンダーとの関係性を保ちながら」というのも一つの戦略です。継続的にベンダーの知見を借りたり、最新動向や他社事例などを共有してもらったり、といったことも必要だからです。内製化するからといって、孤軍奮闘する必要はないのです。

内製化することの価値

　内製化を図ることには、大きく二つの価値があります。

[図表5-4-3] 内製化の価値

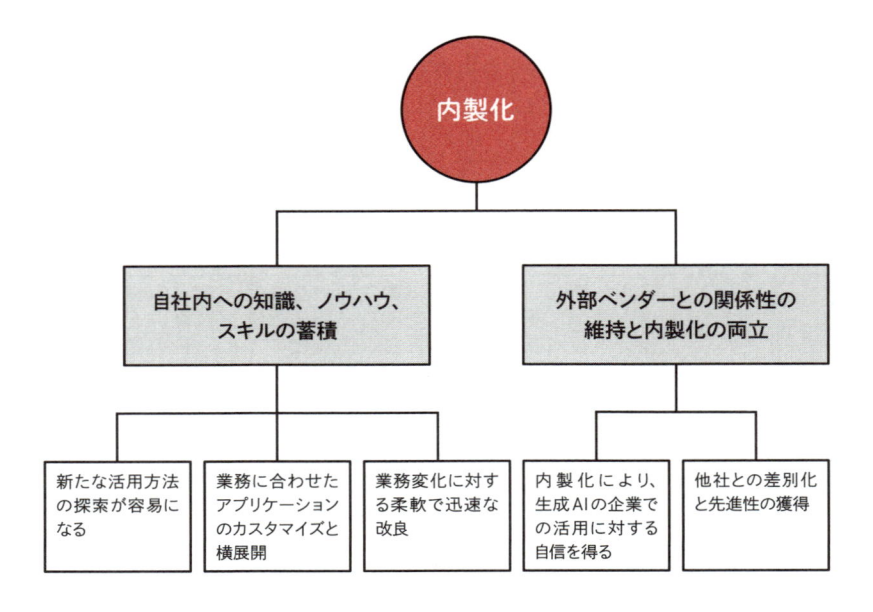

一つ目は、自社内への知識やノウハウ、そしてスキルの蓄積が挙げられます。これによって、自社向けの生成AIの性能向上や、新たな活用方法の探索が容易になります。業務に合わせてアプリケーションをカスタマイズでき、横展開を図ることもできるようになります。また、業務が変化した際にも、柔軟にアプリケーションなどを迅速に改良していくことができるのは、実際の業務に役立つ生成AIの活用という視点からも重要な価値となります。

　二つ目は、生成AIを自社の競争力の源泉にできることです。自社独自のノウハウを取り入れ生成AIを構築することで、他社との差別化を図り、生成AIを自社の強みとして育て、ビジネスの成長に活かしていくことができるようになることは、大きなアドバンテージになります。

まとめ

- 初期段階での外部ベンダー活用は、プロジェクトの滑り出しのためにも有効である。この初期段階にベンダーから専門的な技術知識やプロジェクト管理のノウハウを学び、生成AIプロジェクトを回すノウハウとスキルを身につける。
- 長期的な視点で、プロジェクトの柔軟性や迅速な対応能力を確保するためには、内製化を段階的に進めることが有効である。これにより、外部依存のリスクを減少させ、自社のニーズに合わせた開発、プロジェクトの推進が可能となる。
- 内製化により、生成AIの性能向上や新たな活用方法の探索が容易になり、自社の業務にフィットしたソリューションを開発することができる。

生成AIの導入プロジェクト進行中の注意点

過度な要件定義や計画立案

生成AIの導入は柔軟に進めるべき

　生成AIの導入は、企業にとって革新的な変化をもたらします。それだけに、意気込みが先走り、それとともに失敗することへの恐れから、完璧を目指して、最初から綿密な計画を立てたり、さまざまな要件を決めたりしがちです。

　ですが、生成AIの世界は常に進歩と変化をしているため、最初に形や中身を決めすぎてしまうと、変化に対応できなくなってしまいます。そのため、プロジェクトにおいては、通常のプロジェクトに必要なおおよその枠組みだけ決めておいて、実際の計画や内容は走りながら柔軟に決めていく方が、現場での生成AI活用にも取り掛かりやすく、進捗も図りやすくなります。

　さまざまなことが不確定な今の、そしてこれからの時代に合ったプロジェクトの組み方、進め方をする必要があります。

従来のプロジェクトにおける要件定義や計画立案

　従来のソフトウェア開発プロジェクトにおいては、当初の要件定義や計画立案がプロジェクトの成否を決めるといった考え方が主流でした。システムの機能や非機能要件を細部にわたり定義し、それに基づいて開発スケジュールや必要な工数を綿密に計算して、完璧

に見える計画を立てるというういわゆるウォーターフォール型のプロジェクト進行が一般的でした。

このウォーターフォール型のアプローチの背景には、開発コストの高さと手戻りが許されないという事情があったからです。一度開発が進行すると要件変更が難しいため、できるだけ最初の段階で経済的リスクも含めた綿密な計画を立て、それに従って、手戻りを最小限に抑えながら計画通りに進めることが重視されていたのです。

例えば、ある銀行システムの開発プロジェクトでは、顧客の口座管理機能、取引履歴の表示、通貨交換機能など、各機能の仕様が事前に詳細に定義されます。これには、システムがサポートするべき通貨の種類や取引のセキュリティ要件など、非機能要件も含まれることがあります。プロジェクトチームはこれらの要件に基づき、具体的な開発スケジュールを作成し、各フェーズで必要となるリソースを割り当てます。

銀行のシステムの場合、個々の機能が密接につながっており、一つの機能の変更が他の機能にも影響を及ぼします。エンドユーザーである企業や個人のビジネスや生活に大きな支障をきたすため、全体の連携を可視化し、それぞれの影響を全体として把握して、それを踏まえたそれぞれの機能の要件を定義する必要があります。こういったことから、ウォーターフォール型のプロジェクトを組む必要があります。

ところが生成AIの場合、個別のユースケースに対して、生成AI自体を用いて簡単にプロトタイプを作り、クイックに試せるという大きな利点があります。固定的な要件定義をしすぎない方がその利点を活かすことができます。さらには、生成AIの技術の進展スピードは非常に速く、現時点での技術を大前提とした要件定義をすると、技術の変化や進化に対応しづらくなるという側面もあります。そういったことからも、生成AIプロジェクトにおいては、ウォーター

フォール型よりもアジャイルでのアプローチ、プロジェクト進行が向いているといえるでしょう。

生成AIプロジェクトにおける要件定義や計画立案

　生成AIプロジェクトは、まさに生成AI自体が世のなかに変化を起こし、それ自体も変化し続けているなかで、進行させていくプロジェクトです。そのため、従来のような詳細な要件定義や厳密な計画立案は、逆に非効率を招くことがあります。生成AI技術の進化速度は非常に速く、プロジェクト開始時に設定した要件が技術の進歩によって急速に陳腐化する可能性があります。

　例えば、新たに開発されたAIモデルが登場することで、プロジェクト開始時に想定していたモデルよりも優れた性能を持つものが出現し、元々の要件が適さなくなることがしばしばあります。実際にChatGPTが現れて以降、ClaudeやGeminiなどが発表され、それぞれのモデル自体も常にバージョンアップが図られています。さらに、生成AIの性能が予想を超えて向上することもあり、当初は不可能と思われた要件が突然実現可能になることもあります。ChatGPTのマルチモーダル化などは、まさにその例です。

　このような状況下では、あまりに詳細に要件を定義し、長期にわたる計画を立てることが、かえって時間の浪費につながり、技術の進歩の波に乗り遅れるリスクを高めます。例えば、先ほど例に挙げたChatGPTのマルチモーダル化のように、初期段階で決定した生成AIモデルの適用範囲や機能が、数ヶ月後にはさらに高度なものに更新されるケースです。詳細な要件定義に多くの時間を割く代わりに、大枠の目標を設定し、進行中に柔軟に調整するアプローチが適していることは明らかです。

計画立案においても、固執することなく、柔軟な方向転換が可能な体制を整えることが大切です。生成AIプロジェクトでは、短期間のイテレーションで計画を見直し、技術の最新動向やプロジェクトの現状に応じた調整を行うことが、成功への鍵となります。このプロセスにより、プロジェクトチームは常に最新の技術を活用し、必要に応じてプロジェクトのコースを変更する柔軟性を持てるようになります。

　このように、生成AIプロジェクトでは、革新的な技術の特性を理解し、それに適したプロジェクト管理方法を採用することが極めて重要です。技術の急速な進化に適応しながら、効率的かつ効果的にプロジェクトを推進するための新しいアプローチを取り入れることが、企業にとっての大きな競争力となり得るのです。

要件定義と計画立案の具体的な方法

　では、生成AIプロジェクトにおいての要件定義や計画立案は具体的にどのように実行すればよいのでしょうか。

　考え方は先述の通り、プロジェクトの目標を柔軟に設定し、進めながら適宜調整していきます。

　要件定義においては、大まかな方向性を示す程度に留め、詳細な仕様はプロジェクトの進行に合わせて段階的に固めていくアプローチがよいでしょう。例えば、「顧客サービス部門の文書自動生成機能を強化する」という大枠の目標を設定し、具体的な機能やパフォーマンスの指標はプロジェクトが進むにつれて定義していけば、新たに登場する生成AIモデルやツール、そして技術を取り入れやすくなります。これにより、常に最新の技術を活用してプロジェクトの価値を最大化できます。

また、計画立案においては、短期的なサイクルを設定して定期的に見直しを行っていきます。1〜2週間といった短い期間で具体的な目標を設定し、その達成状況を評価しながら次のステップの計画を立てます。こうすることで、変化する市場環境や技術の進歩に迅速に対応し、プロジェクトの方向性を柔軟に調整することが可能になります。

　要件定義と計画立案は、プロジェクトの進行と並行して行うべきプロセスです。生成AIを実際に現場で使ってもらいながら、その効果を評価し、社員やユーザーからのフィードバックを集めることで、さらなる改善点を見つけ出すことができます。例として、初期段階で導入した文書自動生成システムが意図した通りに機能しない場合、ユーザーの具体的な使用状況や不満点をフィードバックとして受け取り、それを次のサイクルの要件定義や計画立案に活かすことができます。

　このように、生成AIプロジェクトでは、予測不可能な要素に対応できるように、始めから終わりまで柔軟性を持って取り組むことが、最終的なプロジェクトの成功につながる重要な要素です。

［図表6-1-1］専門チームが主となってプロジェクトを回す

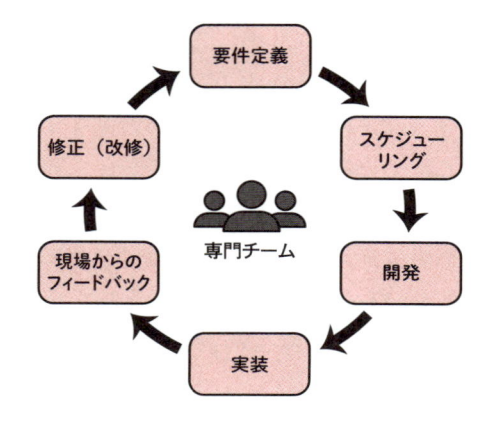

生成AIの柔軟性を活かし、保つ方法

　企業における生成AIの活用においては、実際の場面では、モデルそのものを直接利用することは少なく、アプリケーションの一部に組み込んだり、外部システムと連携させたりして活用する場合がほとんどです。したがって、生成AIの柔軟性を活かし、保つ方法の結論としては、「疎結合」を心がけるということになります（**図表 6-1-2**）。

　生成AIを既存のシステムと密結合させると、技術の進化に対応する柔軟性が失われるリスクがあります。生成AIの技術は日々進化しており、そのスピードを考慮すると、既存システムとの密結合は避けるべきです。密結合は、生成AIのアップデートや変更が必要になった場合、システム全体の大規模な改修を必要とすることがあります。これは、コストと時間の両面で企業に大きな負担をもたらす可能性があります。

　さらに、生成AIの更新が既存システムに予期せぬ影響を与えることも考えられます。例えば、生成AIのアルゴリズムが更新された結果、データ処理の方式が変わり、それがシステム全体に予期せぬエラーや不具合を引き起こす場合があるかもしれません。これらのリスクを避けるためも、生成AIと既存システムとを疎結合に保つことが推奨されます。

　疎結合のアプローチでは、生成AIと既存システム間の接続はAPIなどの軽量なインターフェースを通じて行われます。これにより、生成AIの更新や変更が既存システムに直接的な影響を与えることなく、両者が独立して進化することを可能にします。

　また、生成AI側の変更が既存システムの仕様に制約を与えないようにすることも重要です。これは、技術の迅速な進歩を妨げるこ

となく、柔軟な対応を可能にするためです。

　疎結合を維持することで、生成AIの性能向上や新しいモデルへの適応を容易にし、必要に応じて生成AIモデルの入れ替えや複数の生成AIモデルを併用するなどの選択肢が増えます。例えば、市場に新しいAI技術が登場した際、APIを介して簡単に切り替えることができれば、システムを大幅に改修することなく、最新の技術を利用することが可能です。

　このように、生成AIと既存のシステムとを疎結合に保つことは、テクノロジーの進化に迅速に適応し、組織のアジリティを保つための鍵となります。これにより、技術の革新がもたらす利益を最大限に活用しながら、リスクを管理するバランスを取ることができるのです。

［図表6-1-2］密結合と疎結合の比較図

密接合

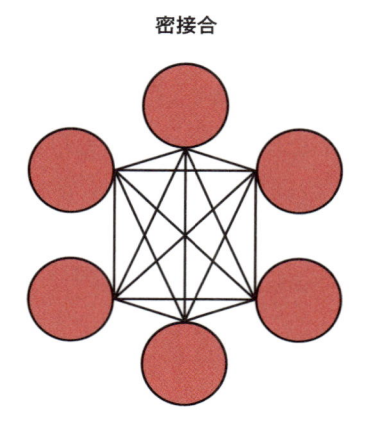

すべての要素同士がお互いに結びついていて、
一つの事象が他のすべてに影響を与える

疎結合

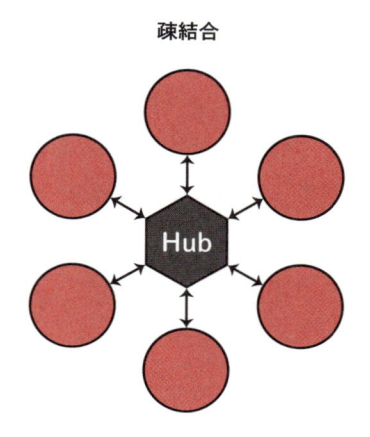

要素は独立しており、
Hubなどを介して他の要素と
結びついているため、切り離しが容易で、
他の要素の事象の影響を受けにくい

過度な要件定義や計画立案を避けるメリット

　過度な要件定義や計画立案を避けることによって、生成 AI プロジェクトの効率化を図ることができます。このアプローチにより、プロジェクトチームは、長期にわたる事前の計画や厳格な要件定義に費やす時間を大幅に削減でき、より迅速に AI の導入と活用を開始することができます。これは、特に生成 AI のような迅速な技術進化が見られる分野においては、大きなアドバンテージであるといえます。

　例えば、社内向けのチャットボットを導入するシーンでは、具体的なすべてのダイアログフローや応答を初期段階であらゆるシーンに対応するように完全に定義しようとするのではなく、基本的な応答と学習能力を備えたモデルをはじめに導入し、あるシーンや機能について、実際にユーザーとのやり取りを通じてデータを収集して、そのフィードバックに基づいて逐次改善を行います。このプロセスでは、ユーザーの反応を早い段階で確認することができ、その結果を基に要件の修正やシステムの改善を迅速に行うことが可能です。

　さらに、技術の進歩や新しい AI モデルの登場に柔軟に対応することができます。新しい AI 技術や拡張機などが市場に出るたびに、それをすぐに評価し、プロジェクトに組み込むことが可能になるため、常に最先端のソリューションを提供し続けることができます。

　このように、生成 AI プロジェクトにおいては、初期段階での過度な要件定義や計画立案を避け、柔軟性を重視し、状況の変化に適応できる体制を整えることが重要です。これにより、不確実な要素が多い AI 技術の導入においても、効率的かつ効果的にプロジェクトを進めることができ、最終的な成功につながります。

- 生成AI導入プロジェクトでは、従来のウォーターフォール型のような、事前の詳細な計画や綿密な要件定義は、足枷になる。大枠のみ決めておき、プロジェクトの進行に応じて計画や要件を調整する柔軟なアプローチが望ましい。
- プロジェクトは、短いサイクルでの計画を立て、現場での活用に早期に着手し、ユーザーの声や技術の進化に合わせて改善・更新を図りつつ、適用範囲を広げていく形で進める。
- 生成AIと既存システムは、疎結合を保つことで、技術の進化に柔軟に適応できる。APIなどの軽量なインターフェースを通じて結合することで、システム全体の大規模な改修を避け、技術更新に対応するコストを削減できる。

過度な「現場でのプロンプト エンジニアリング」への依存

生成AIの実装が進むなかで、特に注目されるスキルの一つが「プロンプトエンジニアリング」です。これは、生成AIに対して最適な指示を与え、望む結果を引き出すための技術です。よいプロンプトは生成AIの能力を最大限に引き出し、曖昧な指示はそれを阻害します。

例えば、生成AIに「特定のトピックについて詳細なレポートを作成して」と指示する場合、その出力品質はプロンプトの設計に大きく依存します。このプロセスはAIの効果を左右するため、非常に重要です。

しかし、すべての社員がプロンプトエンジニアリングに詳しくなる必要はあるのでしょうか？ 現場の社員にそれを求めるということは、業務を一つ増やすことにもなります。彼らは生成AIツールを活用し、それまで以上に効率よく業務が遂行できることを求めているはずです。

ここからは、生成AIからのアウトプット精度を高める「プロンプトエンジニアリング」をプロジェクトとしてどのように位置づけ、扱っていけばよいのかを見ていきたいと思います。

生成AI活用における「プロンプトエンジニアリング」の重要性

　生成AIを活用する上で、プロンプトエンジニアリングの役割は非常に重要です。このスキルは、生成AIに対して明確な指示を与え、目的に合ったアウトプットを引き出す手段として機能します。

　例えば、営業部門でのシーンで、「月次報告書を作成して。データはこれです。」という指示がされるよりも、「部長以上が出席する幹部会議に向けた月次資料を作成して。目的は、この四半期の見込みの把握です。幹部たちは結論を重要視するので、構成はこういうふうにして、記載する必要のある項目はこれこれです。グラフなども取り入れて、一目見れば分かるような資料にしてください。ページ数は約10ページでお願いします。なお、データと過去の資料を

[図表6-2-1] アウトプットの質はプロンプトに左右される

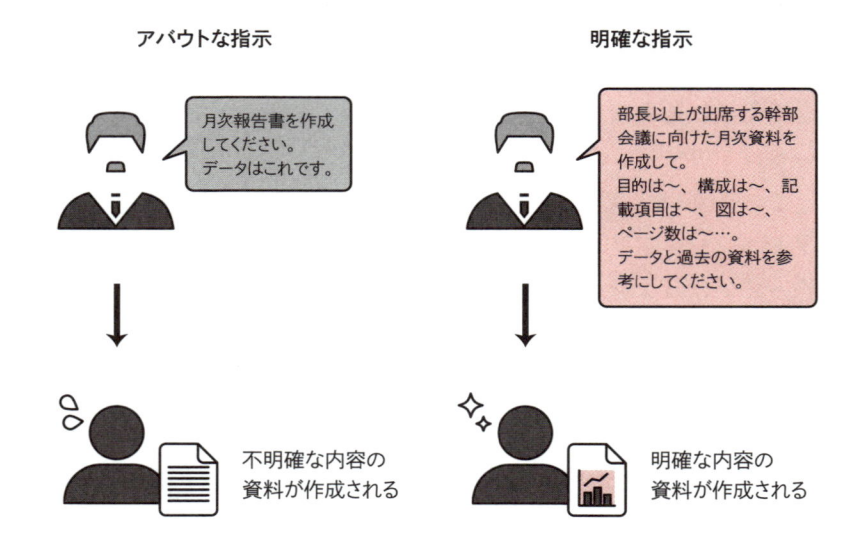

提供するので、それを元に作成してください。」と具体的な指示をするのとでは、アウトプットされてくるものは自ずと変わってきます（**図表6-2-1**）。これは人間同士のやり取りでも同じです。

　生成AIは指定された要件に基づいて正確かつ関連性の高い内容を生成することが可能なので、場合によっては想定した以上のアウトプットを得られることもあります。このような明確なプロンプトがあることで、生成AIは適切な内容がどういったもので、期待される出力スタイルはどのようなものかなどを理解し、目的に沿ったアウトプットができるのです。

　プロンプトエンジニアリングの核となるのは、生成AIが最適なパフォーマンスを発揮するための「翻訳者」であるということです。具体的で明瞭な指示を生成AIに提供することは、その能力を最大限に引き出し、期待される結果を確実にするために非常に有効な手段なのです。曖昧なプロンプトでは、生成AIはしばしば不完全または無関係な結果を生成し、期待外れの結果に終わることがあります。そのため、適切なプロンプトを設計することは、生成AIの能力を最大限に発揮させる鍵となります。

　さらに、プロンプトは生成AIに対する「情報の供給源」として機能します。生成AIが適切なアウトプットを生成するためには、その背景にある情報が必要です。例えば、特定の市場分析に関するレポートを依頼する場合、関連するデータや事実、そして分析の観点を含めたプロンプトが必要です。これにより、生成AIはより具体的で有用な分析を行うことができるのです。

　このように、プロンプトエンジニアリングは生成AIを利用する上で中心的な役割を果たします。適切なプロンプトの設計により、生成AIの性能は大きく向上し、企業や組織が生成AIを通じて得ることのできる価値は飛躍的に大きくなります。この重要性を理解し、効果的なプロンプトエンジニアリングが行える専門家を育成し配置

することは、生成AIプロジェクトの成功に直結する大きな要因の一つです。

現場社員のプロンプトエンジニアリングスキル

プロンプトエンジニアリングが生成AIの活用において非常に重要であるなら、現場のすべての社員がこのスキルを身につける必要はあるのでしょうか？　答えは「NO」です。もちろんスキルがあるに越したことはありませんが、生成AI活用の目的からしても、現場にそれを求めるのは筋違いともいえます。彼らは生成AIツールを使って、便利に、効率よく業務を遂行できることを望んでいるのであって、生成AIを使いたいわけではないからです。

時として、さまざまなプロジェクトにおいて、本来は手段であるはずのことが、いつの間にかそれ自体が目的化してしまうことがあります。プロンプトエンジニアリングのスキルも同様だといえます。考えてみてください。私たちは日々、さまざまなITシステムやアプリケーションを使っていますが、その内部構造やプログラミングについて詳しく理解している人は多くありません。それでも、私たちはそれらを問題なく使いこなしています。重要なのは、それらのツールを使いこなすためのリテラシーであって、内部の仕組みを理解することではないのです。

生成AIにおけるプロンプトエンジニアリングも同じことがいえます。現場の社員にとって大切なのは、生成AIを安心して使え、業務に有効活用できることです。プロンプトの内部構造や設計の詳細について熟知する必要はないのです。プロンプトエンジニアリングのスキルを全員が習得する必要はなく、現場の社員は生成AIを活用するためのリテラシーに注力すべきなのです。

生成 AI の企業での効率的な活用・運用を考えた場合、プロンプトエンジニアリングは特定の担当者に任せることが望ましいといえます。なぜなら、全員がプロンプトの設計に関与すると、プロセスが煩雑になり、むしろ非効率を招くためです。プロンプトエンジニアリングは専門的な技術と知識を要求するため、これを業務設計に似た専門的な役割として捉え、適切な訓練を受けた人材を選定し配置することが望ましいのです。

　現場の社員には、AI を直感的に操作できるユーザーインターフェースやツールが提供されるべきです。これにより、社員は複雑なプロンプトの設計に頭を悩ませることなく、あらかじめ用意された選択肢から最適なプロンプトを選ぶだけで済み、専門的な知識がなくても生成 AI を活用する恩恵に預かれます。プロンプトエンジニアリングを強いられることは、現場にとっては「ありがた迷惑」になる可能性の方が高いのではないでしょうか？

　このように、プロンプトエンジニアリングの責任を専門チームに委ねることで、他の社員は本来の業務に集中できると同時に、生成 AI の利用効率も最大化されるでしょう。現場の社員はあらかじめ

[図表6-2-2] プロンプトエンジニアリングへの関わり

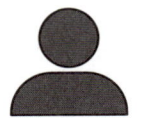

技術担当者

・ユーザーが手間をかけず、
　精度の高いレスポンスを得られるように、
　プロンプトをしっかり作り込む

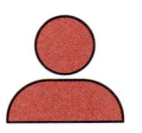

現場担当者

・プロンプトには直接関わらない
・UIの使いやすさ、わかりやすさ、
　アプリケーションの使い勝手のよさを望む

用意された適切なプロンプトを利用する、あるいは適切なプロンプトが組み込まれた直感的に操作できるツールが提供されればそれでよいのです。これが現場での生成 AI 導入と運用の効率化とスムーズな展開を実現する鍵となります。

過度なプロンプトエンジニアリングへの依存の危険性

　生成 AI の導入の主な目的は、業務の効率化や品質向上です。プロンプトエンジニアリングはこれを実現するための有効な手段の一つではありますが、それが目的そのものになってはなりません。過度にプロンプトの設計に固執することで、本来の目的から逸脱してしまう可能性があります。例えば、生成 AI を活用して顧客サービスを改善するプロジェクトで、プロンプトの微調整に多くの時間を費やすあまり、顧客の問題解決そのものが後回しになってしまうといったことが起こっては、本末転倒です。

　むしろ、現場の社員が注力すべきは、彼らの業務知識を生成 AI に提供することです。生成 AI は、その提供された業務の文脈を理解することで、より精度の高い、適切なアウトプットを生成することが可能になるからです。例えば、保険業界でのクレーム処理を自動化するプロジェクトでは、プロンプトの設計よりも、クレーム処理のプロセスや顧客の一般的な問題点に関する深い理解が、より効果的な生成 AI のトレーニングにつながります。

　このように、現場の社員は自身の業務経験を活かし、生成 AI がその経験の提供を受けることで、アウトプット精度が高まるよう、生成 AI を支援することに集中するべきです。これによって、生成 AI はただのツールではなく、業務を本質的に理解し、サポートするパートナーとして機能することができるようになるのです。過度

なプロンプトエンジニアリングへの依存を避け、生成AIの導入が真に業務を改善するための手段として利用されることが重要です。

業務知識の提供とUIの設計

　生成AIの活用においては、プロンプトエンジニアリングだけでなく、業務知識の提供とユーザーインターフェース（UI）の設計も同様に重要な要素です。

　生成AIへの業務知識の提供の重要さは、先ほど述べた通りです。例えば、顧客サービス部門で、社員が過去の顧客応対でクレームからリピーターになったといったような事案の応対プロセスや内容、顧客がリピーターに変わったきっかけなどを生成AIにフィードすれば、それを参考に次回からは他の社員も生成AIからサジェストを受け、顧客応対の品質がそのレベルに平準化されるといったことも充分にあり得るのです。

　さらに、生成AIをより効果的に活用するためには、ユーザーフレンドリーなUIの設計が極めて重要です。このUIは、現場の社員が直感的に操作できるよう設計され、複雑なプロンプト設定を意識することなく、簡単に生成AIの機能を利用できるようにする必要があります。例としては、ドラッグアンドドロップ式のインターフェースや、プリセットされた応答オプションを選択するだけなどのシンプルな操作性が考えられます。

　また、現場の社員からのフィードバックを定期的に収集し、その意見を元にUIを継続的に改善していくことも重要です。このプロセスにより、生成AIツールは現場の業務に馴染みながら、ニーズに合わせて進化し、さらなる利用の促進につながっていくでしょう。

　これらの要素を組み合わせることで、生成AIの導入は真に業務

をサポートし、強化する本格的な運用・活用、展開フェーズへと移っていきます。

まとめ

- プロンプトエンジニアリングの効果は生成AIの性能を最大限に引き出す鍵であり、望ましい結果をもたらすために明確な指示が非常に重要である。具体的で明瞭な指示を提供することにより、生成AIは正確かつ関連性の高いアウトプットを生成できるようになる。
- 現場の社員全員がプロンプトエンジニアリングのスキルを習得する必要はなく、専門的な知識を持つ人材による設計と管理を行うことが重要。適切なプロンプトサンプルの提供や生成AIツールへの組み込みにより、現場が生成AIを効率的に利用でき、本来の業務に集中することが目的である。
- 過度なプロンプトエンジニアリングへの依存は、生成AI導入の本来の目的である業務の効率化と品質向上から逸脱する。現場からは業務知識の提供を受け、ツールの精度を上げるとともに、ユーザーフレンドリーなインターフェースの設計を行うことで、本来の意味での生成AI活用が実現される。

過度なベンダーや コンサルタントへの依存

　生成AIの企業への導入は、実際のところまだ始まったばかりで、社内にAI、特に生成AIに関する知見やノウハウが既にあるという企業はごく稀です。したがって導入当初、AIベンダーやAIコンサルタントの支援を受けるのは至って普通のことですし、その支援なしに始めることは難しいでしょう。しかし、過度にベンダーやコンサルタントに依存しすぎるとリスクを負うことになってしまうかもしれません。

　ここでは、生成AI導入におけるAIベンダーやAIコンサルタントの適切な活用方法や、自社の状況を見極め、適切な範囲で外部の支援を活用しつつ、自社主導で生成AIの導入を進めていくためのポイント、そして過度な依存を避けるための注意点について見ていきたいと思います。

初期段階でのベンダー・コンサルタント支援と プロジェクトメンバーが意識すべきこと

　生成AIの導入にあたって、社内の技術者をはじめとするプロジェクトメンバーが生成AIに関する充分な知識を持っていない場合など、自社にとっての適切な生成AIモデルをどのように選定すればよいのか、どんな業務にどのように生成AIが活用できるのか、どうすれば自社の業務に生成AIをフィットさせていけるのか、アプリケーション化は必要なのか、APIの利用方法はどうすればよいのかなど、判断がつかないところから始まるかもしれません。

　そのような状況では、生成AIに関する豊富な知識や経験を持つ

ベンダーやコンサルタントは、大きな助けとなります。彼らは、他社の導入事例や最新の技術動向に詳しく、プロジェクトの立ち上げや初期の課題解決に役立つアドバイスを提供してくれるでしょう。

　例えば、モデルの選択では、現場の業務内容やフローを把握し、業務の目的に合ったモデルを推奨し、導入をスムーズに進められるようサポートしてくれます。また、APIの利用方法や、システムとの連携など、技術的な課題についても、これまでの経験や他社での事例などを活かして、適切な解決策を提案してくれるでしょう。そして社内のプロジェクトメンバーたちは、彼らの支援を受けながら、生成AIに関する知識やノウハウ、円滑なプロジェクトの進め方などを学んでいくことができます。

[図表6-3-1] 生成AI導入初期段階の図解

①自社主導の姿勢確立（最も重要）
- ［理解強化］生成AIの基本特性と可能性を理解
- ［目的設定］自社の業務にどう活用するか明確な目的を設定

②ベンダー／コンサルタントの選定
- ［適切な支援の選定］ベンダーやコンサルタントの知見を初期段階で活用
- ［評価基準］技術適合性、コスト効率、拡張性、自社業務の理解度

③プランのカスタマイズ
- ［提案の評価］提案されたソリューションを自社の状況に照らして評価
- ［カスタマイズ］自社の業務に合わせた調整とカスタマイズの実施

④実装と内製化
- ［技術移行］導入技術の内製化を進め、ベンダー依存を減少
- ［現場主導］現場の社員が生成AIの活用方法を習得し、改善提案

⑤持続的改善と独立運用
- ［フィードバックループ］継続的なフィードバックと改善
- ［自立的運用］自社での運用と管理を強化

ただし、そんな導入初期段階でもプロジェクトの「主導者」は自分たちであることは忘れてはいけません。なぜなら、生成AIの導入・活用の目的は、自社ビジネスの拡大、自社業務の効率化であり、「自分たちはどうありたいのか」「自分たちはどうなりたいのか」を描くのは自分たちだからです。その姿をベンダーやコンサルタントにしっかりと伝え、理解してもらった上で、生成AIという手段を用いて実現する支援をしてもらうというのがあるべき形です。ぜひ、この姿勢とスタンスを忘れないようにしてください。

生成AIの「特性」の理解と ベンダー・コンサルタントとの付き合い方

　ベンダーやコンサルタントに支援をしてもらうにあたって、生成AIについてプロジェクトメンバーたちがしっかりと理解しておくべきことがあります。それは、生成AIの「特性」です。

　生成AIが、事前に膨大な情報を学習した汎用的なモデルであることは、これまでにも説明してきました。従来のAIとは異なり、大量のデータを自分たちで用意し学習させなくてはいけない、というものではありません。

　また、生成AIを自社の業務にフィットさせるために独自モデルを作る、というのも得策ではありません。独自モデルを開発するには多額のコストと時間がかかる上に、汎用モデルの性能は日進月歩で向上しており、独自モデルを作ってもすぐに陳腐化してしまいます。自社の業務にフィットさせるには、「ノウハウDB」のような自社業務のフローや内容をまとめた情報群をクラウドに上げ、汎用モデルを活用して、APIで呼び出せるようにします。

　このように、大規模な開発や長期間にわたるプロジェクトを必要としない、というのが生成AIの「特性」です。このことを最初に

しっかりと理解した上で、ベンダーやコンサルタントの提示するプランやソリューション提案が自社の業務に適しているかどうかを見極める必要があります。

　ベンダーやコンサルタントもビジネスとして関わってくるため、場合によっては、不必要な開発や工数のかかる手順のプロジェクトを勧めてこないとも限りません。そのため、ベンダーやコンサルタントには支援はしてもらうが、依存せず、プロジェクトチームが主体となって主導する必要があるのです。

［図表6-3-2］生成AIの特性とベンダー・コンサルタントとの関わり方

①主体性の維持（最も重要）
- ［依存回避］ベンダー・コンサルタントに依存せず、内部で主体的にプロジェクトを推進
- ［プロジェクト主導］プロジェクトチームが主導して方針と実行を決定

②ベンダー・コンサルタントの選定とプラン評価（①を受けて）
- ［選定基準］生成AIの特性を活かせるかどうかで評価
- ［プランの適合性］自社の業務との適合を重視したソリューション提案を求める

③生成AIの特性の理解（②の要素）
- ［汎用モデルの利点］事前に学習済みで、大量データの準備不要
- ［独自モデルの弊害］高コスト・時間消費、すぐに陳腐化

④業務フィットの方法（②の要素）
- ［情報の整理］自社業務のフローと内容をノウハウDBとしてクラウドに整理
- ［API活用］汎用モデルにAPIを介してアクセスしカスタマイズ

自社の業務に合わせてカスタマイズする

　生成AIは、業務の効率化を目的として活用するため、当然のことながら、自社の業務にフィットするようにカスタマイズする必要

があります。そのためには、業務の文脈（フローや内容）に沿った自社の業務知識やノウハウをプロンプトに乗せたり、参照情報（ノウハウDB）として提供したりすることで、出力をコントロールすることが重要です。

それを叶えるには、現場の社員が主体となってカスタマイズしていく必要があります。現場の社員こそが業務の詳細を最も理解しており、生成AIをどのように活用すべきかを判断できるからです。そのため、ベンダーやコンサルタントに丸投げするのではなく、自社での内製化を視野に入れ、進めることが重要です。

これを実現するには、現場の社員が生成AIの活用方法を考え、改善していく体制を整える必要があります。例えば、生成AIの活用に関する社内勉強会を開催したり、優れた活用事例を共有したりすることで、社員の理解と関心を高めることができます。また、プロジェクトチーム内に生成AIの活用を推進するための専門担当を設置し、各部門や部署の支援や全社的な調整を行うことも有効でしょう。

生成AIの導入・活用は、単なる技術の導入ではなく、自社の業務プロセスの変革を伴うものです。そのため、現場の社員が主体的に関わり、自社の業務に合わせてカスタマイズしていくことが不可欠なのです。この点を理解し、社内の体制を整えながら、生成AIの活用を進めていくことが、導入の成功につながるでしょう。

ベンダー・コンサルタントを活用しつつ、あくまで自社主導で進める

生成AIの導入を進めるにあたって最も重要なことは、プロジェクトの主導者は、自社であるというスタンスを堅持することです。その上で、ベンダーやコンサルタントの適切な支援を受けるように

しましょう。

　プロジェクトの初期段階では、ベンダーやコンサルタントの知見を活用するのが効果的です。例えば、技術的な選択肢や他社の事例を参考にすることで、自社に適したソリューションを選択することができます。ただし、提案をそのまま受け入れるのではなく、自社の状況に照らして判断することが大切です。ベンダーの提案が、ほんとうに自社の業務を理解し、フィットしたものであるか？　将来的な変更や拡張性も考慮した柔軟なものであるか？　自社の規模にあったものであるか？　など、主体としての判断をすることが大切です。

　導入後は、自社での内製化を進め、ベンダーやコンサルタントへの依存を減らしていくことが重要になります。現場の社員が生成AIの活用方法を習得しつつ、彼らからのフィードバックを受け、改善を重ねることで、自社の業務に最適化された形で生成AIを活用できるようになります。また、自社の業務に合わせたカスタマイズを自社で行える体制を整えることで、迅速かつ柔軟な対応が可能となります。

　いずれにしても、過度なベンダーやコンサルタントへの依存は、生成AIの導入を失敗に導く可能性があります。なぜなら、自社の状況や業務に対する理解なく、汎用的なソリューションを押し付けられてしまう可能性があるからです。例えば、ある企業が生成AIを導入する際、ベンダーから高額で複雑なシステムを提案されたとします。しかし、その企業の業務内容や規模を考慮すると、そこまで大掛かりなシステムは必要ないかもしれません。このように、自社の状況を見極め、適切な範囲でベンダーやコンサルタントの支援を活用することが大切です。

　生成AIの導入は、自社の業務プロセスの変革を伴う極めて重要なプロジェクトであり、自社主導で進めることは不可欠です。ベン

ダーやコンサルタントの知見を活用しつつも、最終的な判断は自社で行い、自社の業務に適した形で生成AIを導入・活用していくことが求められます。そのためには、社内の体制を整え、現場の社員が主体的に関われる環境を作ることが必要です。

生成AIの導入は、単なる技術の導入ではなく、自社の業務プロセスの変革であることを充分に理解し、プロジェクトの初期段階から自社主導で進めていくことが、その成否を大きく左右します。

[図表6-3-3] 生成AI導入の自社主導フロー図解
（6-3-1〜6-3-2に近しいが、時間軸を中心に描いたもの）

①自社主導の姿勢確立（最も重要）
- [理解強化] 生成AIの基本特性と可能性を理解
- [目的設定] 自社の業務にどう活用するか明確な目的を設定

②ベンダー／コンサルタントの選定
- [適切な支援の選定] ベンダーやコンサルタントの知見を初期段階で活用
- [評価基準] 技術適合性、コスト効率、拡張性、自社業務の理解度

③プランのカスタマイズ
- [提案の評価] 提案されたソリューションを自社の状況に照らして評価
- [カスタマイズ] 自社の業務に合わせた調整とカスタマイズの実施

④実装と内製化
- [技術移行] 導入技術の内製化を進め、ベンダー依存を減少
- [現場主導] 現場の社員が生成AIの活用方法を習得し、改善提案

⑤持続的改善と独立運用
- [フィードバックループ] 継続的なフィードバックと改善
- [自立的運用] 自社での運用と管理を強化

- 生成AIの導入は自社主導で進め、ベンダーやコンサルタントへの過度な依存は避けるべきである。現場の社員が主体的に関われる体制を整え、自社の業務プロセス変革を伴う重要なプロジェクトとして認識することが、導入の成否を左右する。

- 自社の業務にフィットさせるには、業務の文脈に沿った自社の業務知識やノウハウをプロンプトに乗せたり、参照情報（ノウハウDB）として提供したりすることで出力をコントロールし、カスタマイズすることが重要である。それを実現するには、現場の社員が主体となって進める必要がある。

- プロジェクトメンバーは、生成AIの導入・活用の目的が自社ビジネスの拡大と業務効率化であることを認識し、その姿勢を堅持する。その際、大規模な開発や長期間にわたるプロジェクトを必要としないという生成AIの特性の理解が必要である。

過度な期待と過小評価の
バランス

生成AIは万能ではない

　生成AIの登場により、ビジネスの世界に大きな変革の波が押し寄せています。そして、ビジネスにおける顧客へのアプローチ、社内での業務の進め方など、多くの根本的な部分が確実に大きく変化していくことでしょう。

　メディアでは生成AIの驚くべき能力が連日取り上げられ、SNSでもさまざまなテクニックの発信に日々何万何十万という「いいね」があちこちでついています。まさにお祭り騒ぎの様相を呈しています。これまでもそうでしたが、こういった革新的な技術が出てくると、多くの人がその技術に対し「万能性」を求めてしまいます。生成AIとその発展は、確かにインターネット以上の大きな変化を社会に、経済にもたらすインパクトの大きい技術であることは疑いようがありません。

　しかし、「インパクトの大きさ」と「万能性」とはイコールではないことを、ビジネスにその技術を活かそうとする我々は冷静に理解しておく必要があります。何ができて、何ができないのか。どういったことに向いていて、どういったことに向いていないのか。そこをしっかり見極めてこそ、実際のビジネスの現場にその技術を具体的に活用・適用していくことができます。パッションを持ちつつ、冷静に具体的に考え、実行する。そのことが求められているといえます。

ここでは、生成AIへの過度な期待と過小評価を避け、その能力を正しく理解することの重要性について詳しく解説します。生成AIの得意・不得意な分野を具体的に示し、ビジネスへの導入における適切な心構えについて議論します。生成AIと人間の協働のあり方についても触れていきます。

生成AIの能力を正しく理解することが重要

　ChatGPTなどのテキスト系生成AIでは、実際に触れた方であればお分かりいただけると思いますが、こちらからの質問や依頼に対し、理路整然とした的確かつ整理されたレスポンスが、場合によっては人間以上に分かりやすい自然文で返ってきます。しかも画像を生成してくれたり、システムのプログラミングコードまで書いてくれたりもします。

　そういったことを見ていると、「なんでもやってくれる」という思いになってしまうのは致し方のないことかもしれません。しかし、実際には、生成AIにも得意・不得意があることを認識しておく必要があります。

　得意な分野の一つには、与えられた情報から必要な部分を抽出したり、整理したりするといったことが挙げられます。大量の文書からキーワードを見つけ出したり、データを分析して傾向を見つけたりするタスクに有効です。例えば法務部門では、契約書や法的文書のなかから特定の条項やキーワードを抽出し、リスク要素や重要条項を迅速に識別して、法的レビューの効率を大幅に向上させることができます。マーケティング部門では、市場調査報告書や顧客フィードバック、ソーシャルメディアのデータなどからトレンドや顧客のニーズに関連するキーワードを抽出・分析し、効率的に市場

の動向を掴むなどができます。採用活動では、応募者の履歴書やカバーレターから必要なスキルや経験に関連するキーワードを抽出し、求める資格や経験を持つ応募者を効率的に特定するといったことができます。

　もう一つ得意な分野として、常識的な範囲での判断や、情報に基づく意思決定が挙げられます。生成AIは、膨大なデータから得られた知識を基に、一定の常識を持ち合わせています。これにより、与えられた情報から合理的な判断を下すことができるのです。例えば、購買部門における取引業者選定において、過去の取引履歴、業者の信用情報、価格動向などから最もコスト効率のよい選択を行うことができます。またリスク管理部門では、市場動向、社内のデータポイント、外部のニュースソースなどからリスクを早期に識別し、常識的な範囲での判断を下し、リスク軽減策を提示してくれたりします。

　さらに、この常識はプロンプトによって上書きすることが可能だという点も非常に興味深いところです。つまり、生成AIに対して「どのように考えて判断するべきか」という指針を与えることで、その指示に従った判断を下すことができるのです。例えば、購買部門で新しい取引先を選定する際、通常は過去の実績や信用情報などを基準に判断を下すでしょう。しかし、「今回は、環境に配慮している企業を優先的に選びたい」といった指針を生成AIに与えることで、サステナビリティへの取り組みを重視した選定を行うことができます。

生成AIにも苦手な分野が存在する

　このように、生成AIは、蓄積された知識による常識的な判断能

力を持ちつつ、人間からの指示によってその判断基準を柔軟に変更できる適応性も兼ね備えています。一方で、「生成AI」という名称から連想されるイメージとは裏腹に、生成AIが不得意とする分野の一つが、創造性が求められるタスクです。確かに、生成AIに質問を投げかけると、ある程度の説得力のある新規性のあるアイデアが生み出されるように見えます。しかし、生成AIの特性上、「○○に関する新規事業を考えて」といった何の情報もないインプットからは、「何の変哲もない」新規事業が生まれてきます。非常に教科書的な回答になる場合が多いです。

例えば、広告キャンペーンやプロモーションのコンセプトを考案する作業で生成AIはある程度の新規性のあるアイデアを提案できるかもしれません。しかし、全く新しいトレンドを創造し、世のなかに革新をもたらすような独自のアイデアを生み出すことは、生成AIにとって容易ではないでしょう。

同様に、経営層が行う企業の長期戦略の策定では、不確実な将来を見据えた創造的かつ革新的な思考が求められます。生成AIは、既存のビジネスモデルの分析や、現在のトレンドの延長線上での予測は可能ですが、全く新しい市場を切り拓くようなビジネスモデルを一から創出することには困難を伴います。

ただし、イノベーションとは、既存のアイデアの斬新な組み合わせによって生まれることも多いといわれています。その点では、生成AIの膨大なデータベースと組み合わせ能力は、人間の創造性を刺激し、新たなアイデアの創出を助ける強力なツールになり得るでしょう。

そして、さらにもう一つ不得意な分野として、長期的な視点に立ち、状況の変化に合わせて柔軟に対応することが求められるタスクが挙げられます。大規模な組織改革の実行などがその好例です。組織改革では、まず現状を分析し、目指すべき方向性を明確にし、そ

の実現に向けて長期的な計画を立てる必要がありますが、実際に改革を進めていくなかでは、思わぬ障害に直面したり、当初の想定と異なる結果が出たりすることもあるでしょう。そんな時には、状況に応じて方針を柔軟に変更していかなければなりません。また、組織改革では社内外の多くの人々を巻き込んでいく必要があり、役員から現場の社員までさまざまなレベルでの理解と協力を得ながら変化を推進していくことが求められます。

　生成AIは、こうした長期的かつ継続的なプロセスのなかで、その都度の意思決定をサポートすることはできます。データ分析に基づく問題点の指摘や、ベストプラクティスの提案などは、AIの得意分野でしょう。しかし、改革全体を通して人々を導いていくリーダーシップや、予期せぬ事態に対する臨機応変な対応力は、人間にこそ求められる能力です。状況が刻々と変化するなかで、AIが独自に意思決定を下し、それを実行し続けることは現実的ではありません。

　つまり、大規模な組織改革のような長期的なプロジェクトでは、人間の戦略的思考と柔軟性が不可欠なのです。生成AIにはそれを補助する役割が期待されます。人間とAIがそれぞれの強みを発揮し、協働することが、難しい課題を乗り越える鍵となるでしょう。

生成AIの能力を過大評価すると、非現実的な期待を抱いてしまう

　生成AIの能力を過大評価すると、非現実的な期待を抱いてしまい、失望を招くこともあります。特に、一流の専門家やその道のプロや熟練のベテラン社員たちが持つ独創性や深い洞察力・能力などを求める場合、生成AIの限界は一層明確になります。一流の人たちから見れば、生成AIはしばしばその期待を満たすことができな

いことがあります。

　例えば、新商品のアイデア生成を依頼した際、生成AIは与えられたプロンプトに基づいてアイデアを生成します。これは、既に学習した膨大な情報を基にしているため、AIが提案するアイデアは潜在的な市場動向や消費者の好みを反映しているかもしれませんが、それが本当に価値のあるアイデアかどうかについては、人間が判断する必要があります。また、生成AIは最も確率の高い出力をするモデルであると考えると「ありきたり」な出力になることも想像に難くないでしょう。

生成AIの能力を過小評価するのも問題

　生成AIの能力を過小評価することもまた、別の意味で問題です。特に、その道の素人に対して、生成AIは驚くべき助けとなり得ます。生成AIは、専門知識がない人々に対しても、中級レベルまでの知識やスキルを提供し、彼らがその分野で有意義な成果を出す手助けをすることができます。これは、技術の進歩として非常に革新的な側面です。

　例えば、法務や財務、営業といった専門的な分野でさえ、生成AIは基本的な知識の提供や、初歩的な判断のサポートを行うことができます。これにより、専門家でない人々も、それぞれの分野でより効果的な意思決定を行うことが可能になります。中級者レベルだとしても一定の専門性を基にアドバイスを提供することで、素人が見落としがちな視点を補うことができます。非専門家でも、専門家に近いレベルの作業を行うことができるようになり、学習や経験

の初期段階にある人々にとって、非常に価値のあるサポートとなります。

　生成AIの能力を適切に理解し、活用することで、その道の素人でも高いレベルの成果を出すことが可能になります。生成AIに対する過小評価は、このような可能性を見落とすことにつながり、技術の有効活用を妨げることになりかねません。そのため、AIの能力を正しく評価し、その利点を最大限に活用することが重要です。

過度な期待と過小評価のバランスを取ることが重要

　ここまで見てきたように、生成AIの能力を正しく理解し、過度な期待と過小評価のバランスを取ることは非常に重要です。生成AIを導入する際は、生成AIと人間の協働を前提に業務プロセスの設計を行います。生成AIにできることは積極的に任せ、人間は高度な判断や意思決定に注力するべきです。

　生成AIの導入は試行錯誤の連続になるでしょう。小さな成功体験を積み重ね、徐々に活用の幅を広げていくことが大切です。現場の社員の声に耳を傾け、生成AIの使い方を改善し続けることが、生成AIを企業の強みにつなげる鍵となります。

［図表6-4-1］生成AIに対するバランスの取れた評価

生成AIの能力の正しい理解	・生成AIの得意分野 　└ 情報の抽出、整理、分析 　└ 常識的な範囲での判断や意思決定 　　（プロンプトによる判断基準の変更も可能） ・生成AIの不得意分野 　└ 創造性が求められるタスク 　└ 長期的な視点に立ち、状況変化に合わせて柔軟に対応するタスク
生成AIの能力の評価	・過大評価は非現実的な期待を抱かせる ・過小評価は導入機会の損失や遅れを招く
生成AIの導入・活用における重要な考え方	・人間との協働 ・試行錯誤 ・継続的改善

まとめ

- 生成AIは万能ではなく、その能力を正しく理解し、導入・活用することが重要である。過度な期待は非現実的な期待を抱かせ、過小評価は導入の機会を逃す可能性がある。

- 生成AIは、情報の抽出・整理や一定の常識に基づく判断において優れているが、創造性や長期的な柔軟性には限界がある。企業は生成AIの得意・不得意を理解し、得意分野を中心に活用しつつ、現場の声を反映させて継続的に改善することで、その価値を最大化すべきである。

- 生成AIの導入では、その能力を正しく理解し、過度な期待と過小評価を避けることが重要であり、企業は人間とAIの協働を前提に業務プロセスを設計し、試行錯誤を重ねながら小さな成功体験を積み重ねるべきである。

過度なリスク回避

生成AI導入のリスクとどう向き合うか

　革新的な新技術の導入には、不確実性とリスクがつきものです。特に、生成AIのような先進技術を企業が取り入れる際には、セキュリティ、プライバシー、そして技術の誤用といった多くの課題が頭をもたげます。これらのリスクを理解し、適切に管理することは、導入プロジェクトの成功にとって絶対に不可欠です。しかし、リスク管理の必要性が過度に強調されるあまり、それが導入の障壁となるのは、ビジネスを停滞させるばかりか、時代に取り残される逆のリスクを負うことにもなりかねません。

　今やインターネットやSaaSの利用は、ほとんどの企業で当たり前になっています。これらも世に登場した初期の段階では多くのリスクが議論されましたが、それを乗り越えた結果、産業全体が変革し、新たな価値が生まれました。リスクを完全に回避しようとする姿勢は、「リスクゼロ」を目指すがゆえに、可能性を見過ごし、ビジネスチャンスを逃してしまいます。チャンスを逃すどころか、場合によっては企業の存続すら脅かすことにもなりかねません。

　しかも生成AIそのものはもちろん、それを取り巻く環境（例えばMicrosoft Copilotなど生成AIモデルをバックボーンに持つさまざまなアプリケーション）は、我々がこれまで経験したことのないスピードで進化していっています。リスクに対し過剰に反応することによる、今この瞬間のためらいが将来のビジネスに負わせる代償は計り知れま

せん。リスク管理とイノベーションのバランスをいかに取るか、その方法を具体的に知ることは、自社における生成AI活用を有効に進める手助けとなることでしょう。

リスクを過度に恐れてはいけない

これまでにも見てきたように、企業が生成AIを導入し、活用するにあたって考え得るリスクには、技術的なリスク、法的・コンプライアンス的リスク、倫理的リスク、経済的リスク、戦略的リスクなど複数のことが考えられます。そしてこれらはすべて慎重に評価され、管理されなければなりません。

しかし、生成AIの導入を検討する際、リスクを過度に恐れることは得策ではありません。リスク回避が重視されすぎると、技術導入のハードルが不当に高く設定され、「リスクゼロ」の状態を求めるようになりがちです。しかし、どんなに万全の対策を施しても、リスクを完全にゼロにすることは事実上不可能です。これは生成AIについてだけでなく、ビジネスにおけるありとあらゆる場面でいえることです。

必要以上のリスクへの恐れは、重要なビジネスチャンスを見逃すことになり、結果的に大きな機会損失につながる可能性があります。競合他社が生成AIを活用して新しい市場に進出したり、業務効率を大幅に改善したりしているなかで、過度なリスク回避により導入を躊躇している企業は、市場での競争力を失うリスクがあります。

そして、リスクへの懸念ばかりが先行し、生成AIがもたらすメリットが議論されなくなったり、ビジネス価値の創出よりも、リスク管理が目的化してしまったりといった事象が起こりがちです。

リスクと価値のバランスを取ることが重要

　このような状況を避けるためには、リスクと報酬のバランスを適切に取ることが重要です。リスクを適切に評価し、管理することは、もちろんのこととても大切です。例えば、セキュリティ対策の強化や、個人情報の取り扱いに関する社内ルールの整備なども必要でしょう。加えて、生成AIの誤判断を防ぐための仕組みを設けることも重要です。生成AIのアウトプットに対して、人間がチェックを入れる体制を整えることで、AIの誤りを早期に発見し、修正することができます。

　それと並行して、生成AIの価値も正当に評価するのです。業務効率化や品質向上など、生成AIがもたらすメリットを定量的に評価し、リスクを上回る価値があると判断できれば、導入を前向きに検討する。リスクと価値のトレードオフを見極め、最適な意思決定を行うわけです。リスクを最小限に抑えつつ、自社にとって生成AIの価値を最大化する方法は何かを検討し、必要に応じて小規模な実験から始めて、徐々に適用範囲を広げていくということも考えられます。

　リスクと価値のバランスを取りながら、慎重かつ戦略的に進めることが肝要です。リスクを適切に管理しつつ、生成AIがもたらす価値を最大限に引き出すことで、企業の競争力強化と持続的な成長につなげることができるのです。

過度なリスク回避はイノベーションを阻害する

　新しい技術、特に生成AIのような革新的な技術への挑戦を避け

ることは、「前例がない」「失敗するかもしれない」という恐れに基づいていることが多いのです。このような恐怖感は、企業が新しい機会を探求することを妨げ、結果として競争力の低下を招くことになります。

　例えば、競合他社が積極的に生成AIを導入して市場での優位性を築いている場面を想像してみてください。これらの企業は、リスクを計算した上で新しい技術を活用し、業務効率の向上やコスト削減、さらには新サービスの開発を行っています。一方で、過度にリスクを恐れる企業は、これらの技術革新の波に乗り遅れ、最終的には市場から取り残される可能性が高まります。

　イノベーションは、ある程度のリスクを伴う冒険であるといえます。リスクを完全に排除しようとする姿勢は、一見安全な道を選んでいるように見えるかもしれませんが、それでは時代の変化に適応し、新しい価値を創出することは難しいでしょう。リスクを恐れずに新しいアイデアに投資し、試行錯誤を繰り返しながら最適な活用方法を模索することが、持続可能な成長を遂げるためには不可欠です。

　適度なリスクを受け入れ、それを管理しながらイノベーションに挑むことが、企業が競争力を維持し、市場で成功を収めるためには必要です。これにより、企業は新しい技術の可能性を最大限に活かし、未来への強固な一歩を踏み出すことができます。

[図表6-5-1] 生成AI導入におけるリスクと価値のバランス

過度なリスク回避による影響	・生成AI導入の機会損失や遅れ ・ビジネスチャンスと業務改善の機会損失や遅れ
適切なリスク管理と定量的なメリット評価	・リスクを最小限に抑える （セキュリティ対策強化・個人情報取扱ルール整備・生成AIの誤判断防止仕組み） ・生成AIの価値を最大化 （業務効率化・品質向上・ビジネスチャンス創出）
慎重かつ戦略的な導入と活用	・競争力強化と持続的成長 （イノベーションの促進・市場での成功）

まとめ

- 生成AIの導入にはリスクが伴うが、過度なリスク回避は得策ではない。リスクを完全にゼロにすることは不可能であり、重要なビジネスチャンスを見逃す可能性がある。

- リスクと生成AIがもたらす価値のバランスを適切に取ることが重要である。リスクを最小限に抑えつつ、自社にとって生成AIの価値を最大化する方法を検討し、慎重かつ戦略的に進めるべきである。

- 過度なリスク回避は、イノベーションを阻害する。新しい技術への挑戦を避けることは、競争力の低下を招く可能性があり、適度なリスクを受け入れ、それを管理しながらイノベーションに挑むことが必要である。

過度な技術志向

生成AIの革新的な技術は、企業の技術者にも大きな驚きを持って迎えられました。一部の研究者を除いては、「いつの間に？」「まさかここまで精緻で、自然な対話ができるとは！」そんな思いだったのではないでしょうか？　それだけ、モデルのアーキテクチャや学習アルゴリズムを知りたくなったり、自分でも言語モデルをカスタマイズしてみたくなったり、そんな探究心に火がついた技術者も多かったであろうことは、想像に難くありません。

しかし、今回私たちが取り組もうとしているのは、企業（自社）への生成AI導入とその活用により、ビジネスの発展を図ることであり、現場業務の効率化を図ることです。その目的を忘れてはいけません。

生成AIの技術的側面に注目が集まりがち

生成AIの技術進歩は驚くほどのスピードで進んでいます。毎日、何かの新しい技術や機能についてのニュースが飛び交っており、その技術的な側面がクローズアップされることもしばしばです。ChatGPTがリリースされたのは2022年11月ですが、それからの間にもモデルは進化し、入力可能な分量の飛躍的な増加、画像や動画の認識におけるマルチモーダルの機能などが次々と追加されていくさまを見ると、技術者でなくても、ついついその技術面に関心が向いてしまうのは、ある意味無理もないことかもしれません。

確かに、技術的な優位性は、競合他社に対するアドバンテージと

なりますし、より高度な技術を用いることで、生成AIの性能を高めることができるのも事実です。そして技術力の高さが企業の評価にもつながるという側面もあります。しかし、このような技術的側面にばかり関心が向いてしまうことが、必ずしもプロジェクトの成功に貢献するわけではありません。

過度な技術志向は本質を見失わせる

　生成AIを導入する最大の動機は、業務の効率化や品質の向上など、具体的な成果を達成することです。技術的な優位性がもたらす興奮は理解できますが、それだけでは持続可能なビジネス価値は生まれません。

　現場のニーズを理解せずに技術的な議論ばかりが先行すると、ユーザーの要望や業務の特性を考慮しないまま技術的な理想を追求してしまい、高度な技術を用いたシステムが現場で使われないというミスマッチが起きる可能性があります。現場は、「すごい技術」を求めているのではなく、単に便利で楽に仕事を捗らせてくれるものを求めているからです。

　逆にそのニーズを満たすという積み重ねや拡大が、企業として底力のあるビジネス強化につながるのではないでしょうか。「今の生成AIのトレンドはこれだ！」と動画生成の技術を取り入れたとしても、マーケティング部門にとってのメリットにはなるかもしれませんが、経理部門のメリットには全くならない、などということも起こり得るのです。

　逆に各部門の業務にとって本当に役に立つ技術であれば、それは大いに新しい技術を取り入れるべきでしょう。プロジェクトにおいて、気をつけなければいけないのは、技術者やプロジェクトリー

ダーが最新の技術に気を取られ、現場のニーズやユーザーの要望を軽視してしまうことです。技術的な理想を追求すること自体は悪くありませんが、それが業務の実際の流れや特性に合致していなければ、その技術は適切に活用されません。ビジネス課題が置き去りにされてしまったのでは、本末転倒です。

また、もう一つありがちなことに、技術的な完璧を求めるあまりにプロジェクトの進行が遅れるということもあります。最新の技術を取り入れようとすることで、開発期間が長引き、それがビジネスの迅速さを損なうことにつながります。ビジネス環境は常に変化しており、スピード感を持って市場に適応することが求められるため、過度に時間を要する開発は競争力の低下を招きかねません。

技術とビジネスのバランスを取ることが重要

前項では技術優先への警鐘を鳴らしましたが、決して技術的なアプローチは必要ないといっているわけではありません。技術とビジネスの間で適切なバランスを取ることが非常に重要だということです（**図表6-6-1**）。このバランスをうまく取ることで、企業は革新的な技術をビジネス価値の創出に活用できるようになります。

例えば、現場の業務の効率化や品質向上を図ることは、ビジネスの持続可能な成長と直結しますが、これは技術そのものの優位性ではなく、技術を現場の業務にフィットさせて活用できたことによる結果として捉えることができます。ユーザーである現場社員の要望や業務の実際の特性を深く理解し、それに適したシステム設計を行うことで、技術と現実のギャップを最小限に抑え、技術的な理想を追求するだけではなく、実際に現場で使われ役に立つシステムを作るための努力も忘れてはいけません。

さらに、生成AIプロジェクトを進める際には、スピード感を持って価値を提供することも求められます。完璧なシステムを一から作り上げるのではなく、最小限の機能を持ったプロトタイプから始めて、実際のユーザーの反応を見ながら、継続的に改善を加えていく。このアプローチにより、迅速にユーザーのニーズに合わせたサービスを提供することができるようになります。

　現場の声と技術がマッチすることによって、現場に余裕ができ、生産性を追求することができる。そこからさまざまなビジネスアイデアが生まれ、結果として、技術が企業の競争力強化につながるわけです。

　このように、生成AIの導入は単なる技術導入ではなく、ビジネスの要求に応じた戦略的な導入が求められます。技術の可能性を最大限に引き出しつつ、現実の業務に即した形でそれを活用することが、成功への鍵となります。このバランスの取れたアプローチこそが、生成AIプロジェクトを成功に導く最も確かな方法であるといえるでしょう。

［図表6-6-1］ 生成AIプロジェクトと技術

技術とビジネスのバランス
（戦略的アプローチ）

技術偏重の弊害

- 生成AIの技術進歩は驚くほどの速さで進んでおり、日々、新しい技術や機能が紹介される。これにより、技術面に関心が集まりがちであるが、その技術面だけに注目してしまうのは、プロジェクトの本質を見失わせる原因となることもある。
- 過度な技術志向は、ビジネスの実際のニーズとのミスマッチを引き起こす可能性がある。技術者やプロジェクトリーダーが最新の技術に目を奪われ、現場のニーズやユーザーの要望を軽視してしまうことが問題である。また、技術的な完璧を求めるあまりにプロジェクトの進行が遅れ、ビジネスの迅速さを損なうこともあり得る。
- 生成AI導入においては、技術とビジネスのバランスを取ることが重要である。技術の可能性を最大限に引き出しつつ、現実の業務に即した形でそれを活用することが、プロジェクトを成功に導く鍵である。

過度な内部コンセンサスの追求

社内コンセンサスとスピードのバランス

　生成AIの全社導入・全社活用を迅速かつスムーズに進めるには、関係ステークホルダーのコンセンサスが非常に重要になります。なぜなら、生成AIの導入は業務プロセスや組織構造に大きな変化をもたらす可能性があり、現場の社員から経営層まで、多くのステークホルダーが関わり、影響を受けるからです。AIの導入は、単に新しいツールを導入するだけでなく、業務の進め方や社員の役割分担にも影響を及ぼします。そのため、関係者全員の理解と協力なくして、スムーズな導入は望めません。

　しかし同時に、スピード感を持って進めることも重要です。生成AIにおける技術の進歩が日単位といってもよいほど速いため、導入が遅れるとその進歩についていけなくなり、先んじて導入をした競合に大きな差をつけられてしまう可能性があるからです。AIの分野では、新しい技術やサービスが次々と登場しており、いち早く取り入れることが競争優位性につながります。導入の遅れは、ビジネスチャンスを逃すことにもなりかねません。

　この社内コンセンサスとプロジェクトのスピードのバランスをどのように取ればよいか、また、どういったことに留意する必要があるかを見ていきましょう。

社内関係者の理解と協力を得るために

　社内コンセンサスを得るには、それぞれのステークホルダーに対し、まず生成AIの導入が「誰のための」「何のための」ものであるか、また関係者それぞれがどのようなメリットやベネフィットを得ることができるのかをそれぞれ相手の立場に立って、明確かつ丁寧に説明する必要があります。

　例えば、現場社員に対してであれば、繰り返し行う作業や定型的なタスク（データ入力やレポート作成など）を自動化し、より創造的な業務に集中できるようになる。それによって作業効率が向上し、仕事の満足度が高まるといったことを伝えられます。また、経営幹部に対してであれば、人的リソースの効率的な管理が可能となり、全体的な運営コストの削減が期待できるといったことや、データ分析とインサイトに基づいた意思決定が可能となり、リスクの管理が改善され、戦略的なビジネス展開がスムーズに行えるといったことを伝えることができます。

　この時、先回りをして相手が懸念するであろうことをあらかじめ想定し、共感を持って説明、対応することもとても大切です。例えば、「生成AIの導入で自分の仕事がなくなるのでは」といった不安を抱く社員に対しては、「生成AIはあくまでも業務の補助であり、人間の仕事を奪うものではない」と丁寧に説明する必要があります。また、「AIの導入コストが高額になるのでは」と心配する経営層に対しては、「長期的な視点で見れば、業務効率化によるコスト削減効果は大きい」と根拠を示して説得することが求められます。そうすることで、「しっかり自分たちのことを考えてくれているな」という納得と安心感を与えることができれば、基本的に大きな抵抗に遭うことはないはずです。

ステークホルダーには、現場の社員はもちろん、経営層や他部署の関係者など社内のさまざまな部署や立場の人々がいます。コンセンサスを取る際に意識すべきなのは、その立場ごとのメリット、ベネフィット、懸念事項、反応をあらかじめ相手の立場に立って想定しておくことです。これはまさに社内「営業」です。関係者と丁寧に向き合い、生成AIの導入がもたらす価値を伝えていく地道な努力が求められるのです。

　このようにして、すべてのステークホルダーとのコンセンサスを得ることができれば、プロジェクトの円滑な進行につながります。生成AIの導入は、一部の部署や担当者だけでなく、組織全体で取り組むべき課題です。関係者全員の理解と協力があってこそ、初めて成功へと近づくことができるのです。

[図表6-7-1] 社内コンセンサスを得るための注意点

関係者の種類	懸念	コミュニケーション方法
現場の社員	・自分の仕事がなくなるのではないか ・AIの使い方が分からず業務に支障が出るのでは	・生成AIはあくまで業務の補助であり、人間の仕事を奪うものではないと丁寧に説明 ・教育・トレーニングの実施により使い方をサポート
経営層	・導入コストが高額になるのではないか ・本当に業務効率化やコスト削減の効果があるのか	・長期的視点で見れば業務効率化によるコスト削減効果は大きいと根拠を示して説得 ・他社の導入事例などを示して効果をデータで明示
他部署の関係者	・自部署の業務への影響が不明確 ・部署間の調整が増えて逆に非効率になるのでは	・生成AI導入が自部署の業務にもたらすメリットを具体的に説明 ・円滑な部署間コミュニケーションを図るための体制作りを提案

全員の合意を得ようとするあまり、意思決定が遅れてしまうことがある

　生成AI導入プロジェクトにおいて、社内全員のコンセンサスを得ることは重要ですが、そのプロセスに時間を取られ、プロジェクトの意思決定や進捗が遅れてしまうことには注意が必要です。特に関係者が多いほど、意見の調整が難しくなります。それぞれの立場や利害関係が異なる人たちの間では、合意形成を取りづらいこともあるからです。

　例えば、現場の社員は業務効率化を重視する一方で、経営層はコストや投資対効果を優先するかもしれません。こうした異なる視点を持つ関係者一人一人の意見を聞いていると、収拾がつかなくなってしまう恐れがあります。また、全員の納得を得ようとすると、少数の反対意見を持つ人たちに納得してもらうまでに、多くの時間と労力を費やしてしまうといったことも考えられます。完璧なコンセンサスを求めるあまり、決断のタイミングを逃してしまうこともあるでしょう。さまざまな意見に振り回されてプロジェクトの方向性が定まらず、スケジュールが遅延するリスクも考えられます。

　生成AIの導入においては、スピード感を持って進めることが重要です。なぜなら、技術の進歩が速い分野であり、競合他社に先を越されないようにする必要があるからです。意思決定の遅れは、ビジネスチャンスを逃すことにつながりかねません。また市場の変化に対応できず、顧客ニーズに応えられなくなってしまうかもしれません。

　したがって、生成AI導入プロジェクトでは、全員の合意形成とプロジェクト進捗のスピードのバランスを取ることが重要になってきます。関係者の意見を尊重しつつも、意思決定の遅れが生じないよう、適切なタイミングで決断を下していく必要があります。

内部コンセンサスは、必要十分なレベルで追求することが望ましい

コンセンサスの形成とプロジェクトの進捗スピードを両立させるには、コンセンサス形成は必要十分なレベルで進めることが望ましいでしょう。なぜなら、全員の完全な合意を得ることは現実的ではないからです。多様な意見があるなかで、100%の賛同を得ることはなかなか難しく、反対意見をゼロにすることよりも、前に進むことを優先すべきです。

とはいえ、重要なステークホルダーの理解と協力は不可欠です。特に経営層や、生成AIの導入に直接関わる部署の賛同は欠かせません。そのためには、ネゴシエーションを入念に行い、キーパーソンの支持を取りつけることが重要になってきます。例えば、経営会議などの場で、生成AIの導入がもたらすメリットを具体的に示し、トップの理解を得る努力が必要でしょう。また、現場の担当者とも密にコミュニケーションを取り、不安や懸念を払拭していくことが求められます。そういった意味でも、生成AI導入に前向きな一部の部署や業務において、試験的にスモールスタートさせ、導入効果の実績を作っておくことは非常に役に立ちます。

一定のレベルで合意が得られたら、速やかに意思決定を行い、スモールスタートさせる範囲を拡大していきましょう。全員の納得は得られていなくても、プロジェクトを着実に進めていくことで説得材料も積み上がってきます。反対意見には真摯に耳を傾け、理解を求める作業を続けつつ、前に進むことが重要です。完璧を求めるあまり、プロジェクトが前に進めなくなってしまっては本末転倒です。

内部コンセンサスの追求は、リーダーシップの発揮とバランスを取る

　プロジェクトリーダーは、関係者の意見を幅広く聞き、合意形成に努める一方で、意思決定の遅れが生じないようバランスを取りながら、プロジェクトを導く確固たる意志を持つことが必要です。反対意見があったとしても、プロジェクト全体の方向性を見失わないことが大切なのです。

　コンセンサス形成においてリーダーシップを発揮するには、生成AIがもたらす価値を関係者に明確に示すことが重要であり、なぜ導入が必要なのか、どのようなメリットがあるのかを丁寧に説明し、理解を得る努力が欠かせません。ビジョンを示し、関係者を巻き込んでいくこと、そしてリーダー自身が生成AIに関する知識を深め、活用方法を具体的にイメージできることが求められます。

　さらに、関係者とのコミュニケーションを密に取り、一方的に指示を出すのではなく、意見に耳を傾け対話を重ねていくことが重要です。特に、生成AIの導入に懐疑的な意見を持つ関係者とは丁寧に向き合い、不安や懸念を理解した上で説得を続けていく必要があるでしょう。

　加えて、プロジェクトの進捗状況を適切に管理し、必要に応じて軌道修正を行うことも重要です。生成AIの導入は試行錯誤の連続となる可能性がありますが、うまくいかないことがあっても諦めることなく、柔軟に対応していく姿勢が求められるのです。そうしたリーダーシップの発揮が、生成AIの導入を成功に導く鍵となるでしょう。

　プロジェクトリーダーには、強い意志とリーダーシップ、そして高いコミュニケーション能力が求められます。そして何より、生成AIがもたらす価値を信じ、その実現に向けて情熱を持って取り組

む姿勢が重要だといえるでしょう。

[図表6-7-2] バランスの取れた内部コンセンサス

必要十分な コンセンサス	・スピード感 　└ リスクとして、意思決定の遅れ・プロジェクト進捗 　　の阻害
プロジェクト マネージャーの リーダーシップ バランス	・ステークホルダーへの傾聴 　└ 生成AI活用のビジョン提示 　└ 共感・意見収集・フィードバック ・プロジェクト進捗管理 　└ 優先順位判断 　└ 重要パーソンとのネゴシエーション
生成AI導入成功の ファクター	・価値への確信 ・情熱を持った取り組み

まとめ

- 生成AIの全社導入においては、関係者全員の理解と協力を得るための社内コンセンサスが非常に重要である。そのためには、それぞれのステークホルダーの立場に立って、生成AI導入のメリットや懸念事項を丁寧に説明し、納得感を得ることが求められる。

- 社内コンセンサスを得ようとするあまり、意思決定が遅れプロジェクトの進捗が滞ってしまうリスクがある。生成AIの導入においては、技術の進歩やビジネスチャンスを逃さないためにもスピード感が重要であり、全員の完全合意ではなく必要十分なレベルでのコンセンサス形成を目指すべきである。

- プロジェクトリーダーには、関係者の意見を聞きつつ意思決定の遅れを防ぐバランス感覚と、生成AIのビジョンを示し関係者を巻き込んでいくリーダーシップの発揮が求められる。

業界別・機能別のAI応用事例

金融業界

金融業界の特徴と生成AIの親和性

　金融業界は、他の産業と比べて特に規制が厳しい業界の一つです。なぜなら、顧客の大切な資産を預かり、経済の安定に直結する重要な役割を担っているからです。そのため、金融機関では法令遵守や内部統制が非常に重視されます。

　それに伴い、確認や伺いのための多くの文書が作成され、回付、承認、保存が行われています。例えば、融資審査では、借り手の信用状況や担保の評価など、多岐にわたる情報を収集し、厳格な基準に基づいて審査する必要があります。この過程では「融資稟議書」などの書類が作成され、関係部署間で回付・承認されます。

　こうした社内流通ドキュメントが多いという金融機関の特性は、生成AIの活用と非常に親和性が高いといえます。金融機関には膨大な量の過去の文書データが蓄積されており、これらのデータを生成AIに参照させることで、業務の効率化と品質向上を同時に実現できるからです。過去の審査事例や顧客とのやり取りなどのデータを活用することで、生成AIは融資審査のような複雑な業務でも、人間に近い判断を下すことができるようになります。

　また、取引報告書や顧客への通知文など流通する多くのドキュメントの書式が定型化されていることも、生成AIを活用できる大きなポイントとなっています。さらに、生成された文書は、常に一定の品質を保つことができるため、人的エラーを低減し、業務の標準

化を図ることができます。

このように、金融機関では生成AIを活用することで、業務の効率化、品質向上、コスト削減を実現できるようになっています。米シティグループの金融における新技術担当のロニット・ゴース氏は、「生成AI（人工知能）で最も生産性が改善するのは銀行だ」と述べています。生成AIによって稼働の効率化ができた分、高度な判断が必要な業務や新サービス開発などの創造的業務に人的資源を振り向けることが可能になり、今後、金融業界は、生成AIの活用によって大きな変革を遂げる可能性を秘めているといえるでしょう。

【参考】日本経済新聞「米シティ幹部「生成AIで、銀行が最も生産性アップする」」

金融業界における生成AIの主なユースケース

金融業界における生成AIのユースケースは、バックオフィス業務の効率化から中核業務への活用、顧客対応の高度化、経営戦略立案まで多岐にわたります **（図表7-1-1）**。

まず、事務手続き、レポート作成、要約作成、社内問い合わせ対応などのバックオフィス業務では、生成AIを活用することで大幅な効率化が期待されます。例えば、定型的な事務手続きの自動化や、過去のレポートを参照させることによる、新たなレポートの自動生成、長文の要約作成など、これまで人手で行っていた作業を生成AIが代替し、業務のスピードと質を向上させることができます。また、社内のFAQを基に問い合わせ対応を自動化することで、社員の負担を軽減し、より高度な業務に注力できるようになります。

次に、融資稟議書作成、審査業務、リスク管理などの中核業務においても、生成AIの活用が進んでいます。融資稟議書の作成では、過去の事例やデータを生成AIに提供することで、新たな案件に対

して適切な稟議書を自動生成し、与信判断の効率化と標準化を実現できます。

　さらに、投資助言や顧客対応の高度化・パーソナライズ化も、生成AIの重要なユースケースです。生成AIが顧客である投資家の投資目的やリスクプロファイル（投資先のリスク情報や想定）、過去の取引履歴などを分析し、それに基づいて一人一人に最適な投資アドバイスを生成します。このアドバイスを基に投資コンサルティングを行うことで、顧客満足度の向上と長期的な関係構築を図ることができるでしょう。

　また、顧客とのコミュニケーションにおいても、生成AIを活用したチャットボットやバーチャルアシスタントが、24時間365日、個々の顧客のニーズに合わせたきめ細やかな対応をしてくれるよう

[図表7-1-1] 金融業界における生成AI活用シーン例

活用シーン	具体例
バックオフィス業務の効率化	AIが事務手続きやレポート作成、要約作成などの日常業務を自動化し、社内問い合わせにも自動で対応。これにより、時間とコストを削減し、従業員がより戦略的な業務に集中できるようになる。
融資稟議書作成と審査業務の効率化	AIが顧客の財務情報や信用履歴を分析し、融資の可否やリスクレベルを迅速に評価。融資稟議書の自動生成を通じて審査プロセスを加速化し、リスク管理を強化する。
投資助言の高度化とパーソナライズ	AIが顧客の投資履歴やリスク許容度を分析し、カスタマイズされた投資アドバイスを提供。顧客のニーズに合わせた投資オプションを自動で提示し、顧客満足度を向上。
経営戦略の立案とデータ分析の強化	AIが市場のトレンド、競合分析、社内の財務データを統合的に分析し、経営戦略の立案を支援。データ駆動の意思決定を促進し、企業の競争力を強化する。
不正検出と防止	AIが取引データをリアルタイムで分析し、異常なパターンを検出。不正行為の予防と早期発見に貢献し、金融犯罪に対する防御を強化する。

になるでしょう。

加えて、経営戦略の立案やデータ分析などの本部機能においても、生成AIの活用が期待されています。生成AIが市場動向や顧客ニーズを分析し、新たなビジネス機会を見逃さないようにすることで、経営判断のスピードと質を高めることができるでしょう。また、生成AIによる高度なデータ分析は、業務プロセスの改善や新商品・サービスの開発にも役立ちます。

このように、金融業界では生成AIの活用により、業務の効率化、高度化、そして新たな価値創造が進んできています。生成AIの能力を最大限に引き出すためには、業務プロセスの見直しやデータ基盤の整備、社員のスキル向上など、組織全体での取り組みが不可欠です。金融機関が生成AIを戦略的に活用し、変化に適応していくことが、これからの競争力の源泉になるでしょう。

金融業界における活用事例

それでは、金融業界における生成AIの具体的な活用事例を見ていきましょう。

みずほフィナンシャルグループは、Microsoft社の「Azure OpenAI Service」を活用し、業務効率化に取り組んでいます。同社は、行内に蓄積された膨大な文書データを参照情報として生成AIに提供し、与信稟議書の自動生成や審査業務の支援など、さまざまな業務に活用しています。これにより、行員の作業負荷が大幅に軽減され、より高度な業務に注力できるようになっています。

また、シティグループでは、行内の4万人を超えるプログラマーに生成AIツールを提供し、業務の効率化を図っています。同社では、規制対応文書の精査にも生成AIを活用しています。金融業界

は厳格な規制下にあるため、膨大な量の規制対応文書を処理する必要がありますが、生成AIを活用することで、この作業を大幅に効率化できます。例えば、生成AIが規制の変更点を自動的に検知し、関連する文書を抽出・更新することで、行員の手作業を大幅に削減できます。これにより、コンプライアンス業務の効率と正確性が向上し、行員はより高度な業務に専念できるようになります。

ブルームバーグにおいては、独自のLLM「ブルームバーグGPT」を開発し、同社の金融情報システムに搭載しています。ブルームバーグGPTは、同社が保有する膨大な金融データを学習することで、高度な金融分析や予測を行うことができます。例えば、ユーザーが自然言語で投資に関する質問をすると、ブルームバーグGPTが関連データを分析し、最適な投資戦略を提案します。これにより、投資家は専門家レベルのアドバイスをリアルタイムで得ることができるようになります。

JPモルガン・チェースも、AI投資助言チャットボットの開発のために、独自のLLMを構築しています。同社は、顧客との対話データや市場データを活用し、パーソナライズされた投資アドバイスを提供することを目指しています。これにより、顧客一人一人のニーズに合わせた最適な投資提案が可能になり、顧客満足度の向上と長期的な関係構築につながると期待されています。

【参考】
・みずほフィナンシャルグループ「〈みずほ〉が見据える、10年後の金融。生成AIを活用して、業務効率化と新たなイノベーションの実現へ。」
・American Banker「Why Citi is rolling out generative AI to all its developers」
・Bloomberg「ブルームバーグGPTのご紹介 －金融機関向けにゼロから構築された500億パラメーターを持つ ブルームバーグの大規模言語モデル」
・Bloomberg「JPモルガン、生成AI活用の新ツール「IndexGPT」－テーマ型投資で」

具体例（稟議書作成フロー）

　金融機関における融資稟議書の作成は、生成AIを活用することで大幅に効率化できる業務の一つです。ここでは、稟議書作成のためのAI活用フローを具体的に見ていきましょう。

　まず、稟議書の構成や項目ごとにどのような内容を記載するべきかを整理し、「ノウハウDB」に登録します。例えば、「背景」「目的」「リスク評価」「期待効果」などの項目について、記載すべき内容や注意点をまとめます。これにより、稟議書作成に必要な知識やノウハウを体系的にノウハウDB化することができます。

　次に、稟議対象の情報を入力し、ノウハウDBに基づいて各項目を生成します。稟議の対象となる案件の情報（新商品の概要や顧客情報など）を生成AIに入力します。生成AIはノウハウDBを参照しながら、各項目の内容を自動生成します。その際、過去の稟議書や生成済の項目も参照することで、文章の一貫性を確保します。これにより、人間が一から稟議書を作成する手間を大幅に削減できます。ただし、生成AIによる生成結果は完璧ではないため、必要に応じて人間が修正・確認を行う必要があります。

　最後に、担当者が生成された稟議書案の内容を確認し、必要な修正を指示します。生成AIが修正指示に基づいて、稟議書を更新します。このプロセスを繰り返すことで、稟議書の品質を高めていきます。最終的に人間が確認し、承認プロセスへと進みます。

　このようなAI活用フローを導入することで、稟議書作成の効率化と品質向上を同時に実現できます。なぜなら、人間の知識やノウハウをAIに学習させることで、業務の自動化と標準化が可能になるからです。また、AIによる自動生成により、人的エラーを減らし、業務の一貫性を保つことができます。生成AIは、金融業界のDX

を加速する重要な技術の一つであり、その活用方法を検討することが、これからの金融機関に求められています。

[図表7-1-2] 融資稟議書作成フロー図解

①ノウハウDBの構築

― [情報整理] 稟議書の各項目（背景、目的、リスク評価、期待効果など）に記載すべき内容と注意点を整理
― [ノウハウ登録] 記載内容をノウハウDBに登録し、生成AIが参照可能に

②案件情報の入力と項目生成

― [情報入力] 稟議対象の新商品概要や顧客情報などを生成AIに入力
― [内容生成] ノウハウDBを基に各項目内容を自動生成、過去の稟議書を参照して一貫性確保

③内容のレビューと修正

― [初稿レビュー] 担当者が自動生成された稟議書案を確認
― [修正指示] 必要な修正をAIに指示し、内容を更新

④最終確認と承認プロセス

― [最終確認] 修正後の稟議書を最終確認
― [承認進行] 稟議書を承認プロセスへと移行

まとめ

- 金融業界では多くの文書作成・回付・承認・保存が行われているため、過去の蓄積された文書データを活用することで、生成AIの効果を発揮しやすい環境にある。また、決められた書式が多く、生成AIの出力を統一的な形で活用しやすい。
- 金融業界における生成AIの主なユースケースは、バックオフィス業務の効率化、中核業務への活用、顧客対応の高度化・パーソナライズ化、経営戦略立案やデータ分析といった本部機能の強化など、多岐にわたる。

Chapter 7-2 | ヘルスケア・製薬業界

ヘルスケア・製薬業界の特徴と生成AIの親和性

　ヘルスケア・製薬業界も、生成AIの活用に適した特徴を持っています。患者の電子カルテ、臨床試験のデータ、薬剤の効能や副作用に関する広範な情報が含まれる大量の医療データには、構造化データもあれば、非構造化データもあり、内容も法規やガイドラインによって厳格に定められています。生成AIはこのような大量のデータから必要な情報を抽出し、法規やガイドラインに則り、効率的に文書を生成するのが得意です（**図表7-2-1**）。

　例えば、新薬の承認申請には膨大な量の文書が必要で、その作成には多大な時間と労力を要します。そこで生成AIを活用することにより、一貫性のある高品質な文書を自動生成し、承認プロセスの迅速化と人的エラーの削減が期待できます。

　加えて、グローバルに展開している製薬企業では、同じ医薬品でも、国によって求められる添付文書の内容や形式が異なる場合があります。そういった場合も生成AIを活用すれば、国ごとの要件に応じて文書をカスタマイズすることが可能となり、グローバルなコンプライアンス管理の効率化につながるのです。

　このように、ヘルスケア・製薬業界は、豊富な医療データ、厳格な規制、グローバルな展開という特徴を持っており、生成AIを導入することで、業界特有の課題を解決し、業務の効率化と品質向上を図ることができるのです。

[図表7-2-1] ヘルスケア・製薬業界における生成AI活用事例

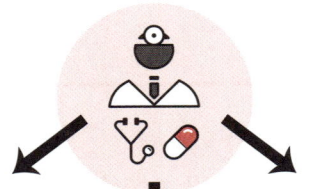

医療データの活用

構造化データ　　非構造化データ

 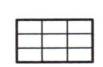 

生成AIは大量の医療データから
必要な情報を抽出し、
効率的に活用することができる

グローバルコンプライアンス管理の効率化

生成AIにより、
国ごとの要件に応じた添付文書の内容や形式を
カスタマイズすることが可能となり、
グローバルなコンプライアンス管理の
効率化につながる

新薬承認申請プロセスの効率化

生成AIを活用することで、
一貫性のある高品質な申請文書を自動生成し、
承認プロセスの迅速化と
人的エラーの削減が期待できる

ヘルスケア・製薬業界において、生成AIの活用は
業務の効率化、品質向上、コスト削減などの効果が期待できる。
豊富な医療データ、厳格な規制、グローバルな展開という
業界特有の課題解決に、生成AIが大きく貢献。

ヘルスケア・製薬業界における
生成AIの主なユースケース

　ヘルスケアおよび製薬業界における生成AIの活用は、特に論文

検索、品質保証、データ分析という三つの主要なユースケースにおいて顕著です**（図表7-2-2）**。

　まず、論文検索の分野では、生成AIが社内の文脈を踏まえた上で関連性の高い論文を抽出し、要約やインサイトを提供することができます。研究者は自然言語で質問を投げかけるだけで、社内の知見と外部の論文を組み合わせた情報を得ることができるのです。これにより、新たな仮説の立案や研究の方向性の決定が効率的に行えるようになります。

　例えば、ある研究者が「新規抗がん剤の開発における最新の動向」について調べたい場合、従来なら膨大な論文を手作業で検索する必要がありましたが、生成AIを活用すれば、社内の過去の研究データと外部の論文を組み合わせ、最新の知見を瞬時に得ることができるのです。

　品質保証の分野でも生成AIが大きな役割を果たします。過去の品質逸脱事例を基に、新たに発生した異常（逸脱）への対応方法を提案したり、逸脱報告書の自動生成や過去の類似事例からの知見の抽出により、品質管理業務を効率化したりすることができます。

　品質保証については他にも、標準作業手順書（SOP：Standard Operating Procedures）の改訂箇所の提案や変更履歴の自動生成などにより、文書管理業務の支援も可能です。これらの機能により、品質保証部門は業務の効率化と品質の向上を同時に実現できるのです。

　そして、データ分析の分野でも、生成AIの活用により大きな変革が起こっています。従来、複雑な臨床試験データの分析は医療・医薬に詳しくかつデータ分析のできる専門家の仕事でしたが、生成AIを用いることで、開発部門の担当者が自然言語を用いて直接データを分析できるようになります。これにより、PDCAサイクルを高速で回すことが可能になるのです。

　例えば、ある新薬の有効性と安全性を評価するフェーズ3臨床試

験データについて、「副作用の発現率と患者の年齢層の関係」を知りたい場合、自然言語で質問を入力するだけで、生成AIが必要なデータを抽出し、分析結果を分かりやすく解釈・視覚化してくれます。ここで言及されているフェーズ3は、医薬品の開発において主に四つのフェーズに分けて行われる臨床治験の一つです。フェーズ1では少数の健康な人を対象に安全性を、フェーズ2では少数の患者を対象に有効性と安全性を、フェーズ3では多数の患者を対象に有効性と安全性を確認し、そしてフェーズ4では承認後の市販後調査を行います。生成AIを活用することで、このようなフェーズ3をはじめとする各フェーズの臨床試験データをより迅速かつ効果的に分析できるようになります。これにより、医療従事者や開発担当者がデータドリブンな意思決定を行いやすくなり、新薬開発のス

[図表7-2-2] ヘルスケア・製薬業界における生成AI活用シーン例

活用シーン	具体例
論文検索と研究支援	研究者が自然言語で質問すると、生成AIが関連する論文を抽出し、要約やインサイトを提供。内部の研究データと組み合わせて、新たな仮説の立案や研究方向性の決定をサポート。
品質保証の自動化	過去の品質逸脱事例を基に、新たに発生した品質問題に対する対応方法を提案。逸脱報告書の自動生成やSOPの改訂を通じて、品質保証業務の効率化を図る。
臨床データの高速分析	生成AIが臨床試験データなどの複雑なデータセットに対して、自然言語での問い合わせに応じて分析を実行。データの視覚化と解釈を提供し、PDCAサイクルの高速化を支援。
パーソナライズされた患者ケア	生成AIが患者の健康データや過去の治療履歴を分析し、個別化された治療計画や介入策を提案。医師がより効果的な患者対応を行えるよう支援。
新薬発見と開発の加速	生成AIが化合物のスクリーニングやバイオマーカーの分析を行い、有望な新薬候補を迅速に特定。新薬の開発プロセスを効率化し、市場投入までの時間を短縮。

ピードアップにつながるのです。

【参考】Food and Drug Administration「Step 3: Clinical Research」

ヘルスケア・製薬業界における活用事例

　ヘルスケア・製薬業界における生成AIの具体的な活用事例として、大手製薬企業であるファイザーとジョンソン・エンド・ジョンソンのケースが特に注目に値します。

　ファイザーでは、バリューチェーン全体にわたって生成AIを導入し、その結果、年間約10億ドルのコスト削減に成功しています。この大規模な成果は、製造領域やコマーシャル領域など、17の異なるユースケースに生成AIを活用することで実現されました。例えば、新薬開発プロセスにおいて、特許出願の初稿作成や医学・科学コンテンツの生成に生成AIを活用することによって、わずか18ヶ月で19種類の医薬品とワクチンを発売するという挑戦をし、開発サイクルの大幅な時間短縮と効率化が図られました。このような取り組みは、デジタル技術、データ活用、そして生成AIの積極的な導入が、製薬業界における革新的な医薬品開発の推進力となっていることを示しています。

　一方、ジョンソン・エンド・ジョンソンでは、特に非構造化医療データの活用に焦点を当てています。診断から治療、予後に至るまでのペイシェントジャーニー（患者が病気を認知し、医療機関で診断・治療を進めていくプロセスで、どのように感じ・考え・行動するのかといった全体像）に沿ったデータを生成AIで分析しています。電子カルテやデジタルヘルスデータなど、大量の非構造化データが生成AIによって効果的に分析され、新たなインサイトが抽出されています。これにより、治療法の改善や新たな治療戦略の開発が可能となり、患者

のアウトカムが向上しています。

さらに、生成AIが提供する情報の正確性を保証するために、検索拡張生成（RAG）技術を導入しています。この技術は、生成AIが情報を生成する際に、関連する文書を検索し、その情報を利用して回答を生成するものです。この技術により、生成AIが引用する情報の出典が明示され、信頼性の高い結果が保証されます。

これらの例から、ヘルスケア・製薬業界における生成AIの活用は、コスト削減、効率化、治療品質の向上という複数の面で有益であることが示されています。

【参考】
・ミクスOnline「製薬業界の生成AI活用「検討段階から実装フェーズへ」ペニシリン誕生に匹敵するインパクト AWS」
・AWS「Pfizer at AWS re:Invent 2023」
・OmniSilence「3 use cases for Generative AI in commercial pharma teams」
・MDV EBM insight「ペイシェントジャーニーとは？意味や必要性、マップを作るメリットを解説」

具体例（論文検索フロー）

生成AIを活用した論文検索のフローを具体的に見ていきましょう。まず、研究者が自然言語で研究テーマや質問を入力したり、過去の社内文書を読み込ませたりすることで、生成AIに社内のコンテキストを把握させます。これにより、生成AIは単に一般的な知識だけでなく、その企業特有の研究の方向性や関心事を理解することができるようになります。

次に、生成AIは社内の研究データや過去の知見を踏まえて、関連する論文を検索するためのクエリを生成します。これが重要なのは、研究者が自分で適切なキーワードを選ぶ必要がないというところにあります。生成AIが社内の文脈を理解した上で、最も関連性の高い検索クエリを自動的に生成してくれるのです。例えば、「新

規抗がん剤の開発」について調べたい場合、生成AIは社内の過去の研究データを分析し、「抗がん剤」「新規化合物」「作用機序」（医薬品が体内でどのように作用して効果を発揮するかを示す）などの適切なキーワードを組み合わせて検索クエリを作成します。

　そして、生成AIは検索結果から重要な論文を選択し、要約を生成します。これによって、研究者は膨大な数の論文を一つひとつ読む必要なく、生成AIが選んだ重要な論文の要点を素早く把握することができます。要約は単なる文章の抜粋ではなく、生成AIが論文の内容を理解した上で、重要なポイントをコンパクトにまとめたものです。

　最後に、生成AIは要約に基づいて、研究者に対して研究の方向性や新たな仮説のアイデア、要点を提供します。これは、AIが単に情報を要約するだけでなく、社内の文脈を踏まえて、研究者にとって有益な示唆を与えてくれることを意味します。例えば、「この論

[図表7-2-3] 論文検索フロー図解

①コンテキスト入力
- [研究者入力] 自然言語での研究テーマや質問、過去の社内文書読込
- [AI理解] 企業特有の研究方向性や関心事をAIが理解

②クエリ生成
- [データ分析] 社内の研究データや過去の知見を基にクエリ生成
- [キーワード選定]「抗がん剤」「新規化合物」「作用機序」などのキーワードを用いた検索クエリ自動生成

③論文選択と要約
- [検索実行] 生成されたクエリで関連論文検索
- [重要論文選定] AIが重要と判断した論文を選択
- [内容要約] 選定論文の内容をAIが理解し、重要ポイントを要約

④研究方向性と仮説提供
- [示唆提供] AIからの研究方向性や新たな仮説、重要ポイントの提案
- [アイデア生成] 例：「新しい作用機序を既存の化合物ライブラリーに応用」

文で提案された新しい作用機序は、当社の既存の化合物ライブラリーにある化合物Xに応用できるかもしれない」といった具合です。

このように、生成AIを活用した論文検索のフローは、研究者の情報収集と分析の作業を大幅に効率化し、新たな発見や仮説の創出を促進します。AIが社内の文脈を理解した上で、適切な論文を選択し、要点と示唆を提供してくれるからです。これにより、研究者は膨大な情報のなかから重要なものを素早く見つけ出し、研究を進めることができるのです。

まとめ

- ヘルスケア・製薬業界は、豊富な医療データ、厳格な規制、グローバルな展開という特徴を持っており、生成AIを導入することで業界特有の課題を解決し、業務の効率化と品質向上を図ることができる。具体的には、論文検索、品質保証、データ分析の分野で生成AIの活用が顕著である。

- 事例として、ファイザーでは、バリューチェーン全体に生成AIを導入し、年間約10億ドルのコスト削減に成功している。また、ジョンソン・エンド・ジョンソンでは、非構造化医療データの活用に焦点を当て、生成AIによる分析で治療法の改善や新たな治療戦略の開発を実現している。

- 生成AIを活用した論文検索フローでは、生成AIが社内の文脈を理解した上で、適切な論文を選択し、要約と示唆を提供してくれるため、研究者の情報収集と分析の作業を大幅に効率化し、新たな発見や仮説の創出を促進することができる。

Chapter 7-3 製造業

製造業の特徴と生成AIの親和性

　製造業は、大量生産と効率化を追求する業界であり、効率化のためのIoT機器などの普及により、製造現場からさまざまなデータが収集されるようになりました。生産条件データ、カメラ画像、従業員の勤務時間、CO2排出量など、あらゆるデータが蓄積されています。しかし、そのデータを分析し、活用するまでには至っていない企業が多いのが現状です。つまり、製造業には大量のデータが眠っている状態にあるといえます。

　この眠っているデータを活用することで、製造業は大きな効率化とコスト削減を実現できる可能性があります。しかし、製造工程は複雑で多岐にわたるため、画一的なソリューションでは対応が難しいという課題があります。なぜなら、製品や工程ごとに異なる特性があり、それぞれに適したアプローチが必要とされるからです。

　ここで、生成AIの特徴が製造業の課題解決に大きく貢献できると考えられます。生成AIは少量のデータを与えるだけでも、個別の工程に特化したカスタマイズが可能です。製品や工程ごとの特性に合わせて、生成AIを調整することができるのです。さらに、生成AIは自然言語処理の能力に長けているため、現場の文脈を理解した上で分析やアドバイスを提供できます **（図表7-3-1）**。

　例えば、ある工程で不良品が多発しているとします。生成AIを使えば、生産データを分析するためのコードを生成して実行するこ

とができます。そして現場の生産条件の管理担当者が自然言語で直接問いかけることで、分析結果を得られます。これにより、不良品が発生する原因の特定が容易になります。また、生成AIは分析結果から自然言語で具体的な改善案を提示することも可能です。このように、生成AIを活用することで、製造業は個別の工程に最適化されたソリューションを実現できるのです。

　また、生成AIは製造業のノウハウやベストプラクティスを参照し、全社的に共有することもできます。熟練の技術者の知見を言語化、蓄積した上で生成AIを用いて活用することで、技術の継承と標準化を促進することもできるでしょう。これにより、人材育成の効率化とともに、全体的な生産性の向上が期待できます。

　このように大量のデータと複雑な工程を持つ製造業だからこそ、生成AIの特徴を存分に発揮できるといえるかもしれません。生成AIは、製造業のDXを加速する強力なツールになると考えられるのです。

［図表7-3-1］ 製造業における生成AIの活用

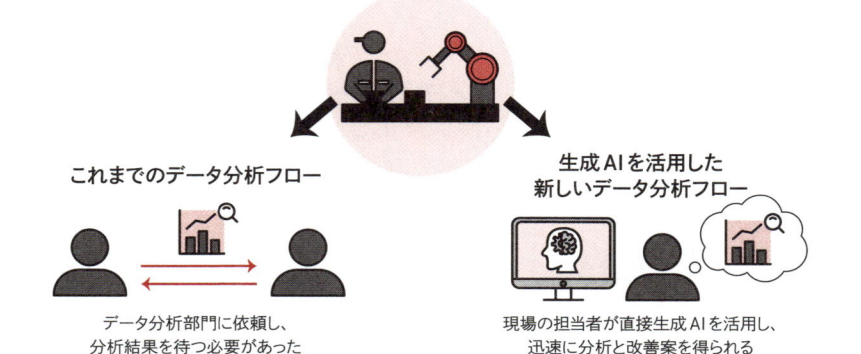

これまでのデータ分析フロー

データ分析部門に依頼し、
分析結果を待つ必要があった

生成AIを活用した
新しいデータ分析フロー

現場の担当者が直接生成AIを活用し、
迅速に分析と改善案を得られる

生成AIにより、製造業の現場主導のデータ分析が可能に。
DXを加速する強力なツール。

製造業における生成AIの主なユースケース

　最近の製造業では、収集、蓄積されたさまざまなデータを生成AIによって分析することで、生産性の向上、設備の故障予測、品質管理など、あらゆる用途に活用できます（**図表7-3-2**）。例えば、生産ラインのセンサーデータを分析することで、設備の異常を早期に検知し、故障を未然に防いだり、品質管理データを分析することで、不良品の発生パターンを特定し、品質改善につなげたりすることができます。

　また生成AIは、製造業のバリューチェーン全体でも活用ができます。製品や設計段階では、過去の設計データの学習によって新製品の設計を支援でき、製造段階では、自動化された製造システム、機械と人間のオペレータ間、製造プロセス内の異なるシステム間などのコミュニケーションをそれぞれ強化し、最適な運用効率を達成できます。例えば、生成AIを用いて機械の動作ログを分析し、最適な動作パラメータを提案することで、生産性を向上させることができます。

　保守点検などのアフターサービスの段階でも、生成AIは大きな役割を果たします。製品の取扱説明書は、製品の適切な使用方法や注意点を理解するために欠かせませんが、その内容は非常に複雑で膨大なものになりがちです。取扱説明書を自動的に要約し、ユーザーにとって最も重要な情報をコンパクトに、かつ分かりやすく提示することで、ユーザーは製品の使用方法をより迅速に理解し、円滑に製品を活用できるようになります。

　また、製品の仕様変更や機能追加などがあった場合、従来は取扱説明書の修正に多大な時間と労力を要していましたが、生成AIを用いることで、変更点を即座に反映し、常に最新の情報を提供する

ことが可能になります。

さらに、生成AIは製造業のサプライチェーンの可視化にも貢献します。自然言語処理によって法律文書や契約文書から関連する条項を抽出し、最適なサプライヤーを検索することができます。これにより、調達コストの削減や、サプライチェーンのリスク管理の強化が期待できます。

製造業におけるデータの蓄積は、生成AIの活用にとって大きな強みとなります。生成AIは、これらの膨大なデータから価値あるインサイトを引き出し、製造業のDXを加速させる力を持っています。生産性の向上、品質の改善、コスト削減など、生成AIは製造業のさまざまな課題解決に貢献することができるのです。

[図表7-3-2] 製造業における生成AI活用シーン例

活用シーン	具体例
設計とプロトタイピング	生成AIが製品の設計段階での複雑な形状や部品の設計を支援。例えば、過去の履歴やノウハウを踏まえて最適な材料選択や形状をAIが提案し、プロトタイピングのスピードを上げる。
品質管理	製品の品質に異常が発生した際、生成AIが過去の同様の事例を参照し、品質改善のための具体的な方策、アクション、製造方法の改善アドバイスを提示。
カスタマイズ製品の製造	顧客の要望に応じたカスタマイズ製品の設計と製造をAIが支援。顧客がオンラインで入力した仕様に基づいて、生成AIが製品設計を自動生成。
サプライチェーンの最適化	生成AIを用いて供給網データを分析し、供給網の効率化やリスクの低減を図る。例えば、需要予測、在庫管理、物流の最適化に生成AIを活用。

製造業における活用事例

生成AIは製造業においても、さまざまな場面で活用されていま

す。ここでは、具体的な活用事例を二つ紹介します。

　まず、Siemensは、ChatGPTを活用した保守作業支援ツールを開発中です。このツールは、機器の故障時に現場の従業員と機器の専門家とのやり取りをAIが橋渡しすることで、迅速な対応を実現します。例えば、現場の従業員が故障状況を入力すると、生成AIがその状況を要約し、英語に翻訳します。そして、その情報が海外の専門家に伝達され、修理方法の指示を受けます。もし問題がソフトウェアに関するものであれば、遠隔でプログラムを修正することも可能です。さらに、生成AIは故障の報告書のドラフトも作成します。このように、ChatGPTを活用することで、言語の壁を越えた迅速な故障対応が可能になります。これは、グローバルに展開する製造業にとって、大きなメリットとなるでしょう。

　次に、Microsoftは「Dynamics 365 Copilot」を用いて、サプライチェーンの混乱を未然に防ぐ取り組みを行っています。洪水などの気象災害が発生した際、生成AIがインターネットを通じてサプライヤーの被害状況を調べ、影響を受けそうなサプライヤーを洗い出して報告します。これにより、企業は早期に対策を講じることができます。例えば、代替のサプライヤーを手配したり、在庫を積み増したりすることで、サプライチェーンの寸断を防ぐことができます。このように、生成AIを活用することで、サプライチェーンのリスク管理を強化することができるのです。

　これらの事例から、生成AIが製造業のさまざまな場面で活用され、業務の効率化や問題解決に貢献していることが分かります。

【参考】
・SIEMENS「Siemens and Microsoft drive industrial productivity with generative artificial intelligence」
・Microsoft「Microsoft announces new Copilot and demand planning capabilities for Dynamics 365 Supply Chain Management」
・日経X Tech「ChatGPTで保守点検支援など、MSやシーメンスらが製造業の生成AI活用事例を披露」

具体例（故障対応フロー）

　製造業における生成AIの具体的な応用例として、故障対応フロー**（図表7-3-3）**とデータ分析フロー**（図表7-3-4）**が注目されています。

　まず、故障対応フローでは、現場の従業員が機器の故障状況を入力するところから始まります。この情報は生成AIによって要約され、必要に応じて英語や日本語など情報を受け取る側の言語に翻訳されるため、言語の壁を超えてグローバルな専門家に情報を伝えることができます。例えば、ベトナムの工場で発生した機械の故障を日本の専門家が遠隔で把握し、具体的な修理方法を指示するといったことが可能になります。これにより、修理の迅速化と正確性が保証され、プロセス全体の効率が向上します。また、ソフトウェア関連の問題が原因の場合、専門家は遠隔地からプログラムを直接修正することが可能です。故障の報告書作成も生成AIによって自動化され、ドラフトが作成されるため、文書処理の時間と労力が大幅に

[図表7-3-3] 故障対応フロー図解

①故障状況の入力と翻訳
- [入力] 現場の従業員が故障状況を入力
- [翻訳] AIが状況を要約して英語に翻訳

②海外専門家への連絡
- [伝達] 翻訳された故障情報を海外の専門家に伝達
- [指示] 修理方法の指示を受け取る

③遠隔修理
- [ソフトウェア問題] 遠隔でプログラム修正実施

④報告書の作成
- [ドラフト作成] AIが故障の報告書ドラフトを作成

削減されます。

　次に、蓄積されたデータの分析フローでは、生成AIが蓄積されたデータを効果的に活用します。生産技術者は、製造工程や設備に関する情報をシステムに入力し、生成AIがそれを参照可能な形で整理します。特に大規模なデータベースでは、キーワード検索、ベクトル検索、クエリ検索など、データを効率的に参照するための工夫が施されます。生産技術者が自然言語で質問を投げかけると、AIは裏側でPythonやSQLを実行し、必要なデータを抽出・分析します。この結果は可視化され、さらにはPowerPointとして整理されることで、分析内容と得られた示唆が明確に伝えられます。

　これらの事例から、従来はデータサイエンティストの専門領域であった分析作業が、生産技術者にも手が届くようになり、データに基づく意思決定がより迅速かつ広範囲に行われるようになります。

［図表7-3-4］蓄積データの分析フロー図解

①データの入力と参照設定
- ┠ ［データ入力］製造工程や設備の情報を生成AIが参照可能に記録
- ┖ ［構造化］蓄積されたデータの「構造」を設定
  - ┖ ［参照手法］キーワード検索、ベクトル検索、クエリ検索

②自然言語による質問
- ┖ ［質問］生産技術者が自然言語で質問を投げかける

③データの抽出と分析
- ┠ ［分析実行］裏側でPythonやSQLを使用してデータ抽出・分析
- ┖ ［可視化］分析結果の可視化

④プレゼンテーションの作成
- ┖ ［PowerPoint出力］分析結果とインサイトをPowerPointにまとめて出力

- 製造業は IoT から収集・蓄積した大量のデータを保有しており、生成 AI を用いることで個別の工程に最適化されたソリューションを実現できる。生成 AI は製造業のノウハウやベストプラクティスを参照し、全社的な共有も可能である。
- 生成 AI は製造業のバリューチェーン全体で活用でき、設計、製造、保守点検などのさまざまな場面で効率化やコスト削減に貢献する。具体的には、Siemens が故障対応支援ツールを開発し、Microsoft がサプライチェーンの混乱を未然に防ぐ取り組みを行っている。
- 生成 AI の導入により、従来はデータサイエンティストの専門領域であった分析作業が生産技術者にも手が届くようになり、データに基づく意思決定がより迅速かつ広範囲に行われるようになる。

Chapter 7-4 | 不動産業界

不動産業界の特徴と生成AIの親和性

　不動産業界は、物件情報や契約書類など大量のテキストデータを扱う業界です。また、契約書類など定型化されたフォーマットが多いため、生成AIによる自動化に適しています。

　一方で、個々の物件情報のフォーマットは物件ごとに異なる場合もあり、従来のシステム化では対応が難しかったといえるでしょう。しかしながら、生成AIは抽象的な指示をするだけで合理的な判断を下すことができるため、このような曖昧な領域やシステム化が遅れていた領域での活用も可能となっています。

　さらには、不動産業界では、物件の設計や内装のデザインなどクリエイティブな要素を含む業務もあります。そういった分野では、生成 AI による画像生成や 3D モデリングにより、デザイン業務の効率化や新たなアイデア創出が期待できます。

不動産業界における生成AIの主なユースケース

　不動産業界における生成AIの主なユースケースとして、物件情報の自動生成、契約書類の自動作成、契約書類の確認について見てみましょう。

　物件情報の自動生成では、物件の基本情報や特徴を基に、AIが物

件説明文を自動生成します。不動産業界では大量の物件情報を扱うため、手作業での説明文作成は非常に時間がかかる作業です。そこで生成AIを活用し、物件の立地、間取り、設備などの基本情報から、魅力的な物件説明文を自動で生成することで、大量の物件情報を効率的に作成できるようになれば、物件サイトの充実化や営業活動など生産性の高い業務に人的資源を振り向けることができます。

また契約書類の自動作成では、契約内容や条件を基に、生成AIが賃貸借契約書や売買契約書のドラフト版を自動生成します。不動産取引では多くの契約書類が必要となりますが、その作成には法律知識や細かい確認作業が求められ、手間がかかります。生成AIを活用すれば、契約書作成の手間を大幅に削減でき、ミスの防止にも役立ちます。

契約書類の確認業務では、作成した契約書の内容についてチェックリストを用いて生成AIが確認し、漏れや不備を検出しアラートを出します。契約書は法的拘束力を持つ重要な書類であり、ミスや漏れがあると大きなトラブルに発展する恐れがあります。生成AIを活用することで、人間の目で見逃しがちな部分を補完し、契約書の品質向上やリスク回避に役立てることができます。もちろん最終的な判断とお客さまへの提示は人間が行うべきですが、契約書の品質を高め、法的トラブルのリスクを事前に軽減できれば業務の効率化とともに、安心して業務遂行ができます。

このように、不動産業界では生成AIを活用することで、物件情報の自動生成、契約書類の自動作成、契約書類の確認といった業務を効率化し、品質向上やリスク回避を図ることができます。生成AIの活用により、業務の生産性を高め、より付加価値の高いサービスを提供することが可能となるでしょう。

不動産業界における活用事例

　続いて、不動産業界における生成AIの具体的な活用事例を見てみましょう。

　日本ではトランスコスモスと東京建物不動産販売が、AI-OCRと生成AIを組み合わせた物件情報登録のスキームを構築しています。このスキームでは、まず多様なフォーマットの物件情報登録書類をAI-OCRでテキストデータ化します。次に、生成AIで必要なテキストデータを抽出・要約し、入力作業を自動化します。さらに、物件情報に必要な地図情報も自動取得する機能を搭載しています。このように、AI-OCRと生成AIを組み合わせることで、物件情報登録業務の効率化を実現しています。

　中国では、諸葛啓航科技がWebの不動産市場データと業務提携先のデータを用いて、不動産住宅動向レポートを自動生成しています。同社は50都市・8万戸を対象とした物件別価値レポート、都市別住宅価格予想レポート、不動産市場予想レポートを作成しています。将来的には個人の行動データも取り込み、パーソナライズされたレポート生成の可能性も探っています。このように、生成AIを活用することで、大量のデータから価値ある情報を抽出し、レポート作成を自動化できます。これにより、不動産市場の動向把握や意思決定の迅速化が期待できます。

【参考】
・トランスコスモス「トランスコスモス、東京建物不動産販売とAI-OCRと生成AIを組み合わせた物件情報登録のスキームを構築」
・諸葛啓航科技「諸葛科技推出居住产业首个大模型AIGC应用，评测8万个楼盘，并预测50城房价」

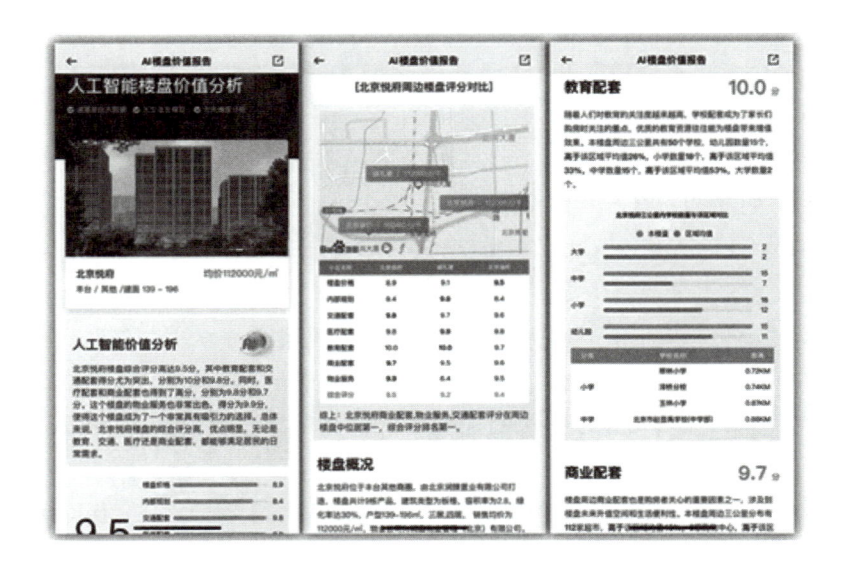

物件別価値レポート

【出典】「不動産事業×生成AI 〜今知っておきたい適用事例とユースケース検討フレーム〜」（株式会社野村総合研究所）

　また、同じく中国の上海品覧数据科技は、対話形式で建設図面を自動生成するサービス「AlphaDraw」を提供しています。同社は過去の施工図や設計図面、建設に関する規定やルールをAIに学習させています。ユーザーがチャット形式で建設・設計の要求事項を入力すると、施工図や設計図面を自動生成します。同社は図面作成コストを10分の1に削減できるとアピールしています。このように、生成AIを活用することで、設計業務の効率化と品質向上が期待できます。

　さらに、中国の万翼科技では、CAD図の設計欠陥をチェックしレポートを自動生成するサービス「AI審図」を提供しています。同

社は過去の建設図面や建設欠陥情報、各種設計基準や規制基準データをAIに事前学習させています。ユーザーが建設図面を入力すると、欠陥箇所を発見してレポートを自動生成します。同サービスは、中国の深セン市で実質的なデファクト設計チェックツールとして採用され、53万の図面をレビューしています。このように、生成AIを活用することで、設計図面のチェック業務を自動化し、品質向上とコスト削減を実現できます。

【参考】
・上海品覧数据科技「AlphaDraw」
・万翼科技「ALDGPT」

[図表7-4-2] 図面の自動生成

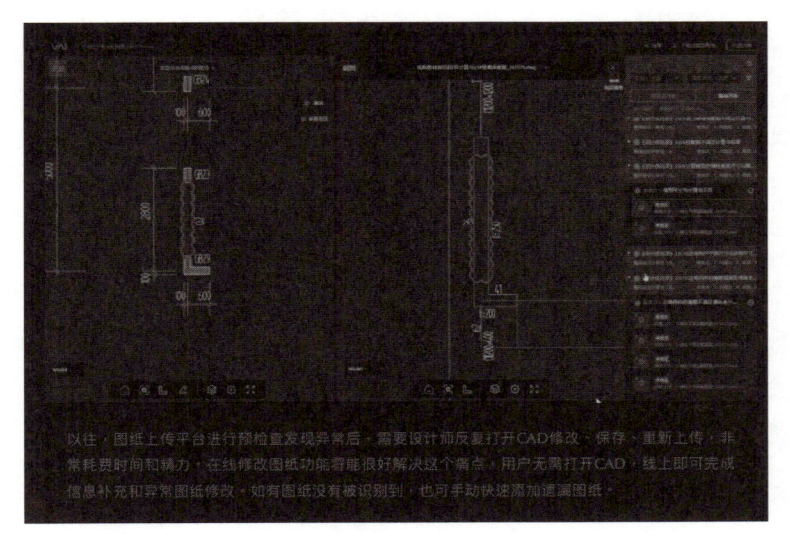

【出典】AI審図平台2.0

　以上のように、不動産業界では物件情報登録、レポート作成、設計図面作成、設計図面チェックなど、さまざまな業務で生成AIが活用されています（**図表7-4-3**）。今後、生成AIの活用がさらに進み、不動産業界のDXが加速することが予想されます。

不動産業における生成AI活用シーン例

活用シーン	具体例
賃貸契約管理	生成AIが賃貸契約の管理を自動化し、契約書の生成、確認、更新、期限の管理を効率化。管理の手間を減少させる。
物件情報管理	AI-OCRによるデータ化などにより物件情報をデータ化し、生成AIによってエンドユーザーの検索傾向やニーズを把握・付加することで、魅力的な物件コンテンツとして提供する。
不動産の価格予測	生成AIが過去の取引データや市場動向、地域情報を分析して不動産価格を予測。投資家や購入者にとって有用な情報を提供する。
設計支援	新規物件の建築において、生成AIが設計図面生成・チェックを行う。
メンテナンスと修繕の予測	生成AIが建物のメンテナンス履歴や現状を分析し、必要な修繕タイミングを予測。コスト削減と効率化を図る。

具体例（物件情報自動生成フロー）

物件情報自動生成のフローを具体的に見ていきましょう。

まず、物件情報登録書類をAI-OCRでテキストデータ化します。不動産業界では、物件情報の登録書類のフォーマットが物件ごとに異なることが多く、従来のシステム化では対応が難しかったのですが、AI-OCRを活用することで、多様なフォーマットの書類からテキストデータを抽出できるようになります。

次に、抽出したテキストデータから、生成AIを用いて必要な情報を抽出・要約します。この際、抽出や要約のためのノウハウデータベースを構築することが有効です。本書でいう「ノウハウDB」です。例えば、物件の特徴や売りポイントを適切に抽出するための

ルールや、魅力的な物件説明文を生成するためのテンプレートなど
を蓄積しておくことで、生成AIの精度を高めることができます。

　さらに、物件の周辺環境や交通アクセスに関する物件情報に必要
な地図情報も自動取得します。その際、単に機械的に情報を取得す
るだけでなく、エンドユーザーがGoogle Mapや検索エンジンで検
索しそうなキーワードや、検索結果につけるタグの選定などの部分
にも、AIを活用することが効果的です。エンドユーザーが検索する
際、物件の魅力を引き立てるような地図情報を得られるようにする
ためです。

　最後に、自動生成された物件情報を物件サイトやWeb広告へ掲
載したり、営業活動に活用したりします。このような一連の自動生
成フローを導入することで、物件情報の登録作業の効率化と物件サ
イトの充実化が図れます。また、物件情報の品質向上と情報の一貫
性の確保も期待できます。

　以上のように、不動産業界における物件情報自動生成フローは、

[図表7-4-4] 物件情報自動生成フロー図解

①テキストデータ化
└ [AI-OCR] 物件情報登録書類をスキャンしてテキストデータに変換

②データ抽出と要約
├ [生成AI] 必要なテキストデータを抽出し、要約を行う
└ [ノウハウDB] 抽出や要約の効率化のためのノウハウデータベースの構築

③地図情報の自動取得
├ [地図API利用] 物件の位置に関連する地図情報を自動で取得
└ [AIキーワード選定] 物件検索に最適なキーワードをAIが選定し、適切な地図データを取得

④物件情報の自動生成
├ [自動生成] AIが全データを統合し、完全な物件情報を生成
└ [活用] 生成された物件情報をサイトへの掲載や営業活動に利用

AI-OCRと生成AIを組み合わせることで多様なフォーマットの書類からテキストデータを抽出し、ノウハウDBを活用しながら必要な情報を抽出・要約し、地図情報も自動取得することで、効率的かつ高品質な物件情報の生成が可能となります。

まとめ

- 不動産業界は大量の定型化されたテキストデータを扱うため、生成AIによる自動化に適している。生成AIは抽象的指示で合理的判断ができるため、物件情報のフォーマットが物件ごとに異なる場合でも活用可能である。
- 不動産業界では、物件情報登録、レポート作成、設計図面作成・チェックなど、さまざまな業務で生成AIが活用されている。
- 物件情報自動生成では、AI-OCRでテキストデータを抽出し、ノウハウDBを活用しながら生成AIで情報を抽出・要約する。地図情報も自動取得することで、効率的かつ高品質な物件情報の生成が可能となる。これにより、不動産会社は業務効率化と付加価値向上を実現できる。

Chapter 7-5 | 営業

営業部門の特徴と生成AIの親和性

　ここからは、企業において必ず行っている共通した業務での生成AI活用について、事例を含めて見ていきたいと思います。

　営業部門は、顧客とのコミュニケーションを通じて、製品やサービスの販売を促進する重要な役割を担っています。営業活動では、顧客との対話や提案資料の作成など、言語が重要な業務が大半を占めます。顧客のニーズを的確に理解し、適切な提案を行うためには高度なコミュニケーション能力が求められますし、提案資料や見積書、契約書など、大量の文書を作成する必要があります。

　生成AIは、自然言語処理を得意とするため、営業業務との親和性は非常に高いといえます。例えば、顧客との応対履歴や対話記録を分析し、ニーズや課題を抽出することで、営業担当者は、顧客の要望をより深く理解し、的確な提案を行うことが可能になります。

　また、過去の成功事例や提案資料を基に、生成AIが新たな提案プランやプレゼンテーショントーク、提案資料を提示することで、業務効率が高まるだけでなく、提案の質を高めることも可能になります。さらに、契約書などの定型文書の作成を自動化することで、業務効率を向上させることも期待できます。

　生成AIを営業部門に導入することで、営業担当者は、より高度なコミュニケーションスキルを発揮し、顧客満足度の向上につなげ、受注率を高めることができます。そして業務の自動化により、営業

活動に割ける時間が増加するため、売上の拡大にも寄与すると考えられます。生成AIは、営業部門の生産性を飛躍的に高め、企業の競争力強化に大きく貢献する技術であるといえるでしょう。

営業部門における生成AIの主なユースケース

　営業部門における生成AIの主なユースケースとして、商談準備の効率化、提案資料の自動生成、契約書などの定型文書の自動作成、顧客とのコミュニケーション支援が挙げられます（**図表7-5-1**）。

　商談準備の効率化においては、生成AIを活用して顧客企業の情報を収集・分析し、商談に必要な情報をまとめることができます。また、過去の商談事例から効果的なアプローチ方法を提案したり、想定される質問や反論を生成したりすることで、ロールプレイングやプレゼンテーションなど、営業担当者のトレーニングにも活用できます。

　提案資料の自動生成では、顧客のニーズや課題に合わせて、最適な提案資料を自動的に作成することができます。過去の提案事例や営業ナレッジを活用することで、説得力のある提案を短時間で作成できるようになります。また、資料のデザインや構成を自動最適化することで、作成時間を大幅に短縮できます。例えば、顧客の業界や課題に応じたテンプレートを用意し、過去の成功事例を参考にしながら、最適な提案資料を自動生成することが可能です。

　契約書や見積書など、定型的な文書の自動作成も生成AIの重要なユースケースです。過去の事例を基に、最適な条件や文言を提案することで、業務の効率化を図ることができます。また、法務部門との連携により、コンプライアンスを確保しつつ効率化を実現することも可能です。例えば、契約書のテンプレートを用意し、顧客情

報や商談内容に応じて必要な条項を自動的に追加・修正することで、作成時間を大幅に短縮できます。

　顧客とのコミュニケーション支援では、メールや商談の内容を分析し、顧客の反応や心理状態を推測することができます。これにより、営業担当者は顧客のニーズやインサイトを的確に把握し、最適な返信や次のアクションの提案ができます。また、商談記録を自動要約することで、情報共有やナレッジ蓄積を効率化することも可能です。例えば、商談中の顧客の発言を分析し、ポジティブな反応を示した箇所や懸念点を抽出することで、営業担当者は効果的なフォローアップを行うことができるでしょう。

　生成AIを営業部門に導入することで、これまで営業担当者が手作業で行っていたさまざまなタスクを自動化し、業務の効率化を図ることができます。また、過去の事例やナレッジを活用することで、提案の質の向上にもつながります。生成AIは営業部門の生産性を高め、顧客満足度の向上と売上拡大に大きく貢献するでしょう。

[図表7-5-1] 営業における生成AI活用シーン例

活用シーン	具体例
営業予測と分析	生成AIが市場のトレンド、競合情報、過去の売上データを統合・分析し、未来の売上予測や営業戦略の最適化をサポート。
パーソナライズされた営業提案	生成AIが顧客の購買契約履歴や行動データ・応対記録を分析し、その顧客に合わせてカスタマイズされた営業提案を生成。
営業関係のドキュメント生成	生成AIが提案書や契約書などの営業関連ドキュメントを自動生成。フォーマットの一貫性を保ちつつ、必要に応じて内容をカスタマイズすることが可能。
営業トレーニングとコーチング	生成AIを活用して営業スタッフのパフォーマンスデータを分析し、個別のトレーニングプログラムを提供。営業スキルの向上や新たな営業戦略の習得を支援。
顧客対応の自動化	生成AIチャットボットが顧客からの問い合わせに自動で応答し、基本的な質問に対する答えを提供。時間外やピーク時でも迅速な対応が可能。

営業における活用事例

　生成AIを営業部門に導入し、業務効率化を実現している企業の具体的な活用事例として、ソフトバンクとCommBoxの取り組みを見てみましょう。

　ソフトバンクでは、営業部門に特化した生成AI環境を構築することで、業務効率化を実現しています。同社はMicrosoftの「Azure OpenAI Service」を活用し、セキュアな生成AI環境を構築して、営業に特化したプロンプトを用意することで、提案シナリオの作成や顧客分析を効果的に支援しています。例えば、過去の成功事例を基に、顧客のニーズに合わせた提案シナリオを自動生成することができます。さらに、社内での理解促進と活用促進施策により、生成AIの高い定着率を達成しています。これは、生成AIの導入が営業担当者の業務効率化に直結することを示しており、他社でも参考になる事例といえるでしょう。

　一方、CommBoxは、営業チャットボットを活用して商談の自動化と効率化を実現しています。同社のチャットボットは、リードの自動生成・育成、商品のアップセルやクロスセル、契約更新などを自動化しています。これにより、営業担当者は商談の準備や事務作業に費やす時間を大幅に削減し、より高度な営業活動に専念することができます。また、チャットボットは24時間365日の対応を可能にするため、営業機会の損失を防ぎます。加えて、顧客データの分析により、パーソナライズされた提案を実現しています。例えば、顧客の購買履歴や閲覧履歴を基に、最適な商品やサービスを提案することができます。これは、顧客満足度の向上と売上拡大につながる取り組みといえるでしょう。

　営業と生成AIの親和性が非常に高いことは先にもお伝えしまし

たが、売上拡大に直結する営業業務において、これらの事例を参考に、自社の営業部門における生成AIの活用方法を検討してみることを強くおすすめします。

【参考】
・ソフトバンクニュース「生成AIを使いこなすことがお客さまへの提案力強化に。数千人が活用する営業活動支援ツール」
・Commbox「Generative AI for Sales: 5 Practical Use Cases for Boosting Acquisition and How to Get Started」

具体例(訪問前の事前メモの自動作成フロー)

　営業部門における生成AIの具体的な活用例として、訪問前の事前メモの自動作成フローについて見てみましょう。

　このフローでは、まずSFAやCRMなどの営業支援ツールに蓄積された顧客情報や過去の商談履歴を生成AIに入力します。その際、すべての情報をそのまま入力するのではなく、どの情報をどのように活用するかを設計することが重要です。例えば、顧客の業種や規模、過去の購買履歴、商談の内容などを適切にカテゴライズし、生成AIが効果的に情報参照できるようにデータを整理する必要があります。また、外部情報を検索して取得する際には、どのような情報を取得するか、どのような検索キーワードを使うかを設計することも重要です。これにより、生成AIは顧客に関する幅広い情報を効率的に収集し、分析することができます。

　次に、商談メモに記載するべき内容やフォーマットを準備しておき、それぞれの項目において、どのような情報を記載するべきかを整理します。これは、営業担当者の経験やノウハウをデータベース化することに相当します。本書でいう「ノウハウDB」です。例えば、顧客のニーズや課題、競合情報、提案内容、次のアクションなどを項目として設定し、それぞれの項目に必要な情報を明確にして

おくことで、生成AIが的確な事前メモを生成できるようになります。

　最後に、生成AIが顧客情報や商談履歴を基に、事前メモを自動生成します。生成AIは、営業支援ツールから収集した情報と、商談メモのフォーマットに基づいて、最適な事前メモを作成します。これにより、営業担当者は訪問前の準備時間を大幅に短縮することができ、商談の効率化につながります。また、AIが過去の商談履歴や外部情報を分析することで、これまで見落としていた情報を活用し、新たな視点やアプローチを提案することも可能になります。

　このように、営業担当者は商談に向けた準備を効率的に行うことができ、新たな視点を得て、顧客との商談をより効果的に進めることが可能になります。生成AIの導入は、営業部門の業務改革と売上拡大に大きく寄与することが期待できます。ぜひ、自社の営業部門における生成AIの活用方法を検討してみてください。

[図表7-5-2] 訪問前の事前メモ自動作成フロー図解

①顧客情報の入力と設計
- [データソース] SFAやCRMなどのツールから顧客情報と商談履歴を収集
- [情報設計] どの顧客情報をどのように利用するかの設計
- [外部情報] 必要に応じて外部情報を取得、適切な検索キーワードの設計

②メモのフォーマット設定
- [メモ内容の設計] 商談メモに記載すべき内容とフォーマットを準備
- [ノウハウDB] 各項目に記載する情報の整理とノウハウデータベースの活用

③事前メモの自動生成
- [AI生成] 生成AIが顧客情報と商談履歴を基に事前メモを自動作成

- 営業部門における生成 AI の活用は、顧客とのコミュニケーションや提案資料作成などの言語が重要な業務と高い親和性がある。生成 AI を導入することで、営業担当者は高度なコミュニケーションスキルを発揮し、顧客満足度の向上と受注率アップにつなげることができる。

- 営業部門での生成 AI の主なユースケースとして、商談準備の効率化、提案資料の自動生成、定型文書の自動作成、顧客とのコミュニケーション支援が挙げられる。これらの活用により、営業担当者は業務効率を高め、提案の質を向上させることが可能である。

財 務 経 理

財務経理部門の特徴と生成AIの親和性

　財務部門や経理部門は、企業の財務状況を正確に把握し、適切な経営判断を下すために欠かせない部門です。財務諸表から会計伝票、請求書や領収書など、大量の数値データと文書データを扱います。これらのデータには、ある程度の定型性がありますが、会社によってフォーマットが異なるため、統一的な処理が難しいという特徴があります。

　また、正確性や効率性が強く求められる業務でもあり、数字の処理にミスがあってはならず、それを適切に文書化する作業が必要不可欠です。また、大量の定型作業を効率的にこなさなければ、財務経理部門が本来担うべき役割を十分に果たせなくなってしまいます。

　こうした財務経理部門の課題に対し、生成AIの持つ定型文書の自動生成やノウハウDBの参照によるカスタマイズ処理の能力によって、作業効率を大幅に向上させることができることから、財務経理業務との親和性も非常に高いといえるでしょう。

財務経理部門における生成AIの主なユースケース

　財務経理部門でのユースケースとして最初に挙げられるのが、財務諸表の自動生成です。関連する取引データなどを情報として生成

AIに与えることで、瞬時に作成ができるだけでなく、各種指標の計算や、前年比較などの分析も、参照するデータを用意しておけば自動で付記してくれます。また、注記事項の案も生成AIが考えてくれるため、後は担当者がこれらのアウトプットを確認するだけで、完成させることができます。

　ユースケースとして次に挙げられるのが、経営分析などのレポート作成です。財務データや経営情報を基に、生成AIが分析レポートのドラフトを生成し、過去のレポートや、業界動向などの情報を参照させれば、それらも加味して、洞察に富んだレポートの案を提示してくれます。さらに、経営層の関心事項を指示に含めておくことで、レポートの構成や論点の最適化までしてくれるため、将来の財務状況を予測したり、異常値を検知したりすることで、経営判断の質を高めることができます。

　また、社内各所あるいは社員個人からの経理に関する問い合わせ

[図表7-6-1] 財務経理における生成AI活用シーン例

活用シーン	具体例
財務諸表の自動生成	取引データから財務諸表を自動生成し、各種指標の計算や前年比較、注記事項の案も自動で付与。経理担当者の最終確認を経て、報告書が完成する。
経営分析レポートの作成支援	財務データや経営情報を基に、生成AIが分析レポートのドラフトを生成。過去のレポートや業界動向も参照し、経営層の関心事項に沿った内容で提案する。
問い合わせ対応の自動化	経理処理や税務に関する問い合わせにAIが自動で回答。定型的な問い合わせは完全自動化し、専門的な内容は経理担当者へのサポートツールとして機能。
不正検知の高度化	生成AIが会計データの異常パターンを検知し、過去の不正事例から学習して新たな不正のパターンを発見。不審な取引に対して自動でアラートを発する。
資金流動性管理の最適化	AIが現金流や支払いサイクルのデータを分析し、資金の流動性を最適化する戦略を提案。短期的な資金不足や過剰な現金保有を防ぐための管理が可能。

応対の効率化も、財務経理部門でのユースケースとなります。財務経理部門は全社の横串の部門であるため、他部門からの問い合わせ対応が膨大に発生します。これらを生成AIによって問い合わせ内容に応じた回答のドラフトを自動で生成させることで、迅速な対応が可能になり、財務経理担当者の応対負担を大幅に軽減できます。

このように、生成AIは財務経理部門の抱える課題を解決し、業務の効率化と高度化を実現して、財務経理部門がより戦略的な役割を担えるようになる助けとなることが期待されます。

財務経理における活用事例

世界的な会計事務所であるEY、PwC、Deloitteでは、生成AIを活用した革新的な取り組みが始まっています。

EYでは、従業員、特に海外勤務者の複雑な給与税に関する質問に答えるために、Generative AIシステムを試験的に導入しています。海外勤務者の給与税は、駐在国と母国の税法の違いや、各種手当の取り扱いなどが複雑に絡み合うため、専門的な知識が必要とされます。Generative AIシステムを活用することで、従業員からの質問に迅速かつ正確に回答できるようになり、業務の効率化と従業員満足度の向上が期待されています。

PwCニュージーランドでは、「ChatPwC」というカスタムGenerative AIチャットボットを導入しています。これは、従業員が安全な環境でテキストベースの質問をし、迅速に情報にアクセスできるようにすることで、より価値の高いタスクに集中できるようにするものです。例えば、経理担当者が会計基準の変更点について質問した場合、ChatPwCが関連する情報を即座に提供することで、担当者は新基準の適用方法の検討により多くの時間を割くことができます。

Deloitteは、「DARTbot」という内部のGenerative AIチャットボットを開発しました。これは、監査・保証の専門家のための仮想アシスタントであり、リアルタイムのガイダンスを提供し、複雑な会計の質問に答え、日常業務をサポートします。例えば、監査チームが特定の取引の会計処理について判断に迷った場合、DARTbotに質問することで、関連する会計基準や過去の類似事例を参照しながら、適切な処理方法を導き出すことができます。

これらの事例から、生成AIは財務経理分野において、専門的な知識を必要とする業務をサポートし、業務の効率化と品質向上に大きく貢献する可能性を秘めていることが分かります。生成AIは、人間の専門家とシームレスに連携することで、より高度な課題解決を可能にするでしょう。今後、財務経理分野における生成AIの活用は、ますます加速していくことが予想されます。

【参考】
・EY「EY announces modernization of payroll employee care using ChatGPT In Azure OpenAI」
・PwC「PwC New Zealand gives secure Generative AI tool - ChatPwC - to all staff nationwide」
・Deloitte「Deloitte Launches Innovative 'DARTbot' Internal Chatbot」

具体例（経営分析レポートの作成フロー）

経営分析レポートの作成は、財務経理部門の重要な役割の一つですが、生成AIを活用することで、そのプロセスを大幅に効率化できます。以下に、生成AIを用いた経営分析レポートの作成フローを具体的に説明します。

まず、売上、利益、コスト、KPIなどの定量データと、事業環境、競合状況、経営方針などの定性情報を生成AIに入力します。これにより、生成AIは企業の財務状況と経営環境を理解するための基礎情報を得ることができます。

次に、レポートの目的や論点、期待する構成をAIに指示します。

経営層の関心事項や議論したいポイントを明示的に指示することで、生成AIはレポートの方向性を理解します。また、レポートの形式（PowerPointなのかWordなのか）やページ数なども指定することで、生成AIは最適な出力形式を選択できます。

さらに、過去の自社レポートや外部の業界分析レポートの情報も生成AIにインプットします。過去の自社レポートを学習させることで、生成AIは社内の文脈を理解し、企業特有の課題や強みを把握できます。一方、外部の業界分析レポートを参照させることで、業界動向を踏まえた考察を行うことができます。

以上の情報を基に、生成AIがレポートのドラフトを自動生成します。インプットされた情報を分析し、論理立てて結論を導き出し

［図表7-6-2］経営分析レポートの作成フロー図解

①データ入力
- ［定量データ］売上、利益、コスト、KPI
- ［定性データ］事業環境、競合状況、経営方針

②レポート指示設定
- ［目的・論点］経営層の関心事項、議論ポイント
- ［フォーマット指定］レポート形式（PPT/Word）、ページ数

③過去データと業界情報の入力
- ［学習］過去の自社レポート
- ［参照］外部業界分析レポート

④AIによるドラフト生成
- ［自動分析］インプットされた情報から分析実行
- ［ドラフト作成］AIが初稿を作成

⑤人間による最終確認と修正
- ［内容確認］経理担当者や経営層がドラフトをレビュー
- ［修正］図表の追加、説明文の修正
- ［最終版］AIへの修正指示または人手による最終化

ます。例えば、売上の伸び悩みの原因を競合他社の新商品発売に求め、対抗策を提案するなどです。

　最後に、人間が内容を確認し、微修正を加えて完成させます。経理担当者や経営層がドラフトを基に内容を確認し、必要に応じて図表の追加や説明文の修正を行います。あるいは、生成AIに修正を指示し、最終版を作成することもできます。

　このように生成AIが自動でドラフトを生成することで、レポート作成にかかる時間を大幅に短縮できるとともに、分析の網羅性と一貫性により、レポートの品質も向上します。また、生成AIは膨大なデータから潜在的なパターンを発見することができるため、人間では気づきにくい論点や新たな視点の提示により、レポートの深度と説得力が増します。さらに、定型的な分析作業を自動化することで、経理担当者は戦略的な分析やアドバイスにより多くの時間を割くことができ、財務経理部門の付加価値が高まります。

まとめ

- 財務経理部門は、大量の数値・文書データを扱い、正確性と効率性が求められる業務である。生成AIの活用により、作業効率を大幅に向上させ、より戦略的な役割を担える。
- 生成AIの主なユースケースとして、財務諸表の自動生成、経営分析レポートの作成支援、問い合わせ対応の自動化などがある。これらにより、業務の効率化と高度化を実現し、経理担当者はより価値の高い業務に注力できるようになる。
- 財務経理部門が生成AIを用いて作成する経営分析レポートは、将来の財務状況予測や異常値検知により、経営層の経営判断の質を高めることができる。

人事

人事部門における生成AIの親和性

　現代のビジネス環境において、人事部門が直面する課題は多岐にわたります。特に、社員の多様な特性やモチベーションを理解し、それに応じた対応を取ることの重要性が増しています。

　従来のAIは、スキルや実績データを基に社員の適性を分類し、最適な配置を推奨することが主な活用シーンでした。しかし、社員のエンゲージメントを高め、能力を最大限に引き出すには、画一的な対応ではなく、個別に最適化されたアプローチが求められます。

　ここで、生成AIならではの活用法が注目されています。例えば、同じ営業職でも、競争心が強い社員にはランキングを示して動機づけを行い、協調性が高い社員にはチームでの目標達成を強調するなど、個人の特性に合わせたアプローチが効果的です。

　また、生成AIは、社員のアンケート回答や日常の行動パターンまで分析することにより、その性格や価値観、動機づけを深く理解することができます。例えば、ある社員が新しいプロジェクトに対して積極的に意見を述べる場合、その行動データから生成AIはその社員がイノベーションを推進するタイプであると読み取ることができます。これにより、その社員に最適なメッセージやキャリアの提案が可能となり、より個別化された対応を実現できます。

　さらに、生成AIは人事担当者の「伴走者」となり、社員エンゲージメントの向上と組織力の強化を支援することにも役立ちます。大

量の社員データから各社員の特性を効率的に見抜き、最適なアプローチ方法を提案してくれます。これにより、人事担当者は生成AIからの提案を基に、より戦略的で創造的な施策立案に注力できるようになります。

　生成AIを活用することで、個々の社員とのエンゲージメントを高め、能力を最大限に引き出すことが可能になります。個人の特性に合わせたきめ細かなアプローチを実現することで、社員の満足度や生産性の向上につながるでしょう。人事部門における生成AIの活用は、単なる業務効率化にとどまらず、組織全体のパフォーマンス向上に大きく貢献すると期待されます。このようにして、生成AIは人事戦略の質を向上させ、企業全体の競争力強化に貢献する重要な役割を担うことでしょう。こうしたことからも、人材・人事部門における生成AIの親和性は非常に高いといえます。

人事部門における生成AIの主なユースケース

　人事部門における生成AIの活用は、従来の手法では対応が難しい多様なニーズに応えるための強力な手段となります。主なユースケースを見てみましょう。

　まず、採用業務の高度化が挙げられます。生成AIは、求職者ごとのスキルや経験、志向性を分析し、最適な求人情報を提示することができます。また、求職者とのコミュニケーションを自動化し、求職者各自のコンテキストに合わせた最適なメッセージを届けることができます。例えば、エンジニア職の求職者には技術的なスキルアップ情報を、営業職の求職者にはキャリアパスに関する情報を重点的に提供するなど、パーソナライズされたアプローチが可能になります。さらに、スカウト時には、候補者の特性を踏まえた上で、

自社の魅力を効果的にアピールすることができます。

　次に、オンボーディングと教育研修の効率化も重要なユースケースです。生成AIは、新入社員一人一人特性やスキルレベルを分析し、最適な研修プログラムを提案してくれます。また、社内の膨大なナレッジを活用し、新入社員の質問に即座に回答することも可能です。これにより、新入社員の学習効率が大幅に向上するでしょう。OJTにおいても、生成AIが指導役社員の助言内容を分析・最適化し、教育効果を高められます。新入社員の理解度に合わせて、説明の難易度を調整したり、具体的な事例を提示したりするなど、効果的な指導方法を生成AIがレコメンドしてくれるのです。

　そして、公正な評価の実現も、生成AIの重要な活用シーンです。社員個々の実績データやプロセスデータを多面的に分析し、評価のたたき台を自動生成できます。また、社内の評価基準や過去の評価

［図表7-7-1］人事における生成AI活用シーン例

活用シーン	具体例
採用業務の高度化	生成AIが求職者のスキルや経験を分析し、適合する求人情報を提示。自動化されたコミュニケーションツールを用いて、候補者に最適なメッセージを送信し、スカウト時には企業の魅力を効果的にアピール。
オンボーディングと教育研修の効率化	新入社員のスキルや特性に合わせた研修プログラムを提案。生成AIが社内のナレッジを活用して質問に即座に回答し、OJT中の教育効果を最適化。
公正な評価の実現	社員のパフォーマンスデータを分析し、客観的かつ一貫性のある評価の基盤を自動生成。評価面談時にもAIが評価のポイントや改善提案を提示し、対話を支援。
エンゲージメント向上施策の立案	社員アンケートから得られたデータを分析し、組織全体の課題を特定。社員一人一人に合った動機づけやキャリア支援方法をレコメンド。
問い合わせ対応の自動化	人事関連の問い合わせに対して生成AIが自動で回答。繰り返し発生する質問への対応を自動化し、より複雑なケースは人事担当者へエスカレート。

事例を基に、評価の客観性と一貫性を担保することも可能です。これにより、評価者による評価のブレを防ぎ、公正で納得感のある評価を実現できるのです。評価面談の際も、生成AIが評価のポイントや改善提案を提示し、建設的な対話を支援してくれます。

最後に、エンゲージメント向上施策の立案も生成AIの得意分野です。社員アンケートの自由回答データから、社員の本音の声を効率的に抽出したり、部署横断の発言傾向を分析し、組織全体の課題やリスク要因を可視化したりできます。また、施策の効果予測や、類似企業のベストプラクティス情報もインプットしながら、最適な施策を提案してくれます。さらに、社員ごとの特性を理解した上で、最適な動機づけやキャリア支援の方法をレコメンドすることも可能です。

このように、生成AIは採用、オンボーディング、評価、エンゲージメント向上など、人事部門のさまざまな場面で活用できる強力なツールです。個々の社員の特性に合わせたきめ細かなアプローチを可能にし、人事業務の効率化と高度化を同時に実現してくれるでしょう。その結果、組織全体の生産性の向上と、社員満足度の向上が同時に達成されることが期待されます。

人事における活用事例

人事領域における生成AIの活用は、大手企業を中心に急速に広がっています。リクルートホールディングスとADPの事例は、生成AIが人事業務の効率化と高度化に大きく貢献することを示しています。

リクルートホールディングスは、国内外の人材派遣事業「RGF Staffing」において、Indeedの持つ生成AI技術を活用した実証実験

を実施しています。派遣スタッフ向けに、生成AIが最適な求人をレコメンドするサービスをテスト中であり、マッチングエンジンの導入により、スタッフの求人応募数が90％増加するなど、大幅な効率化の可能性が示されています。

生成AIは、膨大な求人データと派遣スタッフの情報を分析し、最適なマッチングを実現してくれます。例えば、派遣スタッフのスキルや経験、希望条件などを生成AIが理解し、それに合致する求人を自動的に提示することで、スタッフは自分に合った仕事を見つけやすくなり、企業側も必要なスキルを持つ人材を効率的に見つけられるようになるのです。

リクルートグループでは、HR Technology社とStaffing社の連携により、グループ全体でのシナジー創出を図っています。Indeedの生成AI活用技術を他の人材関連事業に応用することで、採用や配置、育成などの場面でも生成AIの活用が進むことが期待されます。

一方、ADPは、人事管理ソリューション「ADP Assist」に生成AIを活用した機能を実装しています。採用業務の効率化を支援するために、応募者とのコミュニケーションや面接のスケジューリング、スキル分析などを自動化しているのです。また、社員からの人事関連の問い合わせに24時間365日自動で回答する機能も提供しています。人事部門が日々多くの問い合わせに対応しなければならず、業務の負荷が高いことがきっかけになっています。例えば、給与や福利厚生、休暇制度などに関する質問に、いつでも迅速に回答できるようになれば、社員の満足度向上につながります。

ADPは、生成AIを単なる業務効率化ツールとしての活用にとどまらず、同社の膨大な人事データと専門知識を活用し、経営層から従業員まで組織全体の意思決定を支援する包括的なソリューションとすることを目指しています。これから先、人事業務のあらゆる場面で的確なアドバイスや提案ができるようになるでしょう。

これらの事例からも分かるように、生成AIの導入により、人事部門は複雑で時間のかかる業務プロセスを簡素化し、より戦略的なタスクに注力できるようになります。その結果、人事業務の効率化と高度化が促進され、企業全体のパフォーマンス向上につながるのです。さらに、生成AIを活用することで、従業員一人一人に最適な支援を提供できるようになります。これにより、エンゲージメントの向上や組織力の強化といった効果も期待できます。

【参考】
・リクルートホールディングス「Investor Update FY2023 Day 1：Simplify Hiring──仕事探しを簡単に」
・ADP「About ADP／Artificial Intelligence」

具体例（派遣スタッフと企業のマッチングフロー）

　生成AIを活用した派遣スタッフと企業のマッチングフローは、従来の人材派遣業務を大きく変革する可能性を秘めています。

　まず、派遣スタッフが保有するスキルや経験、希望条件などの情報をデータベースに登録します。スタッフの職歴や資格、スキルなどをプロファイルとして管理することで、生成AIがマッチングに必要な情報を効率的に活用できるようになります。このステップでは、個々のスタッフが持つ独自の能力やキャリアの希望が詳細に記録されるため、その後のマッチングプロセスにおいて非常に重要な材料となります。

　次に、企業から寄せられる派遣ニーズの情報を、システムに入力します。必要な人材のスキルセットや、派遣期間、勤務地などの条件を明確化することで、生成AIがより精度の高いマッチングを行えるようになります。これにより、求人ごとに必要とされる具体的な要件が明確になり、より適切な候補者の選定が可能になります。

　そして、生成AIマッチングエンジンが、企業ニーズと派遣スタッ

フのプロファイルを分析し、最適なマッチングを行います。スタッフの経験やスキルと、求人の要件との整合性を多角的に評価し、双方の条件が合致する可能性の高いマッチングを抽出します。これまでのマッチングロジックでは機械的なマッチングのみでしたが、生成AIを活用することで、より不定型な条件にも対応可能になります。例えば、スタッフの志向性や人柄なども考慮に入れ、企業の文化やチームの雰囲気とのマッチングを図ることができるのです。

マッチングの結果、派遣スタッフに最適な求人情報がレコメンドされます。スタッフは自分のスキルを活かせる仕事や、希望に合った求人を効率的に見つけられるようになります。さらに、なぜその求人がおすすめなのかという説明も生成AIが自動で生成するため、

［図表7-7-2］派遣スタッフと企業のマッチングフロー図解

①派遣スタッフ情報登録
- ［情報］スキル、経験、希望条件
- ［管理］職歴、資格、スキルのプロファイル化

②企業ニーズの入力
- ［要件］必要なスキルセット、派遣期間、勤務地

③AIによるマッチング分析
- ［分析］スタッフのプロファイルと企業ニーズの整合性評価
- ［抽出］条件が合致するマッチングの抽出
- ［技術］生成AIによる不定型条件への対応強化

④求人情報のレコメンド
- ［レコメンド］スキルに合った求人をスタッフへ提案
- ［メリット］効率的な求人検索とスキルマッチ

⑤応募と派遣の成立
- ［応募］スタッフによる興味ある求人への応募
- ［成立］選考を通過し派遣契約成立
- ［サポート］AIによる「なぜ推薦か」の説明生成

スタッフの理解を深めることができます。

　最後に、スタッフが興味を持った求人に応募し、企業側の選考を経て派遣が成立します。このように、派遣スタッフと企業の双方が満足できるマッチングを実現できるのです。

　この生成AIを活用したマッチングフローにより、派遣スタッフと企業のニーズを最適にマッチングできるようになり、派遣の成約率やスピードを高まって、人材の最適配置と生産性の向上を図ることができます。また、属人的な経験や勘に頼るのではなく、データに基づいた客観的なマッチングを実現することで、より公平で効率的な人材配置が可能となります。

まとめ

- 生成AIは、個々の社員の持つ性格や価値観、動機づけを深く理解し、個人の特性に合わせたきめ細かなアプローチを可能にする。これにより、社員のエンゲージメントを高め、能力を最大限に引き出すことができる。
- 生成AIは、採用、オンボーディング、評価、エンゲージメント向上など、人事部門のさまざまな場面で活用できる。人事業務の効率化と高度化を同時に実現し、組織全体の生産性向上と社員満足度の向上に貢献する。
- 生成AIを活用した派遣スタッフと企業のマッチングフローは、双方のニーズを最適にマッチングし、派遣の成約率と速度を高める。データに基づいた客観的なマッチングにより、公平で効率的な人材配置が可能となる。

Chapter
7-8

研究開発

研究開発部門の特徴と生成AIの親和性

　研究開発部門は、企業のなかでも特に高度な専門知識と創造力が求められる極めて重要な部門です。新製品やサービス、新技術の開発、既存製品やサービスの改良など、常に新しいアイデアを生み出し、具現化していくことで、企業の競争力を維持し向上させる役割を担っています。そのためには、最新の科学技術や市場動向を常に把握し、深い専門知識を駆使する必要があります。例えば、自動車業界の研究開発部門では、電気自動車や自動運転技術など、最先端の技術動向を踏まえた開発が求められています。

　しかし、研究開発部門が直面する課題の一つに、膨大な量の研究データや論文、特許情報などの取り扱いがあります。これらの情報は複雑で専門的な内容が多く、必要な情報を探すだけでも多くの時間と労力を要します。また、過去の研究データやノウハウも、適切に整理・活用されなければ、有益なリソースが活かされないまま終わってしまうことも少なくありません。例えば、製薬業界では、新薬開発に膨大な研究データや論文の分析が不可欠ですが、その作業に多大な時間と労力がかかっています。

　このような研究開発部門の課題を解決する上で、生成AIは大きな可能性を秘めています。生成AIを活用することで、関連する論文や特許情報を効率的に検索・抽出でき、研究者は必要な情報を素早く入手し、創造的な研究活動により多くの時間を割り当てられま

す。また、生成AIは複雑な研究データや論文の内容を要約し、研究者にとって理解しやすい形で情報を提供します。

加えて、生成AIは新たな知見の発見も支援します。既存のデータや文献から見落とされがちな関連情報を発見したり、新しい研究テーマやアプローチを提案したりすることで、研究開発の新たな可能性を切り開きます。実際に、多くの企業が研究開発部門での生成AIの活用に取り組んでいます。例えば、材料開発の分野では、生成AIを活用して新材料の候補を提案したり、実験データを分析したりする取り組みが進められています。製薬業界でも、創薬プロセスの効率化を目指して、生成AIを活用した研究が行われています。

このように、研究開発部門は生成AIとの親和性が高く、生成AIの活用によって大きな効果が期待できる領域だといえます。生成AIを上手に活用することで、研究開発のスピードアップと質の向上を実現し、企業の競争力強化につなげることができるでしょう。生成AIは研究開発部門において革新的な変革をもたらす技術であり、研究の質と速度の両面で大きな影響を与えることが期待されています。

研究開発部門における生成AIの主なユースケース

研究開発部門における生成AIの主なユースケースは多岐にわたり、研究開発プロセスの各段階で効果を発揮しています。

まず、研究テーマに関連する情報収集の効率化が挙げられます。研究者は、自然言語で質問を入力するだけで、生成AIが関連する論文や特許情報を検索・抽出してくれます。これにより、キーワード検索では見つけにくい情報も、生成AIの自然言語理解能力によって発見できる可能性があります。また、論文や特許情報の要約を自

動生成することで、内容を効率的に把握できます。その結果、研究者は情報収集にかかる時間を大幅に短縮し、より創造的な活動に集中できるようになります。

　研究データの分析と可視化も重要なユースケースです。生成AIが実験データやシミュレーション結果など、複雑な研究データを分析して可視化することで、データの傾向や相関関係を明らかにし、新たな発見や仮説の立案を支援します。研究者は、データ分析の専門知識がなくても、生成AIの力を借りてデータから洞察を得ることができます。また、研究の進捗管理や成果の共有にも役立ちます。

　さらに、研究開発のアイデア創出支援にも注目すべきです。生成AIは過去の研究データや論文、特許情報などを基に、新たなアイデアを提案します。異分野の情報を組み合わせたり、既存の技術を応用したりすることで、斬新なアイデアを生み出すことができます。

[図表7-8-1] 研究開発における生成AI活用シーン例

活用シーン	具体例
情報収集の効率化	研究者が自然言語で質問を入力すると、AIが関連する論文や特許情報を検索・抽出し、要約を生成。研究者はキーワード検索では見つけにくい情報も短時間で把握できる。
研究データの分析と可視化	生成AIが実験データやシミュレーション結果を分析し、可視化する。これによりデータの傾向や相関関係を明らかにし、新たな発見や仮説立案を支援する。
研究開発のアイデア創出支援	生成AIが過去の研究データや論文から新たなアイデアを提案。異分野の情報の組み合わせや既存技術の応用を通じて、斬新なアイデアを生み出す。
研究開発におけるコミュニケーション	生成AIが研究者間の議論を支援し、会議の議事録を自動作成。研究内容を分かりやすく説明する資料を自動生成し、チーム内コミュニケーションを促進する。
研究成果の自動文書化	生成AIが研究成果を基に学術論文のドラフトを自動生成。研究者はこのドラフトを基に修正や追加研究を行い、論文作成の時間を短縮できる。

例えば、材料開発の分野では、生成AIを活用して新材料の候補を提案したり、実験データを分析したりする取り組みが進められています。研究者は、生成AIの提案をヒントに発想を広げ、新たな研究テーマや開発目標を見つけることができます。これにより、研究開発のブレークスルーを生み出す可能性が高まります。

最後に、研究開発におけるコミュニケーション支援も重要なユースケースです。生成AIは研究者同士の議論や情報共有を支援し、会議の議事録を自動作成することで重要なポイントを抽出します。また、研究内容を分かりやすく説明する資料を自動生成することで、研究開発チーム内のコミュニケーションを円滑にし、共同作業を促進します。

生成AIは研究開発部門において、情報収集の効率化、データ分析と可視化、アイデア創出支援、コミュニケーション支援など、さまざまな場面で活用できます。これらのユースケースを通じて、生成AIは研究開発部門の各プロセスを効率化し、より高い成果をもたらすための重要な技術として機能しています。

研究開発における活用事例

アサヒビールと中外製薬は、生成AIを研究開発部門に導入し、それぞれのアプローチで顕著な成果を上げています。

アサヒビールでは、研究開発部門を対象に「Azure OpenAI Service」を活用した社内情報検索システムのPoCを実施しています。このシステムでは、生成AIが技術文書の検索結果を基に、文書の内容を約100文字で要約し、提示する機能を備えています。これにより、研究者は膨大な技術文書の内容を短時間で把握することができます。また、過去の研究データやノウハウを迅速かつ効率的

に活用できるようになり、研究開発のスピードアップが期待されています。例えば、ビール醸造技術や商品開発に関連する情報を集約し、新製品開発や業務効率化に役立てることを想定しています。研究開発部門では、情報が溢れるなかで必要なデータを素早く探し出し、それを有効活用することが求められるため、このような生成AIの活用は非常に価値が高いといえます。

　一方、中外製薬ではChatGPTを全社展開し、研究開発プロセスの大幅な変革を図っています。ここでは、論文の要約や実験データの分析、研究者の過去の知見の再利用に生成AIを活用しています。例えば、論文要約では、生成AIを活用して論文サイトから自動検索を行い、その内容を要約して研究者にフィードバックするモデルを想定しています。研究者は情報収集やデータ分析の工程で生成AIを利用することで、より迅速かつ効率的に研究を進めることが可能になります。さらに、中外製薬では将来的に生成AIを用いたインサイトの抽出や意思決定支援も視野に入れており、これによって研究開発の質の向上及びスピード化が期待されています。

　このように、アサヒビールと中外製薬は、生成AIを研究開発部門に導入することで、情報収集や分析の効率化、過去知見の活用促進、新たな知見の発見などを目指しています。生成AIの活用により、研究開発のスピードアップと質の向上が期待できます。また、生成AIを全社的に展開することで、研究開発部門だけでなく、他の部門の業務効率化や意思決定支援にも役立てることができるでしょう。

　これらの事例から分かるように、生成AIは研究開発部門における情報処理の効率化、データ分析の精度向上、そして新しいアイデアの創出に力を発揮しており、企業の研究開発能力の向上に不可欠な技術となっています。今後、生成AIの活用事例はさらに増えていくと予想され、企業の競争力強化に大きく貢献すると考えられます。

【参考】
・アサヒビール「生成AIを用いた社内情報検索システムを導入 研究所を中心に9月上旬から試験運用を開始 商品開発力強化やグループ間のイノベーション創出を目指す」
・MONOist「生成AIで独自の価値創出を、中外製薬が狙うR＆Dプロセスの革新」

具体例（論文検索と要約のフロー）

　生成AIを活用した研究開発プロセスの一例として、新規素材開発の場面における論文検索と要約のフローを詳しく見てみましょう。このプロセスは、研究者が新たな素材や技術の開発に取り組む際に非常に役立ちます。

　まず、研究者は開発目標とする素材の特性や機能を自然言語で入力します。例えば、「軽量かつ高強度な新素材」や「耐熱性と柔軟性を兼ね備えた素材」といった表現で、求める素材の要件を明確に伝えます。この入力を受けて、生成AIは過去の研究データ、論文、特許情報などを参照し、これらの条件に合致する関連情報を抽出します。この段階で、素材の組成、製造方法、特性評価などの具体的な情報が幅広く収集され、類似の素材や競合他社の開発状況も調査されます。これにより、研究者が単独で行うよりも効率的かつ網羅的に情報を集めることができます。

　次に、抽出された情報を基に、生成AIは新規素材の候補を提案します。この時、複数の素材の組み合わせや既存素材の改良などが提案され、それぞれの候補のメリットやデメリット、実現可能性が明示されます。生成AIは膨大なデータから潜在的な可能性を見出し、研究者の発想を刺激する新たな視点を提供できます。研究者はこの提案を評価し、自身の専門知識や経験に基づいて有望な候補を選択します。必要に応じて、生成AIに追加の情報を要求したり、条件を変更したりしながら、最適な候補を絞り込んでいきます。この過程で、研究者と生成AIが協働し、互いの強みを活かすことが

重要です。

　選択された候補を基に、研究者は実験やシミュレーションを実施し、新規素材の開発を進めます。生成AIの提案を検証し、実験やシミュレーションの結果は生成AIにフィードバックされ、これに基づいてさらなる改善が図られます。この反復的なプロセスを通じて、最終的に目標とする素材の開発を実現します。

　このようなフローを採用することで、新規素材開発の効率化と開発期間の短縮が期待できます。生成AIが過去の研究データやノウハウを有効活用し、研究者の発想を支援することで、従来よりも迅速かつ的確に開発を進められるようになります。また、生成AIが提供する新たな視点は、研究者の思考の幅を広げ、画期的な素材の創出につながる可能性があります。

[図表7-8-2] 新規素材開発のための論文検索と要約フロー図解

①目標設定と情報入力
- [研究者入力] 開発目標とする素材の特性や機能を自然言語で入力
- [例]「軽量かつ高強度な新素材」「耐熱性と柔軟性を兼ね備えた素材」

②関連情報の抽出
- [AI分析] 過去の研究データ、論文、特許情報から関連情報抽出
- [情報収集] 素材の組成、製造方法、特性評価、競合情報の調査

③新規素材候補の提案
- [AI提案] 複数の素材組合せや改良案の自動提案
- [評価] メリット、デメリット、実現可能性の分析

④要約と研究方向性の決定
- [要約生成] 抽出された情報から要点を要約
- [方向性確認] 研究者が要約を基に研究方向性を決定

⑤実験とフィードバック
- [実験実施] 選定された素材候補に関する実験・シミュレーション
- [結果フィードバック] 実験結果をAIにフィードバックし継続的改善

生成 AI を活用した研究開発のフローは、素材開発に限らず、さまざまな分野で応用できます。AI と研究者が協働し、互いの強みを最大限に発揮することで、研究開発のスピードと質を高め、イノベーションを加速することができるでしょう。

まとめ

- 生成 AI は、研究開発部門における情報収集の効率化、データ分析の精度向上、新アイデアの創出に大きく貢献する。これにより、研究開発のスピードアップと質の向上を実現し、企業の競争力強化につなげることができる。
- 生成 AI を活用した具体的な事例として、アサヒビールでは社内情報検索システムの PoC、中外製薬では ChatGPT の全社展開を行っている。これらの取り組みにより、情報収集や分析の効率化、過去知見の活用促進、新たな知見の発見などが期待される。
- 生成 AI を活用した研究開発プロセスの一例として、新規素材開発における論文検索と要約のフローがある。このフローでは、研究者と生成 AI が協働し、互いの強みを活かすことで、従来よりも迅速かつ的確に開発を進められるようになる。

法務

法務部門の特徴と生成AIの親和性

　法務部門は、企業活動における法的リスクの管理や予防を担う重要な部門であり、その業務では契約書や法的文書など、大量のテキストデータを扱います。契約書のレビューや作成、法的リスクの抽出といった作業は、法務部門の日常業務の大部分を占めており、これらの文書は複雑で詳細な注意を要するため、時間と労力が大きくかかる作業となります。また、法律や判例などの膨大な情報を検索し、適切に参照する必要があるため、効率的な検索ツールが不可欠です。

　法務業務には、一定のルールや定型的な作業が多く存在するという特徴があります。例えば、契約書や法的文書の雛形など、再利用可能なテンプレートが頻繁に用いられ、基本的な枠組みは同じでも細部のカスタマイズが必要となることが多々あります。また、法律や判例に基づく判断基準が存在するため、ある程度の自動化が可能となり、手作業によるエラーを減少させることができます。

　このような法務部門の特徴と、生成AIの持つ能力には高い親和性があります。生成AIを活用することで、大量の法的文書から必要な情報を効率的に抽出することができ、法務担当者は膨大な情報のなかから重要な部分を見落とすリスクを軽減できます。また、契約書の自動生成やリスク抽出の自動化が可能となり、法務部門の業務効率を大幅に向上させることができます。例えば、AIが契約書の

雛形を自動生成し、過去の判例や法律に基づいてリスクのある条項を自動的に抽出することで、法務担当者は修正すべき点に集中できるようになります。

さらに、生成AIは法律や判例の変更をリアルタイムで追跡し、最新の情報を提供することができます。法律や判例は常に変化しているため、法務担当者はその変更を逐一追跡する必要がありますが、AIを活用することでこの作業を自動化し、常に最新のコンプライアンス状態を保つことが可能となります。

このように、法務部門の特徴と生成AIの能力には高い親和性があり、AIの活用により法務業務の効率化とリスク管理の強化が期待できます。生成AIが法務担当者の業務を補助することで、法務部門全体の生産性を向上させ、企業活動における法的リスクの管理と予防に大きく貢献することができるでしょう。

法務部門における生成AIの主なユースケース

法務部門における生成AIの主なユースケースは、契約書のレビューと作成支援、法的リサーチの効率化、法的文書の要約と説明、そして法的判断の支援の四つに大別できます（**図表7-9-1**）。

まず、契約書のレビューと作成支援では、生成AIが契約書を分析し、リスクのある条項や漏れている情報を自動的に抽出します。これにより、法務担当者に重要な部分に集中してレビューを行うことができ、見落としのリスクを大幅に減らすことができます。また、過去の契約書や雛形を基に、生成AIが新たな契約書のドラフトを自動生成することも可能です。これにより、契約書の作成にかかる時間を大幅に短縮できるだけでなく、ミスのリスクも低減できます。特に定型的な契約の更新や新規作成において、効率を大幅に向上さ

せることができます。

　次に、法的リサーチの効率化については、生成AIを活用することで、膨大な法律や判例、社内の法的文書のなかから、必要な情報を素早く見つけ出すことができます。例えば、自然言語での質問に対し、生成AIが関連する法的情報を提示してくれるため、法務担当者は効率的に情報を収集できます。また、法改正の影響分析や新たなリスクの抽出にも生成AIを活用できるため、法務部門はより戦略的な役割を果たすことができるようになります。これは、例えば新しい規制が業務に与える影響を迅速に理解し、対応策を講じる必要がある場合に非常に有効です。

　さらに、法的文書の要約と説明では、生成AIが複雑な法的文書を平易な言葉で要約し、ポイントを説明してくれます。これにより、法的知識のない社内の他部門や取引先とのコミュニケーションが円滑になり、法的リスクや対応方針についての理解が深まります。全

[図表7-9-1] 法務における生成AI活用シーン例

活用シーン	具体例
契約書のレビューと作成支援	生成AIが契約書を分析し、リスクのある条項や漏れがある情報を自動的に抽出。過去の契約書やテンプレートを基に新たな契約書のドラフトを生成し、契約書のレビューにかかる時間とミスのリスクを低減。
法的リサーチの効率化	法規制、判例、社内の法的文書から必要な情報を迅速に検索。自然言語での質問に基づき、関連する法的情報を提示し、新たな法改正の影響分析やリスク抽出に活用。
法的書の要約と説明	複雑な法的文書を平易な言葉で要約し、重要ポイントを説明。これにより、法的知識がない人も法的リスクや対応方針を理解しやすくなり、社内外のコミュニケーションを支援。
法的判断の支援	過去の判例や社内の事例を参考にして、新たなケースの法的判断を支援。根拠となる法律や判例を提示し、説得力のある意思決定をサポート。

社員が法的側面を意識した意思決定を行うことが可能になります。

　最後に、法的判断の支援では、生成AIが過去の判例や社内の判断事例を基に、新たなケースの法的判断を支援します。生成AIが判断の根拠となる法律や判例を提示することで、法務担当者はより説得力のある意思決定を行うことができます。

　以上のように、生成AIは法務部門の業務効率化と高度化に大きく貢献します。生成AIを活用することで、法務担当者は定型的な作業から解放され、より戦略的で付加価値の高い業務に注力できるようになります。また、生成AIによる分析や提案は、法的リスクの早期発見や予防にもつながります。生成AIは、法務部門にとって強力なパートナーであり、その活用は今後ますます広がっていくでしょう。

法務における活用事例

　法務部門における生成AIの具体的な企業活用事例として、トムソン・ロイターと弁護士ドットコムの取り組みが注目されています。

　トムソン・ロイターは、世界有数の多国籍メディア企業であり、法律情報の大手プロバイダーとしても知られています。同社の事業は、リーガルプロフェッショナル、コーポレート、税務・会計、ロイター通信、グローバル出版の五つの部門に分かれており、なかでもリーガルプロフェッショナル事業が全体の約42％を占めています。この事業比率の高さからも、法律関連事業が同社の主要な収益源であることが分かります。

　トムソン・ロイターは、AI企業Casetextを約900億円で買収しました。Casetextは、先進的なAI技術を活用して法律専門家向けのソリューションを開発しており、その技術力が高く評価されています。

トムソン・ロイターは、CasetextのAI技術を活用することで、契約書のレビューや法的リサーチの自動化を強化し、法務業務の効率化を図ります。例えば、生成AIが契約書を自動的に分析し、リスクのある条項を抽出することで、法務担当者は重要な部分に集中してレビューを行うことができるようになります。

　トムソン・ロイターは、2025年までに100億ドルを投じてリーガルテック分野でのプレゼンス拡大を目指しています。この大規模な投資は、同社が生成AIを活用した法務ソリューションの開発に注力していることの表れであり、法務業界におけるAI活用の重要性を示す一例といえます。この取り組みによって、法律専門家が直面する時間とコストの問題を大幅に解決しており、法的プロセスの効率化と精度の向上が期待されます。

　一方、日本国内では、弁護士ドットコムが法務業務への生成AI活用に積極的に取り組んでいます。弁護士ドットコムは、日本の法律関連ポータルサイトを運営する企業で、「『プロフェッショナル・テック』で、次の常識をつくる。」というミッションの下、人々と専門家をつなぐサービスを提供しています。

　同社は、日本初の生成AIを搭載した弁護士用書籍検索サービス「弁護士ドットコム LIBRARY AI アシスタント」を提供開始しました。このサービスでは、弁護士が文章形式で質問を投げかけると、生成AIが関連する書籍のページを見つけ出し、要約も生成します。例えば、弁護士が特定の法律問題について質問すると、生成AIが関連する判例や法律書籍の該当箇所を抽出し、要点をまとめて提示します。これにより、弁護士は膨大な法律情報のなかから必要な情報を効率的に見つけ出すことができるようになります。

　弁護士ドットコムは、このAIアシスタントを通じて弁護士の事件処理や書面作成などの業務効率化を支援し、弁護士業務のDXを推進する方針です。生成AIを活用することで、弁護士は定型的な

作業から解放され、より高度な法的判断に注力できるようになります。このAIアシスタントは、法的な質問に迅速かつ正確に答えることで、弁護士の時間を節約し、クライアントへの迅速な対応を可能にしています。

このように生成AIによる自動化や知識の抽出は、法務業務の生産性向上に大きく貢献すると期待されており、今後もこの分野でのAI活用が加速していくことが予想されます。生成AIの導入は法務部門の業務を革新し、より迅速かつコスト効率のよい方法で法的支援を提供するための強力なツールとなっています。

【参考】
・トムソン・ロイター「Westlaw Precision now has generative AI With AI-Assisted Research on Westlaw Precision, simply ask a question in everyday language and get a relevant answer with links to trusted Westlaw authority in moments」
・トムソン・ロイター「Thomson Reuters to acquire legal AI firm Casetext for $650 million」
・弁護士ドットコム「AIアシスタントのフル活用でもっとリサーチが早くなる！弁護士ドットコムLIBRARY活用術を聞いてみました」
・弁護士ドットコム「日本初のAIを搭載した弁護士用書籍検索サービス「弁護士ドットコムLIBRARY AIアシスタント（α版）」を提供開始」

具体例（契約書レビューの自動化フロー）

生成AIを活用した契約書レビューの自動化は、法務部門における業務効率化と高度化に大きく貢献します。そのプロセスと利点について見てみましょう。

まず、対象となる契約書をPDFやWordなどの形式で生成AIに読み込ませます。このステップは、契約書のデジタルデータを生成AIが解析できる形にするために必要です。

次に、生成AIは契約書の内容を詳細に分析し、リスクのある条項や漏れている情報を自動的に抽出します。例えば、免責条項や損害賠償の上限額など、契約のリスクとなり得る重要なポイントを検出し、当事者の名前、契約期間、金額などの必要情報が漏れていな

いかもチェックします。

　そして、抽出したリスクや漏れた情報に基づいて、生成AIに修正案を提示します。リスクのある条項については、より適切な文言への修正案を提案し、漏れている情報については追加すべき内容を示唆します。この段階では、生成AIの提案が法務の専門知識を補完する形で機能します。修正が必要な箇所を生成AIが指摘した後、人間の法務担当者がこれらの指摘内容を確認し、必要な修正を行います。生成AIの提案を基に、最終的な判断を下すのは人間であり、修正した契約書は再度生成AIによるチェックを経て、見落としがないかを確認します。

　最後に、すべてのチェックと修正が完了した契約書を取引先と共有します。生成AIを活用することで、契約書のレビューにかかる

[図表7-9-2] 契約書レビューの自動化フロー図解

①契約書のデジタルデータ入力
　└ [データ読込] PDFやWord形式の契約書を生成AIに読み込ませる

②内容の自動分析
　├ [リスク抽出] 生成AIが契約書を解析し、リスク条項や漏れ情報を自動抽出
　└ [ポイント検出] 重要ポイント（免責条項、損害賠償上限額など）の検出

③修正案の提示
　├ [修正提案] 生成AIがリスク条項に対する修正案を提示
　└ [情報補完指示] 漏れている情報の追加内容を示唆

④人間によるレビューと修正
　├ [最終確認] 法務担当者がAIの修正提案を確認し、必要に応じて修正
　└ [再チェック] 修正された契約書を再度AIでチェックし、漏れがないか確認

⑤契約書の共有と締結
　├ [共有] 完成した契約書を取引先に共有
　└ [締結] 契約の締結をスピーディーに進行

時間を大幅に削減し、契約の締結をスピーディーに行うことが可能になります。これにより、契約書のレビュー工数の大幅な削減と、ミスのリスクを低減できるだけでなく、定型的な確認作業を生成AIに任せることで、法務担当者が本来の業務により集中できるようになります。また、契約締結のスピードアップは、ビジネス全体の機動性を向上させる効果があります。

まとめ

- 法務部門の業務では契約書や法的文書の処理など大量のテキストが取り扱われており、生成AIの能力と親和性が高い。大量の法的文書から必要な情報を効率的に抽出し、契約書の自動生成やリスク抽出の自動化が可能となり、法務部門の業務効率を大幅に向上させることができる。
- 法務部門における生成AIの主なユースケースには、契約書のレビューと作成支援、法的リサーチの効率化、法的文書の要約と説明、法的判断などがある。
- 生成AIを法務業務に活用する際は、生成AIの役割を明確にし、人間の法務担当者が最終的な責任を負うことが重要である。生成AIはあくまでも支援ツールとして位置づけ、法的判断や戦略的な意思決定は人間が行い、倫理的な配慮を怠らないことが鍵となる。

Chapter 7-10 プロジェクトマネジメント

プロジェクトマネジメント（PM）業務の特徴と生成AIの親和性

　プロジェクトマネジメント（PM）業務は、プロジェクトの成功に向けてさまざまな情報を収集し、統合して判断することが求められる、非常に複雑な業務です。PM業務では、タスクの進捗状況、メンバーの稼働状況、発生している課題や障害、ステークホルダーからの要望など、多岐にわたる情報を扱う必要があります。これらの情報は、メール、チャット、会議、ドキュメントなど、さまざまな形で散在しているため、一元的に管理することは容易ではありません。

　人間が手作業でこれらの情報を収集・統合するには、相当な時間と労力が必要であり、情報の見落としや判断ミスのリスクも伴います。PM業務は状況に応じて柔軟な対応が求められるため、完全に定型化することは難しく、システム化にも限界があります。タスク管理ツールなどの補助ツールが存在するものの、根本的な情報処理は依然として人間に依存することが多いのが現状です。

　ここに生成AI活用の大きな価値があります。生成AIは、非定型の情報を柔軟に扱う能力に長けており、自然言語で書かれたさまざまな情報を理解し、必要な情報を抽出・統合することができます。例えば、メールやチャットのやり取りから、タスクの進捗状況や課題を自動的に抽出し、プロジェクト管理ツールに反映させることができます。また、生成AIは、プロジェクトの状況をリアルタイムで分析し、適切な判断やアクションを提案することも可能です。タ

スクの進捗が遅れている場合、生成AIが原因を分析し、対策を提案することで、プロジェクトマネージャーの意思決定をサポートしてくれます。

　生成AIを活用することで、PM業務の負荷を大幅に軽減し、プロジェクトマネージャーがより戦略的な意思決定に集中できるようになります。情報収集や分析に時間を取られることなく、プロジェクトの方向性を決定し、チームをリードすることに注力できます。さらに、プロジェクト全体の効率化だけでなく、各ステークホルダーとのコミュニケーションもスムーズに進むようになります。情報の一元管理と迅速な処理が可能になることから、プロジェクトの成功率を向上させることが期待されます。

　生成AIは、PM業務の効率化と高度化に大きく貢献する可能性を秘めており、プロジェクトの成功確率を高め、ビジネスの競争力を強化してくれることでしょう。

プロジェクトマネジメントにおける生成AIの主なユースケース

　生成AIは、プロジェクトマネジメントのさまざまな場面で活用することができます。その主なユースケースとして、プロジェクト情報の自動収集と統合、プロジェクトの進捗管理と課題の早期発見、ステークホルダーとのコミュニケーション支援、タスクの割り当てと進捗管理の自動化が挙げられます（図表7-10-1）。

　まず、プロジェクト情報の自動収集と統合では、生成AIがメールやチャット、ドキュメントなどからプロジェクトに関連する情報を自動的に抽出し、タスクの進捗状況やメンバーの稼働状況などのデータを統合してプロジェクトの全体像を可視化します。通常、人手では見落としやすい情報も、生成AIは網羅的に拾い上げるため、

情報の漏れが防げ、プロジェクトマネージャーは常に最新の状況を把握できるようになります。

　次に、プロジェクトの進捗管理と課題の早期発見では、生成 AI はプロジェクトの進捗状況をリアルタイムでモニタリングし、計画からの乖離を自動的に検知します。これにより、遅延リスクのあるタスクやリソース不足などの課題を早期に特定し、プロジェクトマネージャーに迅速に対応するためのアラートを発することが可能です。例えば、プロジェクトが予定より遅れている場合、AI はその情報をプロジェクトマネージャーに通知し、速やかな対策の取り組みを促します。

　また、ステークホルダーとのコミュニケーション支援も生成 AI の役立つ機能の一つです。生成 AI はプロジェクトの状況を分かりやすく説明する資料を自動生成し、ステークホルダーへの報告やプレゼンテーションが効率的に行えます。質問や要望に対しても、適切な回答や対応方針を提案することができます。さらに、新しいプロジェクトメンバーのオンボーディング時には、生成 AI が過去のプロジェクトの経緯を要約し効率的に情報を提供することができます。これにより、プロジェクトマネージャーは、ステークホルダーとのコミュニケーションをスマートに行うことができ、重要な業務に集中できるようになります。

　最後に、タスクの割り当てと進捗管理の自動化では、生成 AI は各メンバーのスキルや稼働状況を分析し、それぞれに最適なタスクを割り当てる提案を行います。さらに、担当者に対して適切なタイミングで進捗確認や催促のメッセージを自動送信し、タスクの進捗状況に応じて関連するドキュメントのアップデートや承認フローの開始も自動化します。これにより、プロジェクトマネージャーは、タスク管理に関する煩雑な作業から解放され、容易に全体感を見渡せたり、より戦略的な意思決定に注力できるようになります。

生成AIを活用することで、プロジェクトマネジメントの効率化と高度化を実現することができます。生成AIが情報収集や分析、コミュニケーションの支援を行うことで、プロジェクトマネージャーは、より的確な判断と迅速な対応をすることができるようになり、タスク管理の自動化によって、人的エラーの低減やリソースの最適化も期待できます。このように、生成AIを活用することでプロジェクトの管理がより精密かつ効率的に行われ、プロジェクトの成功率を高めることが期待できるのです。生成AIは、プロジェクトマネジメントの革新的なツールとして、今後ますます重要な役割を果たしていくことでしょう。

[図表7-10-1] プロジェクトマネジメントにおける生成AI活用シーン例

活用シーン	具体例
プロジェクト情報の自動収集と統合	メール、チャット、ドキュメントからプロジェクト関連情報を自動抽出し、タスク進捗、課題、メンバー稼働状況を一元化して全体像を可視化。情報の見落としを防ぎ、プロジェクトの透明性を高める。
プロジェクトの進捗管理と課題の早期発見	プロジェクトの進捗状況をリアルタイムでモニタリングし、計画からの乖離や遅延リスクがあるタスクを自動的に識別。適切なアクションを迅速に取るためのアラートを提供。
ステークホルダーとのコミュニケーション支援	ステークホルダー向けのプロジェクト状況報告資料を自動生成し、質問や要望に対して適切な回答や対応方針を提案。プロジェクトの透明性と理解を促進する。
タスクの割り当てと進捗管理の自動化	メンバーのスキルや稼働状況を分析し、最適なタスクを割り当て。タスクの進捗に応じて自動的に進捗確認のメッセージを送信し、ドキュメントの更新や承認フローも自動化。
リスクマネジメントの強化	プロジェクトのリスク因子を分析し、潜在的な問題を早期に特定。対応策をAIが提案し、リスクの軽減とプロジェクトの安定化を支援する。

プロジェクトマネジメントにおける活用事例

生成AIをプロジェクトマネジメントに活用する具体的なシナリオとして、プロジェクト情報の統合と可視化、進捗管理とリスク検知の自動化、ステークホルダーとのコミュニケーション支援が挙げられます。

プロジェクト情報の統合と可視化では、生成AIがプロジェクト管理ツールやコミュニケーションツールと連携し、散在する情報を自動的に収集・統合します。これにより、プロジェクトマネージャーは情報収集に時間を割くことなく、常に最新の状況を把握できるようになります。生成AIがプロジェクトの全体像をダッシュボード化し、進捗状況や課題を一目で把握できるようにすることで、プロジェクトの見える化が実現します。例えば、進捗状況や課題が明確に表示され、プロジェクトマネージャーや関係者がリアルタイムで最新の状況を把握できるようになります。このダッシュボードは定期的に更新され、プロジェクトの状況をレポート形式で関係者に共有することができ、プロジェクトの透明性も高まります。

進捗管理とリスク検知の自動化では、生成AIはタスクの進捗状況を常にモニタリングし、計画との乖離を自動で検知します。これにより、遅延リスクの高いタスクを早期に特定し、プロジェクトマネージャーにアラートを発することが可能です。また、リソースの稼働状況を分析し、ボトルネックになりそうな部分を事前に警告することで、リソース配分の最適化にも貢献します。このような自動化により、リスクの早期発見と迅速な対応が可能となり、プロジェクトの遅延を防ぐことができます。プロジェクトマネージャーは、より戦略的な意思決定に注力できるようになります。

ステークホルダーとのコミュニケーション支援においては、生

成AIがプロジェクトの状況を説明する資料を自動生成し、ステークホルダーとの会議を効果的にサポートします。例えば、会議での質問や要望に対して、過去の経緯や関連情報を踏まえた適切な回答を提案することができます。また、会議の議事録を自動作成し、重要なアクションアイテムを抽出して関係者に通知する機能もAIによって支援されます。これにより、コミュニケーションの精度が向上し、会議の効率化とフォローアップの確実性が向上します。

これらの活用シナリオは、プロジェクトマネジメントの効率化と高度化を実現するための具体的な方策です。生成AIを適切に活用することで、プロジェクトマネージャーは情報収集や分析、コミュニケーションの支援を受けながら、より的確な判断と迅速な対応が可能になります。また、タスク管理の自動化により、人的エラーの削減やリソースの最適化も期待できます。生成AIの活用はプロジェクトマネジメントの効率化だけでなく、リスク管理やステークホルダーとの関係強化にも寄与することが期待されます。プロジェクトマネージャーは、生成AIの特性を理解し、適切に活用することで、プロジェクトの成功確率を高め、ステークホルダーの満足度を向上させることができるはずです。

具体例（プロジェクト進捗管理の自動化フロー）

生成AIを活用したプロジェクト進捗管理の自動化フローは、プロジェクトマネジメントの効率化と高度化を実現する具体的な方策です。

まず、プロジェクト管理ツールやコミュニケーションツールから、タスクの進捗状況や関連する情報を自動収集します。この自動収集機能により、プロジェクトの進捗が常に最新の状態で把握され、プ

ロジェクトマネージャーは情報収集に時間を割くことなく、常に最新の状況を把握できるようになります。

次に、収集した情報を基に、プロジェクトの全体像をダッシュボード上で可視化し、進捗状況を一目で把握できるようにします。このダッシュボード化により、プロジェクトの見える化が実現し、関係者全員が進捗状況を共有できるようになります。

さらに、生成AIは計画との乖離を自動検知し、遅延リスクが高いタスクを特定します。リスクが高いと判断されたタスクについては、担当者に確認メッセージを自動送信し、必要に応じてプロジェクトマネージャーにもアラートを上げます。このタイムリーな情報提供により、問題の早期発見と対応が可能になり、プロジェクトの成功率が向上します。

また、生成AIはリソースの稼働状況を分析し、ボトルネックになりそうな部分を予測します。例えば、特定のメンバーに作業が集中している場合、生成AIが対応策を提案し、プロジェクトマネージャーの意思決定をサポートします。そうすることで、リソースの最適化が図れ、プロジェクト進行の効率化につながります。生成AIが提案する対応策により、プロジェクトマネージャーはより効果的な意思決定を行うことができ、プロジェクトの効率が大幅に向上します。

加えて、生成AIがプロジェクトの状況を定期的にレポートし、ステークホルダーに共有します。ステークホルダーからの質問や要望に対しても、生成AIが適切な回答や対応方針を提案することで、コミュニケーションが円滑になり、プロジェクトマネージャーの負荷が軽減されます。

このプロセス全体を通じて、プロジェクト情報の収集と統合に関わる手間が大幅に削減されるため、プロジェクトマネージャーの負担が軽減され、より戦略的な活動に注力できるようになります。定

型的な進捗管理タスクを自動化することで、プロジェクトマネージャーがより戦略的な活動に注力できるようになります。

　これらの自動化フローのメリットは、プロジェクトの成功率の向上、リスクの早期発見と対応、ステークホルダーとのコミュニケーションの円滑化にあります。生成AIを活用したプロジェクト進捗管理の自動化は、プロジェクトマネジメントの革新的な方法であり、効率化と高度化を実現する強力なツールです。生成AIを適切に活用することで、プロジェクトマネジメントの質を根本から変革し、より効率的かつ効果的な運営を実現することができます。プロジェクトマネージャーは、生成AIの特性を理解し、適切に活用することで、プロジェクトの成功確率を高め、ステークホルダーの満足度を向上させることができるでしょう。

[図表7-10-2] プロジェクト進捗管理の自動化フロー図解

①データ自動収集
└ [データ入力] プロジェクト管理ツールやコミュニケーションツールからタスク情報を自動収集

②進捗状況の可視化
└ [ダッシュボード表示] 収集した情報をダッシュボードで可視化し、進捗状況を一目で把握

③リスクの自動検出
├ [リスク識別] 生成AIが計画との乖離を検知し、遅延リスクが高いタスクを特定
└ [アラート発信] リスクタスクについて担当者への確認メッセージとマネージャーへのアラートを自動送信

④リソース分析と最適化提案
├ [リソース分析] 生成AIがリソース稼働状況を分析し、ボトルネックを予測
└ [対応策提案] 担当者の作業集中を解消するための対応策をAIが提案

⑤コミュニケーションの自動化
├ [自動レポート] プロジェクトの状況を定期的にレポートし、ステークホルダーに共有
└ [対話支援] AIがステークホルダーからの質問に対して適切な回答や対応方針を自動で提案

- 生成AIは、プロジェクトに関連するさまざまな情報を自動的に収集・統合し、プロジェクトの全体像を可視化することができる。これにより、プロジェクトマネージャーは情報収集に時間を割くことなく、常に最新の状況を把握できるようになる。

- 生成AIは、プロジェクトの進捗状況を常にモニタリングし、遅延リスクが高いタスクを特定することができる。また、リソースの稼働状況を分析し、ボトルネックになりそうな部分を予測することで、プロジェクトマネージャーの意思決定をサポートする。

- 生成AIは、ステークホルダーとのコミュニケーションを支援し、プロジェクトの状況を説明する資料を自動生成したり、質問や要望に対して適切な回答や対応方針を提案したりすることができる。これにより、プロジェクトマネージャーの負荷が軽減され、より戦略的な活動に注力できるようになる。

Chapter 8

AI技術の最新動向

マルチモーダルの発展

モーダル（モダリティ）とは何か

　ここまでお話ししてきた生成AIは、特にテキストでの対話型の生成AIに関するものが多くを占めていました。その理由は、多くの企業において、テキストデータが最も利用されるデータ形式だからです。例えば、顧客とのメールのやり取りや問い合わせ履歴、社内の報告書など、ビジネスの現場では多種多様な大量のテキストデータが発生します。こういった背景から、テキストデータを扱う生成AI技術が注目され、実際にたくさんのユースケースが発見されてきました。

　一方で、生成AI技術の進化に伴い、テキスト以外の情報を活用するマルチモーダルな取り組みが注目されています。モーダル（モダリティ）とは、情報を伝達する手段や形式を指します。テキストだけでなく、音声、画像、動画など、さまざまな形式のデータがモーダルに含まれます。これらはすべて異なるタイプのモーダルであり、それぞれ独自の特性と処理方法を持っています。

　現代の情報社会では、画像や音声などの非テキスト情報が増加しています。例えば、SNSでの画像共有、ビデオ会議での音声や映像の利用、スマートフォンでの写真撮影といった活動や行動が一般的です。このような背景から、生成AIはテキストだけでなく、これらの非テキスト情報を統合的に処理できるマルチモーダルなアプローチへと進化しているのです。

マルチモーダル生成AIは、異なるモダリティのデータを組み合わせて処理することができます。例えば、画像と音声を同時に分析し、その関連性を理解することで、より高度な認識や生成が可能になります。これにより、生成AIはテキストだけでは得られない、豊かな情報を取り扱うことができるようになるのです。

企業にとって、マルチモーダル生成AIの活用は大きなメリットをもたらします。顧客とのコミュニケーションのなかで発生する多様なデータを統合的に分析することで、より深い顧客理解が可能になります。また、製品やサービスの開発においても、テキスト、画像、音声などの異なるデータを組み合わせることで、革新的なアイデアが生まれる可能性があります。

このように、モーダル（モダリティ）の多様化と生成AI技術の進化は、私たちの情報の捉え方やビジネスの進め方に革新的な変化をもたらしています。多様なデータを扱うマルチモーダルなAIを活用する視点を持つことで、企業は生成AIをより効果的に活用できるようになるでしょう。今後も、生成AIのマルチモーダルな進化から目が離せません。

音声や画像、動画を扱うAI

テキスト情報だけでなく、音声や画像、動画などの非テキストデータを含めてマルチモーダル化するのに伴って、「Sora AI」のように動画を生成するAI、「DALL-E」「Midjourney」「StableDiffusion」のように画像を生成するAI、そして「Suno」のように音声や音楽を生成するAIが開発され、多様なコンテンツ生成が可能になっています。

しかし、生成AIの能力において重要なのは単に「生成」するこ

とではありません。本質的に必要なのは、これらのデータから情報を認識し、理解する能力です。生成されたコンテンツがいかに現実的であっても、その背後にあるデータから正確な情報を抽出し、活用できるかが鍵となります。例えば、画像認識AIが画像内のオブジェクトを正しく識別できるか、音声認識AIが音声から正確にテキストを起こせるかなどが、生成AIの性能を評価する上で重要な指標となります。

　さらに、2024年5月に発表された「GPT-4o」のようなモデルは、音声、動画、画像といったすべてのモーダルに対応しています。ここで、"o" は "omni" の略であり、"omni" はラテン語で「すべて」を意味します。この「omni」という概念は、単一の生成AIが複数のデータタイプを横断的に処理できることを示しており、これまでの生成AI技術とは一線を画しています。GPT-4o は、音声データから直接的に文字情報を抽出したり、画像を分析してその背景を説明したりするなど、複合的なタスクを一元的にこなすことができます。

　このようなマルチモーダル生成AIの登場により、生成AIがテキ

[図表8-1-1] マルチモーダル生成AI図解

①マルチモーダルAIの能力
- ［統合的処理］異なるモダリティのデータ（音声、画像、動画）を組み合わせて分析・生成
- ［主要モデル］音声、画像、動画、テキスト
- ［高度な認識・生成］複数の情報源から豊かな情報を抽出し、より精緻なデータ解析と応答を可能にする

②企業へのメリット
- ［顧客理解の深化］異なる形式の顧客データを一元的に分析し、顧客ニーズに対する理解を深める
- ［イノベーションの促進］テキスト、画像、音声データを融合することで新たなアイデアや製品の開発を促進
- ＋［顧客との自然なコミュニケーション］音声や動画でリアルタイムで状況を把握した上でのコミュニケーション

ストだけでなく、音声や画像、動画といったさまざまな形式のデータを統合的に処理し、より高度な認識や生成が可能になると期待されています。ただし、生成AIの性能を評価する際には、生成されたデータの質だけでなく、生成AIがデータから意味のある情報を抽出できているかどうかに注目することが重要です。

音声や画像、動画を扱う生成AIの発展は、生成技術の派手さだけではなく、その認識と処理能力においても測られるべきです。これらの技術がどれだけ現実の環境に対応し、人間の作業を助け、また新しい創造性を引き出せるかが、今後の生成AI技術の評価基準となるでしょう。

ロボットへの応用

マルチモーダル生成AIの進歩は、ロボット工学の分野にも革命的な影響を及ぼしています。従来の産業用ロボットは、タスク固有のプログラムに基づいて動作していましたが、マルチモーダル生成AIを活用することで、ロボットが環境に適応し、より柔軟に動作できるようになってきています。

その一例が、OpenAIのスピンオフ企業であるCovariant（コバリアント）が開発した「RFM-1」です。RFM-1は、テキストや画像、動画など多様なモーダルを用いてロボットがタスクを学習できる生成AIモデルです。このモデルは、倉庫内のピッキングロボットから収集したデータとインターネット上の情報を組み合わせて訓練され、ユーザーはテキスト、画像、動画、ロボットの動き、測定という五つの入力モードを使ってロボットに指示を出せます。

例えば、スポーツ用品が詰まった箱の画像を入力し、テニスボールのパックを拾うように指示すると、ロボットは指示に基づいて物

体を掴みます。さらに、タスク実行後の状態を画像で生成したり、ロボットがタスクを実行している様子を鳥瞰図の動画で作成したりすることもできます。このように、RFM-1は訓練データを使って環境に適応し、柔軟にタスクを遂行できるのです。

RFM-1のような生成AI搭載ロボットは、訓練されたデータを基に環境に柔軟に適応し、作業を自律的に学習及び改善していく能力を持っています。この進歩は、管理職が日常的に使う自然言語でロボットに指示を出せるようになることを意味し、人とロボットとの対話がよりスムーズになることを示しています。

コバリアントだけでなく、フィギュアAIやボストン・ダイナミクスなども、生成AIを活用したロボットシステムの開発競争に参入しています。これらの企業は、生成AIとロボット工学の組み合わせによる新たな可能性を追求し、機械学習の進歩を通じてロボットのさらなる能力向上を目指しています。

マルチモーダル生成AIとロボット工学の融合は、産業用ロボットの可能性を大きく広げるものです。柔軟性と適応性を備えたロボットが実現すれば、生産性の向上や人手不足の解消につながることが期待されます。この進歩は、ロボットがより複雑なタスクを効率的に、かつ自律的に実行できる未来への扉を開いているのです。

ロボット工学の発展とマルチモーダル生成AIの融合は、確かに将来のロボットの可能性を大きく広げるものです。しかし、現状ではロボットのハードウェアにはまだ課題が残っており、人間の持つ優位性を完全に超えるには至っていません。

例えば、メンテナンスコストの面では、人間の方がロボットよりも安上がりだといえます。人間は食事と睡眠というシンプルな方法で日々のメンテナンスを行うことができ、ある程度の作業を安定して行うことができます。一方、ロボットは定期的な部品交換や修理が必要であり、高度になればなるほどメンテナンスにかかるコスト

も増大します。また、人間は言葉を理解し、状況に応じて柔軟に対応できるという点で、非常に優れたソフトウェアを持っており、複雑な指示を理解し、状況に合わせて臨機応変に行動できる能力は、現状のロボットにはまだ太刀打ちできないものです。

　ロボットがこれらの課題を克服し、人間を超える性能を発揮するには、ハードウェアのブレイクスルーが必要不可欠であり、より効率的で耐久性の高い部品の開発、自己修復能力の実装、状況理解能力の向上など、多くの技術的なハードルがあります。ロボット工学とマルチモーダル生成AIの融合は、確かに将来の可能性を感じさせるものですが、ソフトウェアだけではなくロボットのハードウェア面でのさらなる進歩が求められています。

【参考】
・Covariant「Covariant introduces RFM-1 to give robots the human-like ability to reason」
・トムソン・ロイター「人型ロボットのフィギュアAI、エヌビディアやMSから6.75億ドル調達」
・WIRED「ボストン・ダイナミクスのヒト型ロボットが大幅に進化、そのありえない動きから見えてきたこと」

まとめ

- マルチモーダル生成AIは、テキストだけでなく音声、画像、動画などさまざまな形式のデータを統合的に処理し、高度な認識や生成を可能にする。
- 生成AIの性能評価では、生成されたデータの質だけでなく、意味のある情報の抽出能力にも注目すべきである。生成AIの発展は、現実環境への対応力、人間の作業支援力、創造性の引き出し力などの観点から測られるべきである。
- マルチモーダル生成AIとロボット工学の融合により、環境に適応し柔軟に動作するロボットの開発が進んでいる。生成AI搭載ロボットの実現には、適切な概念理解と十分な訓練データ、ハードウェアを含む継続的な技術の精緻化が必要。

発展的手法としての強化学習の活用

　これまでの章で、企業における生成AIの導入・活用には、既に膨大な量の学習をしてある生成AIを用い、自社の業務やビジネスにフィットさせるためのノウハウDBを参照させるのが最善であることをお伝えしてきました。ここまで読み進めてきていただいたみなさんには、さらに将来的に生成AIの性能をさらに高め、より専門的な用途に特化した生成AI環境構築の可能性についてお伝えしておこうと思います。

　それが「強化学習」の応用です。ここでは、その概要と、それを用いた生成AIの可能性について詳しく見ていきましょう。

強化学習（Reinforcement Learning:RL）とは

　強化学習とは、機械学習の一分野で、エージェント（生成AIなどのプログラム）が環境と相互作用しながら、試行錯誤を重ねることで徐々に最適な行動方法を学んでいく学習手法です。人間の学習プロセスに似ており、エージェントは成功や失敗から学び、経験を積むことで賢くなっていきます。

　この学習過程の中心となるのが、「報酬」の概念です。エージェントは、より多くの報酬を得るために行動し、どの行動が最良の結果をもたらすのかを理解していきます。例えば、迷路ゲームを想定してみましょう。エージェントの目的は、迷路の入口から出口への最短経路を見つけることです。出口に到達するたびに報酬が得られるため、エージェントは最も効率的な道を学習し、避けるべき行動

を知ることができます。この報酬をフィードバックとして活用し、何度も挑戦することで、最適な行動方針を段階的に習得していきます。

　強化学習の特徴は、教師データを必要としない点にあります。機械学習の手法の一つである教師あり学習では入力データに対する正解ラベルが必要ですが、強化学習ではエージェントが環境との相互作用を通じて自律的に学習を進めていきます。これにより、複雑で動的な環境下での意思決定問題に対して柔軟に対応できます。社内の業務についてもそうですが、社外の顧客向けサービスなど、そのニーズや傾向の変化、つまり動的な環境への対応がより高度にできるようになるということです。

　強化学習はロボット制御、自動運転、ゲーム AI、金融トレーディングなど、幅広い分野で活用されています。特に、環境が複雑で明

[図解:8-2-1] 強化学習（Reinforcement Learning:RL）の基本概念図解

①強化学習の定義
- [強化学習とは] エージェントが環境とのインタラクションを通じて最適な行動を学ぶ機械学習の手法
- [学習プロセス] エージェントは試行錯誤を繰り返し、失敗から学んで経験を積む

②報酬中心の学習
- [報酬] エージェントが行動の結果として得る利益（ポジティブな結果）
- [目的] 最大の報酬を得る行動パターンを見つけ出すこと

③実世界の応用例
- [倉庫ロボット] 最適な商品回収ルートを学習
- [オンライン広告] クリック率を最大化する広告配置を決定

④技術の意義
- [現実問題への応用] リアルワールドの問題解決に直接応用可能
- [進化の方向] 非テキスト情報を含むマルチモーダルなアプローチが進行中

確な教師データが得られない問題に対して大きな威力を発揮します。倉庫のロボットが商品を速やかに回収する最適ルートを見つけたり、オンライン広告がより多くのクリックを獲得するための配置を決定したりするなど、多様な場面での応用が期待されています。

　強化学習は、試行錯誤を通じて最適な行動方針を学習するという、人間の学習過程に近い手法だといえます。その重要性は、実世界の問題解決への応用可能性にあり、今後の研究進展によって、より高度で柔軟な意思決定を行う生成AIの実現が期待されています。

【参考】
ビジネス＋IT「RLHF（人間による評価を利用した強化学習）とは？ファインチューニングとの違いも解説」

ユーザーからのフィードバックを活用するRLHF

　AIのうち現代において主流であるLLMにも、この強化学習の仕組みが応用されています。生成AIは膨大な量のデータで事前に訓練され高い性能を発揮していますが、人間にとって「役に立つ」「望ましい」挙動をするように調教されています。この際に人間がどのような対応を好ましいかと思うか？　という方向で強化学習がなされています。これはRLHF（Reinforcement Learning from Human Feedback）と呼ばれる技術です。

　さて、今後、生成AIを自前で作ることがより一般的になってきた際には、強化学習のためのフィードバックのデータセットを持つ企業が有利になるでしょう。なぜなら、生成AIに言葉だけでは言い表せないような価値観や能力を植えつけることで、生成AIはさまざまな方向性で役に立つことができるためです。必ずしも現在先行しているモデルが「正しい」「役に立つ」としている方向が自社にとっての「正しさ」や「役に立つ」と一致するとは限らないということです。

そのため、現行の生成AIとノウハウDBを用いた生成AI活用の段階で、ユーザーが生成AIの出力に対してどのように反応したかを収集する仕組みを構築しておくことをおすすめします。この点が、本節で強化学習についてお伝えしている大きな意義となります。

　ユーザーとのインタラクション（やり取り）から得られる膨大なフィードバックデータを持つ企業は、そのデータを活用して、より自社にとって有益な行動をする高性能な生成AIモデルを開発できる可能性があります。例えば、消費者が商品を購入するよう促すためのマーケティング支援生成AIや、ユーザーに共感を感じさせるカスタマーサポート生成AIなどが考えられます。RLHFでは、あらゆるものを「目的関数」にすることができるため、生成AIの応用範囲は大きく広がります。

[図解:8-2-2] RLHF（Reinforcement Learning from Human Feedback）

①RLHFの概念
└─ [RLHFとは] 人間のフィードバックを用いてモデルを最適化する強化学習の一形態

②データの重要性
├─ [フィードバックデータ] ユーザーからの直接的なフィードバックを活用してAIを訓練
└─ [企業のメリット] 良質なフィードバックデータを持つ企業は競争に有利

③応用分野
├─ [自然言語処理] 生成されたテキストの品質向上
└─ [ロボティクス] ロボットの動作制御と環境適応能力の向上

- 強化学習（Reinforcement Learning）は、エージェントが環境との相互作用を通じて最適な行動を学ぶ機械学習の手法である。報酬を最大化するために、試行錯誤を繰り返し、経験を積むことで学習が進む。

- RLHF（Reinforcement Learning from Human Feedback）は、人間からのフィードバックを活用して生成 AI を訓練する強化学習の一形態である。良質なフィードバックデータを大量に集められる企業が、生成 AI の性能向上において有利になる。

- 今後の AI 開発競争において、強化学習は生成 AI の性能を左右する重要な技術となる可能性があるため、独自のフィードバックデータを収集できる仕組みを構築しておくことが望ましい。

Chapter 8-3 | 世界でも通用する日本の受託開発ビジネスモデル

日本の言語モデル開発の現状

　日本の生成AI言語モデル開発の現状は、OpenAIやAnthropic、Google、DeepMindなどの海外大手AI企業と比較すると、正直なところ後れを取っている感が否めません。この原因の一つは、大規模な生成AI言語モデルを開発するためには、膨大な計算リソースと資金の確保が必要で、日本企業にとって大きな課題となっていることです。

　また、ChatGPTのような多言語対応の生成AIモデルが日本語においても高い流暢さを達成しており、これが「日本語特化」の生成AI言語モデルの必要性を薄れさせている面があります。つまり、日本語に特化した生成AIモデルを開発しても、ChatGPTのような汎用的な生成AI言語モデルには性能面で及ばない可能性が高いということです。

　そんななか、日本企業も独自の生成AI言語モデル開発に力を入れ始めています。NECは130億パラメータで世界トップクラスの日本語性能を有する軽量な生成AI言語モデルを開発し、国立情報学研究所（NII）も130億パラメータの大規模生成AI言語モデル「LLM-jp-13B」を構築して、学術界や産業界の研究開発に役立てようとそのモデルを公開しています。

　しかし、この状況は日本の生成AI言語モデル開発にとっては非常にチャレンジングであることに変わりはありません。海外勢の開

発進歩の速さに追いつくためには、技術革新だけでなく、計算リソースや資金面での投資を増やし、独自の強みを活かした生成AI言語モデルの開発を進めていく必要があり、さらには、国内外のパートナーシップの強化や、政府の支援など、多角的なアプローチが求められるでしょう。

【参考】
・NEC「NEC、生成AI「cotomi(コトミ)」の強化・拡充と共に生成AI事業戦略を発表」
・国立情報学研究所「130億パラメータの大規模言語モデル「LLM-jp-13B」を構築」

[図表8-3-1] 国内の主要な言語モデル

LLM名	開発元	特徴
cotomi	NEC	日本語特化型LLM。ベースモデルはLlama 7B。
LLM-jp-13B	国立情報学研究所(NII)	1750億パラメータ(GPT-3級)。
ELYZA-japanese-Llama-2-70b	ELYZA	700億パラメータ。日本語性能がGPT-4、Gemini 1.0に匹敵。
CyberAgentLM	サイバーエージェント	130億パラメータの独自日本語LLM。
Japanese StableLM Alpha	Stability AI Japan	オープンソースの日本語LLM。
LHTM-2	オルツ	議事録作成サービスに応用。
Stockmark-13b	ストックマーク	オープンソースの日本語LLM。
Fugaku-LLM	富士通、理化学研究所、東京工業大学、東北大学	スパコン「富岳」を用いた大規模言語モデル。
未発表	ソフトバンク	2024年内の国産LLM構築を目指す。将来的には1兆パラメータも視野に。
未発表	日立製作所	制御・運用技術のナレッジを学習した独自LLMを開発中。

生成AI活用において日本は先進的

　ところが、視点を生成AIモデルの開発から生成AIの活用に移してみると、日本は意外にも、非常に先進的な立場にあることが分かります。そのことは、先ごろ、OpenAIがアジア初の拠点として東京にオフィスを設けたことからも窺い知ることができます。日本は一定の市場規模を持ち、東南アジアなどの新興国と比べても、国内に生成AIを活用するためのユースケースが数多く存在するからだと考えられます。

　また、日本特有の受託開発の文化も、生成AIの活用においては追い風になっています。生成AI受託開発の現場では、これまでに蓄積された豊富な開発経験や試行錯誤の結果得られた知見を活かすことが可能です。例えば、アメリカでは多くの技術者がモデル開発に集中していますが、日本ではこれらの技術をどのように実世界の課題解決に活用するかに焦点を当てた取り組みが行われています。モデル開発競争に巻き込まれることなく、地に足のついた活用を進められるのは日本の強みといえるでしょう。

【参考】ITmedia「OpenAIが日本を選んだ真意　会見で語った「東京拠点、立ち上げのワケ」」

日本の技術規制の適切さ

　また、生成AI活用における規制の面からも、日本は非常に適切な決定、選択をしているといえます。日本における生成AIを含む技術規制は、生成AIの健全な発展を促すために適切なバランスを保っているからです。

　EUでは、生成AIに対する厳しい規制の導入が検討されており、

「AI規制法案」では個人の行動操作やソーシャルスコアリングなどの用途を禁止し、高リスクな生成AIシステムには厳格なコンプライアンス義務を課すなど、かなり踏み込んだ内容の規制案となっています。しかし、生成AIの開発や利用に対して過剰な制限を設けることで、イノベーションを阻害し、企業の生成AI投資を抑制してしまう恐れがあり、EU内でも懸念の声が出ています。

　一方、日本では生成AIの開発と利活用を促進しつつ、安全性や信頼性も確保するという方針を採っています。総務省と経済産業省が公表した「AI事業者ガイドライン」では、生成AIの原則として「人間中心」「安全性」などを掲げつつ、法的強制力は持たせず、事業者の自主的な取り組みを促す内容となっています。

　さらに、日本政府は生成AIの適切な規制のあり方について、経済協力開発機構（OECD）やG20などの場で、生成AIの倫理的な利用に関する原則の策定に関与するなど、国際的な議論にも積極的に参加しています。こうした国際的な規範作りに貢献することで、日本の考え方を反映させつつ、グローバルに調和の取れた生成AI規制の実現を目指しているのです。

　日本の生成AI規制に対するアプローチは、イノベーションと規制のバランスを重視する点で適切であるといえるでしょう。ただし、生成AIの急速な発展に伴い、リスクも高まっていることから、今後は法的拘束力のある規制の導入も検討していく必要があります。その際は、過度な規制にならないよう、産業界の意見も踏まえながら、慎重に議論を進めていくことが肝要です。

【参考】
・European Council Council of the European Union「Artificial intelligence act: Council and Parliament strike a deal on the first rules for AI in the world」
・ジェトロ「EU、AIを包括的に規制する法案で政治合意、生成型AIも規制対象に」
・経済産業省「AI事業者ガイドライン」

日本の受託開発モデルの強みを活かした生成AI活用

　日本の受託開発企業は、これまでも顧客企業の業務に深く入り込み、業務プロセスを理解した上でシステム開発を行ってきました。この経験は、生成AIを活用する上で大きな強みになります。

　また、日本企業には、世界で最も多くのデータが存在する言語の一つである日本語の豊富なデータという貴重な資源があります。このデータを活用することで、日本語に特化した高性能な生成AIモデルを開発できます。加えて、日本の適切な規制環境は、安全かつ効率的な生成AIの展開を支援し、企業が新技術を導入しやすい環境を提供しています。

　以上のように、日本の受託開発のモデルは、生成AIの活用においては、世界でも通用する強みを持っているといえるでしょう。長年培ってきたノウハウと、日本ならではの環境を活かすことで、日本企業は生成AIの活用をリードしていくことができます。

　ただし日本企業特有の、特定のベンダーや技術に依存しすぎるロックインのリスクもあることに留意が必要です。一度特定のシステムや技術に依存すると、そのシステムを変更することが困難になるため、将来的な選択肢が狭まってしまう恐れがあります。生成AIの技術は日進月歩で進化しているため、特定の技術に固執するのではなく、常に新しい技術を取り入れていく柔軟性が求められることは、Chapter6-3でお伝えした通りです。

　日本企業は、自社の強みを活かしつつ、ロックインのリスクにも注意しながら、生成AIの活用を進めていくことが肝要です。そうすることで、生成AIを競争力の源泉とし、新たなイノベーションを生み出していくことができるでしょう。

- 日本の生成AI言語モデル開発は、海外大手AI企業と比較すると後れを取っている感が否めないが、独自モデルの開発に力を入れ始めている。しかし、海外勢に追いつくためには、技術革新だけでなく、計算リソースや資金面での投資増加、独自の強みを活かしたモデル開発、国内外のパートナーシップ強化や政府支援など、多角的なアプローチが求められる。

- 日本は生成AIの活用において先進的であり、受託開発の文化を活かしたユースケース起点の活用が進められている。日本企業は生成AI技術を実際のビジネスや日常生活の改善につなげており、今後も日本の強みを活かした実用化の加速が期待される。

- 日本の生成AI規制に対するアプローチは、イノベーションと規制のバランスを重視しており適切である。ただし、生成AIの急速な発展に伴うリスクへの対応として、法的拘束力のある規制の導入も検討する必要がある。

Chapter 8-4 | 生成AIと未来の企業

生成AIのもたらす可能性

生成AIは、単なる技術の進歩にとどまらず、ビジネスや社会のあり方そのものを変える可能性を秘めています。さまざまな業務を自動化し、人間の創造性を拡張する力を持っており、ただの効率化ツールではなく、新たなビジネスチャンスや革新的なプロジェクトへの挑戦を可能にし、後押ししてくれる画期的な技術です。

今後、生成AIを活用した新たなビジネスモデルが登場することで、既存の業界構造が大きく変わる可能性もあります。これらの変化は、企業が市場で競争優位を確立するための根本的な戦略変革へとつながります。そしてそれに伴って企業における業務プロセスや社員の働き方にも大きな変化をもたらすことになるでしょう。

生成AI時代の企業のあり方

生成AIの活用によって、言葉やスキルの壁を越え、多くの人々が高度な技術を手軽に利用できるようになり、平均的、もしくはそれ以上の幅広い能力の民主化が進んでいきます。その一方で、人間は独自の直感力や豊富な経験を活かして、より質の高い方向性を示すことができます。

人間とAIの協働は、これまでにない新たな価値の創出につながっ

ていきます。企業は、それぞれの強みを活かすことで、イノベーションを大きく加速することができるのです。人間の一人一人が、「その人ならでは」の創造性や直感力といったAIでは代替できないエッセンスを蓄積して磨いていくことも非常に重要になります。

未来のリーダー像

　生成AI時代の企業には、技術的な進歩をただ取り入れるだけでなく、その影響を理解し、企業のビジョンと戦略的な方向性を定め、組織全体を巻き込んでいくことのできるリーダーが必要となります。生成AIという強力な技術を、いかに組織の成長と発展に活かしていけるか。その舵取りを担うのが、リーダーの役割です。変革の波や組織内の抵抗を恐れるのではなく、チャンスと捉らえ、果敢にチャレンジしていく。そんなリーダーシップが、これからの時代には欠かせません。

　リーダーとなるみなさんには、困難に立ち向かう勇気と、変化を楽しむ心を持って、前進していっていただきたいと思います。みなさんの挑戦を心から応援しています。

おわりに

　生成AIは、私たちに「魔法の杖」を授けてくれました。しかし、その杖を振るうのは、私たち人間です。

　本書で示した方法論や事例は、あくまで一つの道筋であり、すべての企業に当てはまるわけではありません。重要なのは、自社のビジネスや課題を深く理解し、生成AIをどのように活用すれば最大の効果を生み出せるのかを自ら考え、行動することです。

　実際に生成AIを導入し、活用していく過程では、予期せぬ困難や壁にぶつかることもあるでしょう。計画通りに進まない、期待した効果が出ない、社内の理解を得られない、といったさまざまな問題が発生するかもしれません。

　しかし、そんな時こそ、本書で学んだことを思い出してください。
スモールスタートで小さく始め、失敗から学び、改善を繰り返す。現場の声に耳を傾け、柔軟に軌道修正する。そして、諦めずに、挑戦を続ける。

　これらのプロセスを通じて、あなたは生成AIを真に使いこなせるようになり、自社のビジネスを大きく成長させることができるはずです。

　生成AIの技術は、日々進化しています。新しいモデルやツールが登場し、その可能性はますます広がっています。だからこそ、私たちは学び続け、変化を恐れずに、新たな挑戦を続けていく必要があります。

　生成AIに関する情報は、書籍、Webサイト、セミナーなど、さまざまな形で提供されています。最新の情報を常に収集し、自社のビジネスにどのように活用できるかを検討していくことが重要です。

　生成AIは、私たちに無限の可能性をもたらします。しかし、その可

能性を現実のものにするのは、私たちの想像力と行動力です。

　本書が、生成AIという魔法の杖を手に、新たな未来を創造するための羅針盤となることを願っています。

　そして、生成AIがもたらす変革の波に乗り、ビジネスの成功を掴み取ってください。

　私も、生成AIの最前線で、新たな挑戦を続けていきます。

　共に、生成AIの未来を創造していきましょう。

2024年8月　上田雄登

INDEX

【著者紹介】

上田 雄登（うえだ ゆうと）

大阪府出身。東京大学工学部卒業後、同大学院工学系研究科技術経営戦略学専攻（松尾研究室）修了。修士（経営戦略学）。2016年に株式会社YCP Japanへ入社し、経営コンサル業務やAIコンサル業務に従事。2021年より松尾研究所・経営企画部門にて事業改善や中期経営計画等の策定に従事。2023年6月に生成AIを用いたDXソリューションを提供する株式会社GenerativeXを共同創業し取締役CSOに就任。国内大手企業向けの生成AIを用いた業務改革やアプリケーション開発、経営戦略の立案に注力。

ビジネスに魔法をかける
生成AI導入大全

2024年9月20日　初版発行

著　者	上田 雄登
発行者	山下 直久
発　行	株式会社KADOKAWA
	〒102-8177
	東京都千代田区富士見2-13-3
電　話	0570-002-301(ナビダイヤル)
印刷所	TOPPANクロレ株式会社
製本所	TOPPANクロレ株式会社

●お問い合わせ
https://www.kadokawa.co.jp/（「お問い合わせ」へお進みください）

※内容によっては、お答えできない場合があります。
※サポートは日本国内のみとさせていただきます。
※Japanese text only
定価はカバーに表示してあります。